杭州市哲学社会科学规划课题成果

城市形象传播理论与实践

苏永华　著

浙江大学出版社
ZHEJIANG UNIVERSITY PRESS

序

雨后的风从城市西部的湿地吹来，带着一种暮春时节少有的润凉。这让我再一次深刻地意识到了自己所生活的这个城市，想到当年南宋高宗皇帝初到杭州选址皇城时候所说的那句话："西溪，且留下。"就在宋高宗定都杭州的时候，占据北方对这个偏安一隅的帝国虎视眈眈的金主完颜亮，在读了北宋词人柳永描摹杭州之美的《望海潮》词，欣慕于"东南形胜，三吴都会，钱塘自古繁华……有三秋桂子，十里荷花"的繁华美景，"遂起投鞭渡江、立马吴山之志"，隔年便以六十万大军南下攻宋。这事儿见诸南宋罗大经所著的《鹤林玉露》一书，小说者言虽未必可信，却多少折射出了一些城市与人文历史的蛛丝马迹。沧海桑田，世代积迭，如今西溪俨然成了这个城市自然与商业和文化完美融洽的一个范本。适逢永华著《城市形象传播理论与实践》出版，嘱为之序，于是便从城市的文化人格这个话题谈起。

城市是人类文明发展的自然集聚，因此它作为人类社会进步的象征，本身具有相应的符号价值。法国城市地理学家潘什梅尔(Philippe Pinchemel)在其所著的《法国》一书中曾经这样描述："城市既是一个景观、一片经济空间、一种人口密度，也是一个生活中心和劳动中心；更具体点说，也可能是一种气氛、一种特征或者一个灵魂。"他对城市的理解，不仅超越了一般自然

1

和经济认识的局限，而且其眼光穿越物质存在的空间，延展到了城市的精神品性层面，在某种意义上来说就是指向了城市的文化和人格，以及由文化人格所折射出来的城市形象。以此来看我们现在研究城市形象，不仅仅是出于城市商业文明的需要，同时也是城市精神文化建设的需要。

城市营销从文化意义上来看，实际上就是对城市文化内涵的不断开掘和集聚，以此建构相应的城市品牌形象，进而实现有效的城市品牌传播。说到了城市的品牌形象，也就像是人一样，每个人有自己的个性特点，每个城市也有自己人格化的特征，把这种城市的人格化特征系统化地加以建构，便是城市的品牌形象。所以在商业时代正如我们每一个人都需要交流和交往一样，城市本身也需要作为一种价值形态实现自身的交换，而营销的本质就在于价值的转换。唯所不同的是，城市作为一种特别的商品迥异于一般的商品形态，它在更大程度上所强调的是城市所包涵的综合素质，这种综合素质很大程度上体现为城市的品牌形象。所以研究城市营销，就更加需要关注"营销即传播"这个命题，关注城市品牌形象中所积淀的并通过各种方式传播出的那种集合信息。可以说城市形象传播观念的确立，代表了城市营销从单纯的经济学概念向传播学概念的转化，它是城市营销在更高意义上的一种转型，这种转型的内在支撑就是城市形象中所包含的文化精神。

从传播学的角度看，城市不仅仅是一种人口聚集的形式，更是信息聚合交融的场所。人类的群居性和社会化存在是城市文化形成的基础，这至少可以从三个不断递进的层面上去看：首先是信息的沟通与交流，然后是在这种基础上所形成的彼此信息分享和互相影响，最后在这种分享和影响中加以取舍实现平衡。这最后一点便是逐渐的趋同，以及整体上的观念"共性"达成。这种"共性"便是潘什梅尔所说的"一种气氛、一种特征或者一个灵魂"。所以我们从历史的递进过程来看，城市文化是一个绵延不断的过程，城市的文化个性作为一种集体有意识和集体无意识，就是这个城市所特有的品性和气质。而我们对城市形象认知，也就是大众对城市文化人格的理解和认定。所谓城市形象传播，说穿了其传播元素的核心成分也都是基于此。

永华的研究以整合营销传播理论作为基本参照，这使他能够摆脱一般城市营销研究单纯的技术追求，从城市与人以及城市品牌整体建构中把握城市传播的脉络。作为一部规范的学术著作,这本书最大的贡献就在于它不仅阐释了城市形象的各个维度,而且把多种学科理论引入研究之中,系统性地完成了对城市形象的整合营销传播建构。这也许是中国学者的第一部城市形象传播研究著作,所以其开创意味弥足珍贵。还必须指出的是永华在这部著作中,用了整整一章的篇幅,对他所生活的城市杭州进行了传播形象剖析,这与其说是作为验证理论的实证基础,还不如说是浸润了深沉人性色彩的城市与人的文化解读。前些年永华在浙江大学读研期间,曾和我一起研究营销传播,他勤勉的作风和坦诚的个性一如既往地贯注到他的研究风格中,这在很大意义上增添了本书的学术含量。我想无论是对他还是对城市形象传播而言,这本书也可能代表了一个新的起点,从这里出发未来将风光无限,蔚然大观。

2013 年 5 月 9 日

(卫军英,博士,教授,浙江大学城市学院传媒与人文学院副院长,广告及整合营销传播研究专家。出版《关系创造价值——整合营销传播理论向度》、《整合营销传播理论与实务》、《整合营销传播:观念与方法》等著作 15 部。)

前 言

美国现代哲学家刘易斯·芒福德曾说："城市是一种特殊的构造，这种构造致密而紧凑，专门用来流传人类文明的成果。"城市是人类的家园，城市化则是人类社会发展的必然趋势。在现代社会中，城市之间人才、资金、市场的竞争，说到底，可以看作城市形象的竞争。建立良好的城市形象根本意义在于增强城市的竞争力，在于为城市的生存和可持续发展创造良好环境：对内而言，良好的城市形象能够增强城市的凝聚力、向心力，提高市民对城市的归属感、自豪感；对外而言，良好的城市形象能够迅速提高城市的知名度、美誉度，改善投资环境，增强城市的吸引力和竞争力，促进招商引资，促进人才、资金、技术和管理经验及其他优势资源的聚集和流动，加速城市的全方位发展。

城市形象是一种软实力，正如约瑟夫·奈所言，软实力发挥作用，靠的是自身的吸引力，让其他人愿意做我们想让他们做的事，而不是强迫别人做不想做的事情。强大和极具实力的城市形象都有一个共同的特征，那就是人们会夸大评价那些城市的实际品质：2007年发布的《全球年度城市品牌指数报告》中，在关于环境质量的城市品牌指数公众调查方面，伦敦高居第13位，然而事实上，在美世咨询公司于2002年进行的关于城市实际洁净程度的全球调研中，伦敦在215个城市中仅位居第102位。人们把伦敦想象成为世界最清洁的城市之一的事实清楚地显示了伦敦城市形象和品牌的强大力量。

对于一个城市而言，城市形象的价值绝对不容小觑，而提升城市形象最有效的方法就是在开展城市内部建设的同时，积极利用各种传播渠道开展城市形象传播活动。城市形象并不是与生俱来的，良好的城市形象源自科学的管理。弗朗西斯·培根说："知识的力量不仅取决于其自身的价值，更取决于它是否被传播以及被传播的深度与广度。"城市形象只有通过传播才能产生价值，城市形象传播是提升城市无形资产的有力抓手：从心理学角度来看，通过形象传播能够使一个城市软硬实力被公众知觉为合法，从而减少公众对城市所期望的目标的抵制；从营销学角度来看，营销学中一条最基本的信条是——你永远无法拥有一个品牌，你只能暂时租用它，为了防止其他城市抢占已有的城市形象品牌资源，城市形象管理者就不得不持续定期地开展城市形象传播。

城市形象传播是一个复杂的系统工程，在本书看来，这是一个多维度整合的工程。

首先，政府作为代表国家行使管理职能的权力机构，在城市形象传播上发挥着主导性的作用，但是城市形象传播绝不仅仅是政府的事情，城市中的企业、事业单位、社会组织以及城市的每一个市民，都应该是城市形象传播的主体，如何让这一多元主体能够目标一致地协同行动，这需要整合。

其次，城市形象对内传播中既要对政府官员、媒体人士、企业家、专家学者、普通市民这些个体公众进行传播，又要对政府机构、企业、社会组织、事业单位这些组织公众进行传播，这需要整合；城市形象对外传播中则需要对游客、商务人士、公务人员、媒体人员、一般市民等个体公众进行传播，还要对友好城市政府机构、有业务往来的公司企业、外地媒体机构等组织公众进行传播，这也需要整合。

再次，城市形象传播需要对一个城市的地理风貌、建筑景观、交通设施、旅游景点、市政配套、经济水平等诸多硬实力进行传播，这需要整合；城市形象传播还需要对一个城市的历史文化、乡风民俗、价值观念、居民素质、政府治理等诸多软实力进行传播，这也需要整合。

最后，城市形象传播可以借助数字杂志、数字报纸、数字广播、数字电视、数字电影、互联网、手机短信、移动电视、触摸媒体等多种新媒体形式，这需要整合；城市形象传播中还可以借助报纸、杂志、广播、电视这些传统大众传播媒体以及户外、海报、直邮、售点、宣传册等诸多中小众媒体，这也需要整合。

跳出城市形象传播行为本身，可以看到，城市形象传播研究同样也是一个整合的过程。城市形象研究是一门新兴的跨学科研究，包括了建筑学、景观学、环境科学、雕塑理论、建筑美学、城市社会学、城市文化学、城市生态学、城市管理学、城市心理学等多方面的学科，可谓是文理科学的大熔炉。城市形象传播研究与城市形象研究一样，存在着多学科交叉融合的问题，本书就是立足于传播学、符号学、营销学、管理学、心理学、品牌学等多学科之上，对城市形象传播进行整合研究。

城市形象的整合营销传播研究是本书的最终落脚点。本书在对城市形象传播这一问题进行多学科视角关照后，提出了在新媒体环境下城市形象传播的必然转向：随着城市间形象竞争的持续加剧，加之媒体环境的深刻变化，开展城市形象的整合营销传播已是城市面对新形势的不二之选。

诺贝尔经济学奖获得者约瑟夫·斯蒂格利茨曾说，未来中国城市的发展将与美国的高科技一道成为主导 21 世纪的两件大事。言下之意，未来中国城市的发展实际上要迎接全球的目光，直面世界的挑战，于是，打造具有全球竞争力的中国城市形象和中国城市品牌或将成为新世纪世人瞩目的焦点话题，寻求与探索城市形象整合营销传播之策可谓恰逢其时。

目 录

第三章　城市形象传播的多维视角　　　　　　　　　35

第四章　城市形象传播研究与实践　　　　　　　　　61

第七章 城市形象整合营销传播策略   135

第一章

绪　论

　　城市是人类最伟大的发明与最美好的希望，城市的未来将决定人类的未来。
　　　　　　　　　　　　　　　　　　　——爱德华·格莱泽《城市的胜利》

　　进入 21 世纪，全球化的第二波浪潮不断袭来，国家间竞争日益激烈，提升城市国际竞争力几乎成为所有国家的国际竞争战略。城市既是全球化的载体，也是全球化最强有力的推动者。作为世界第二大经济体，中国的城市化发展是历史上任何国家和地区都无法比拟的：2001 年中国城市的数量为 362 个，地级市为 250 个，县级市为 393 个，而到了 2010 年，中国城市数量变为了 657 个，地级市变为了 268 个，县级市变为了 370 个[①]。中国城市化的规模之大、速度之快，令世人瞩目。

　　在全球化中，城市成为全球化生产链的重要环节，并作为连接世界的节点，传递着信息、资源，吸引着技术、人才等发展因素。城市作为全球协作网络的核心作用日渐明显，现代化城市发展的规律表明，城市是国民经济发展的发动机，是国家和地区发展的领导者[②]。

第一节　选题缘起及现实意义

一、选题缘起

　　《墨子·七患》曰："城者，所以自守也。"《周易·学辞》记载："日中为市，致天下之事，聚天下之货，交易而退，各得其所。"古代城市的功能较为简单，集中于军事

---

① 倪鹏飞.中国城市竞争力报告 No.10——竞争力:筚路十年铸一剑[M].北京:社会科学文献出版社，2012:44-45.
② 彭和平,侯书森.城市管理学[M].北京:高等教育出版社,2009:425.

防御和商品交换，但如今，城市承载着更为多元的功能。每个城市都有其发育、成长的土壤，不同的自然条件和人文环境赋予了城市迥异的形象特征，如北京威严大气，苏州温婉精致，拉萨神秘圣洁等等。"让我看看你的城市，我就能说出这个城市居民在文化上追求的是什么"①，美国城市文化学家伊里尔·沙里宁如是说。

随着全球城市化和城市现代化的推进，城市竞争已经取代国家竞争和产业竞争成为全球竞争的焦点，城市形象作为城市核心竞争力的重要资源性要素也受到了越来越普遍的关注。城市形象是城市的无形资产，价值无限。良好的城市形象，对于一个城市的招商、吸引人才、发展旅游业等都有着巨大的影响，可以说，形象立，百业兴。成功的城市品牌形象等同于城市的"金字招牌"，它可以向外界展示城市的独特魅力，有利于吸引投资者、旅游者、高端人才等目标人群，有利于城市的对外交流和国际化，使城市经济、文化、社会等各项事业持续发展，并带来巨大的经济收益，从而能够增强城市的核心竞争力。

用北京国际城市发展研究院院长连玉明的话来说，"最好的城市是能够把握成长关键期的城市，最好的城市形象是与众不同的个性化城市"。但现实情况是，中国城市如同"一母同胞"：城市建设雷同、刻板、僵化，南方北方一个样，大城小城一个样。千城一面，不仅仅是物质空间形式上的雷同，更有城市形象个性的极度贫乏。冯骥才先生说："中国有 660 个城市，在这 30 年急速的城市建设和现代化的冲击下，我们把几百年、上千年形成的千姿百态的具有个性的城市变成了千城一面。我们把这样的东西交给后代，后代只能说我们这一代无知、没文化。"②

世界上许多城市都有自己的口号，比如纽约的"万都之都"、巴黎的"浪漫之都"、埃及的"历史的金库"、瑞士的"世界的公园"、新加坡的"世界花园城市"等等，这些口号常常让人觉得形容贴切，而且实至名归。事实上，一个地方选择一句口号特别困难，因为许多地方是多面性的③。北京创行合一旅游规划设计院的汤俊有句关于城市形象口号的三段论：最糟糕的城市形象口号是城市的旅游资源、旅游景区、景点、标志物的堆砌加工，好一些的城市形象口号选择文化立意，最好的城市形象口号讲究的是没有赤裸裸的商业诱导，温柔地悄悄地打动人心④！当前，我国许多城市热衷于塑造城市形象，但从中央电视台播放的城市形象片监测情况来看，越来越多的城市将旅游资源作为城市形象的切入点，诉求定位大同小

① 卢世主.城市形象与城市特色研究[M].成都:西南交通大学出版社,2011:76.
② 王鑫昕,刘声,林洁.冯骥才:"维修性拆除"是为破坏找借口[N].中国青年报,2012-03-09(T03).
③ [美]菲利普·科特勒,唐纳德·海德,欧文·雷恩.地方营销[M].翁瑾,张惠俊,译.上海:上海财经大学出版社,2008:33.
④ 汤俊.城市形象口号的中国逻辑[EB/OL].[2010-9-20]. http://www.chinacity.org.cn/cspp/csch/61173.html.

异,极少有个性彰显、特色鲜明、令观众印象深刻的城市形象出现。

城市是一部历史长卷,每一座城市都应有自己的特色和个性。虽然,用一句城市形象口号来表现城市的核心价值与特色非常困难,但是雷同的城市形象宣传口号毫无疑问地反映出城市自身定位的模糊。在中国,多所城市比肩巴黎号称"浪漫之都",更有甚者直接喊出"东方日内瓦"、"东方伊甸园"之类的城市口号,令人不知所云。齐白石曾对学生说:学我者生,似我者死。每座城市都有自己不同的地域环境抑或历史文化,城市形象建设必定不能盲目复制和照搬照抄。美国著名城市研究专家詹姆斯·特拉菲尔说:"科技改变城市面貌,欲望则铸造城市的品格。"中国城市在塑造自身城市特色和品格的道路上最大的误区是不断地相互抄袭和克隆,最终造成城市形象力的日渐衰竭。

一个城市的形象口号无论设计得多好,没有传播终究是无效的。与大多数城市在形象定位和口号上存在的弊病相比,城市形象传播中的手段和方法问题显得更加糟糕。城市形象的确立离不开有效的传播,城市形象也只有通过传播才能产生价值,尤其是经济价值,传播使城市形象这一无形资产产生有形效益。但极为可惜的是,国内很多城市虽然具有自身独特的自然资源或人文资源,但由于缺乏有效的传播管理,城市形象难尽如人意,严重拖累了城市经济社会发展步伐,削弱了城市的整体竞争力。

城市形象对于现代城市经济社会发展可谓意义重大,但是当下国内城市在城市形象定位与传播中却仍普遍存在着这样那样的困惑,正因如此,城市形象定位与传播研究日显迫切。本书对城市形象概念的理解基于三点思考:一是城市形象不是城市本身,而是人们对城市的感知或印象,不同的人对同一城市的感知或印象不会完全相同;二是城市形象构成要素很多,公众不可能顾及城市形象要素的方方面面,一些核心要素决定了人们对城市形象的评价;三是城市形象受制于城市的软硬件基础(所谓硬件主要指的是建筑物、交通与生活设施等等,所谓软件指的是各种政策规定所反映出的理念[①]),但传播行为能够在城市基础面貌不发生大的改变的前提下改变城市形象。因此,本书的根本观点是,城市形象并不是与生俱来的,良好的城市形象源于科学的管理。"城市形象只有通过传播才能产生价值,且只有通过传播设计,才能产生'有价值的价值'。"[②]

在城市形象有效传播的问题上,目前跨学科融合研究还相对薄弱。虽然城市形象定位理论、城市形象塑造理论、城市形象营销理论以及城市形象品牌理论等

---

① 张承耀.环渤海都市圈与城市形象的发展[G]//褚云茂,黄耀诚.城市的生态形象——大都市形象文集Ⅱ.上海:东华大学出版社,2006:111—112.

② 孟建,何伟,张秉礼.城市形象与软实力:宁波市形象战略研究[M].上海:复旦大学出版社,2008:235.

诸多理论为城市形象传播实践或多或少提供了一些有益启示与方向指导，这些理论也逐步树立了"以公众为中心"的正确传播导向，这相较于传统的城市形象传播来说毫无疑问是一个显著的进步，但问题在于，由于缺乏清晰的、可操作的、模式化的实施方法，这些理论在指导城市形象传播实践中又难免落入俗套，走回传统营销传播的老路。也就是说，在城市形象传播理念上，这四种理论毫无疑问是值得肯定的，但是在实际操作中这些理论缺乏效果可控的执行范式。

本书以传播城市形象为中心任务，以杭州城市形象定位与传播为研究样本，寻求提升城市形象传播效果的有效对策，发现能被受众感知的城市形象评价指标，构建城市形象的整合营销传播模式，从而为城市管理者开展城市形象传播活动提供理论参考以及实践指导。

二、选题意义

在未来的全球性竞争中，国家和区域之间的竞争以城市的竞争为重点，而城市之间的竞争也已从20世纪80年代的规模竞争、90年代的综合实力竞争演变成21世纪的城市个性魅力的竞争[1]。当今世界，城市的核心竞争力更多地体现在文化、品牌和形象上。一座城市，如果没有鲜明的城市形象，如果没有文化和品牌来支撑，那么这座城市就会失去灵魂和色彩，其经济和社会等方面的发展也是难以持续的[2]。

据国际设计协会统计，企业形象设计中投入1美元的资本，就可获得227美元的效益，由此所创造的品牌身价（无形资产）甚至高达上万美元。企业形象的价值不容低估，而实际上，对于一个城市而言，形象的价值也并无二致。以杭州为例，城市品牌价值模糊算法[3]测算出杭州城市品牌价值（无形资产价值）低位估值为12040亿元，高位估值为24080亿元，即便是采用城市品牌价值的低位估值，杭州城市形象的价值也将超过任何一个企业、任何一个行业的价值。对于一个城市而言，城市形象的价值绝对不容小觑，城市形象建设和传播工作的重要性也不言而喻。

但是现实的挑战是，许多城市的形象仍较模糊，这些城市并没有从受众需求和关注点的角度对城市形象进行有效定位和传播，而是习惯于集中于内部提炼资源、仅以人文和历史等方面的优势来确立和传播城市品牌，造成城市形象内涵单一、缺乏针对性。这些城市的形象定位尚未触及深层次问题，并不能体现城市

---

① 孙忠焕.我们怎样打造杭州的城市品牌[J].领导科学,2005(11):10-11.

② 青舟.文化品牌:塑造城市形象的意义[N].广州日报,2009-08-25(A15).

③ 顾海兵,王亚红,胡鹏辉,等.中山城市形象定位与提升对策研究[M].北京:中国经济出版社,2009:
   245-246.

的鲜明个性和竞争的优势，致使城市形象在宣传、推介过程中出现从内容到形式的泛同质化问题。此外，国内城市形象传播中普遍缺乏长期规划、统一布局，且城市形象后期维护工作不足，导致不少城市品牌标签众多，城市形象混乱，没有统一的城市品牌传播战略及具体的传播系统，难以维持和发展城市品牌的长久魅力①。

城市形象是一个抽象物，是人们对城市的总体印象和综合评价，是城市的宝贵无形资产。城市形象价值，是在转化中实现的。本书在对城市形象传播进行传播学、符号学、营销学、管理学、品牌学、心理学等多学科分析的基础上，以整合营销传播理论为指导，提出了整合营销传播视角下的城市形象传播方法和路径，具有以下实际意义：

理论上，本书的研究不仅以多学科视角审视了城市形象传播，更为重要的是，本书在对城市形象传播的利益相关者深入分析之后，以满足受众需要为价值导向，提出了基于受众感知的城市形象评价指标体系，充分体现了整合营销传播理论注重传播者与受众互动的机制，并在此基础上，通过系统梳理整合营销传播操作模式，构建了城市形象整合营销传播模式。城市形象整合营销传播模式是对舒尔茨、邓肯等整合营销传播专家提出的整合营销传播操作模式进行的实证演绎和深化，是当前城市形象整合营销传播研究领域的一个创新。本书一方面对这套新的城市形象评价指标体系进行了实证检验研究，另一方面，结合具体城市将这一模式进行了操作演绎，这都将为其他研究人员进一步深入研究城市形象整合营销传播提供参考和借鉴。

实践上，本书的研究对我国城市形象传播的设计、管理和提升来说，都具有一定的理论和现实指导意义。本书倡导的"整合"理念和方法不仅有助于引导广大城市管理者和城市形象传播参与者树立正确的城市经营理念，打造更适宜城市形象传播的组织体系，更能够帮助他们进一步把握城市形象传播的目标对象、形象定位、传播内容、媒介渠道、关系管理等诸多环节，使其能够从容应对新媒体环境下城市形象传播面临的挑战。

今天的世界像是一个市场。全球化迅速推进使每个国家、每座城市和每个地区都必须加入与其他国家、城市和地区的竞争，以分享这个世界的消费者、旅游者、投资人、学生、企业家、国际体育和文化活动，以分享国际媒体以及其他国家政府和公众的注意力与尊重②。中国社会科学院著名城市研究专家倪鹏飞博士

---

① 赵莉，沈利.杭州城市形象国际传播的特色与启示[J].青年记者，2010(23)：13-14.

② [美]西蒙·安浩.铸造国家、城市和地区的品牌：竞争优势识别系统[M].葛岩，卢佳杰，何俊涛，译.上海：上海交通大学出版社，2010：3.

说:"当城市成功时,国家也就成功了。"对中国而言,能否在未来世界取胜,实现中华民族近代以来的伟大复兴梦想,从某种意义上讲,就看中国是否能够建设一大批具有全球竞争力的城市。

第二节　研究现状及文献综述

城市形象研究是一门新兴的跨学科研究,包括了建筑学、景观学、环境科学、美学、社会学、文化学、生态学、管理学、心理学等多方面的学科。城市形象传播研究虽然是城市形象研究的一部分,但其不仅仅是传播学的问题,与城市形象研究一样,存在着多学科交叉融合的趋势,是基于传播学、符号学、营销学、管理学、心理学、品牌学等多学科之上的综合研究。

一、国外研究综述

从柏拉图的《理想国》到 19 世纪奥斯曼的巴黎改建,从美国的"城市美化运动"到柯布西耶的"现代城市"设想,无不反映了人们对美好城市形象的追求。国外的城市形象塑造及传播研究,可以追溯到古希腊古罗马时代。公元前 5 世纪,被誉为城市规划之父的希腊建筑师希波丹姆提出布局严谨的模式化的希波丹姆模式,是最具代表性的早期城市形象建设思想,并成为此后城市建设者效仿的典范。希波丹姆遵循古希腊哲理,探求几何和数的和谐,以取得秩序和美:城市典型平面为两条垂直大街从城市中心通过,中心大街的一侧布置中心广场,中心广场占有一个或一个以上的街坊,街坊面积一般较小。希波丹姆模式以方格网的道路系统为骨架,以城市广场为中心,充分体现了民主和平等的城邦精神。公元前 475 年左右,希波丹姆利用这一模式主持了米利都城(Miletus)的重建工作。

人类自觉地、理性地、大批量地为自己所在城市进行包装设计和形象定位是在工业化之后。随着西方工业化的发展,许多大城市出现了一系列的问题,大量人口的涌入使得城市中心区出现了住房稀缺、交通混乱、环境恶劣等现象,许多大城市在外部形象上都呈现出杂乱无章的局面。对这些城市进行的改造活动,成为早期城市形象理论所研究的主要内容,其中具有代表性的思想有:奥姆斯特德的城市美化思想、西特的城市建设艺术理论、沙里宁的有机疏散理论、柯布西耶的现代主义城市思想、斯泰恩的雷德伯恩体系、佩里的邻里单位思想等,《雅典宪章》、《马丘比丘宪章》、《新都市主义宪章》等由一些建筑师和社会团体共同提出的城市建设法则,也成为一定时期重要的关于城市形象建构的行动纲领[①]。

在西方,城市形象研究理论体系形成于 20 世纪 60 年代。美国城市规划学者

---

① 王豪.城市形象概论[M].长沙:湖南美术出版社,2008:31.

凯文·林奇(K.Lynch)提出了城市意象理论,最先界定了城市形象的概念。1960年凯文·林奇出版的专著《城市的印象》(The Image of City)指出:"任何一个城市都有一种公众印象,它是许多个人印象的叠合,或者有一系列的公众印象,每个印象都是某些一定数量的市民所共同拥有的。"①作为第一个提出城市形象概念的人,凯文·林奇强调城市形象主要是通过人的综合"感受"而获得,认为城市形象是人们对物质环境的知觉以及形成的心理意象(外部世界的主观反映),其偏重于对城市环境认知的经验研究,把城市形象看作由道路、边沿、标志、结点和区域五种要素所构成。凯文·林奇提出城市的可识别性和形象性的概念,创造性地提出了城市形象的构建过程是一个城市环境和城市居民互动的过程,建立了独特的城市形象实证研究方法,并将城市形象的概念应用于城市设计与规划②。

与此同时,加拿大理论学者简·雅各布斯(Jane Jacobs)面对现代城市的弊病,对大城市在建设过程中所存在的问题进行了积极的批判。简·雅各布斯于1961年出版了《美国大城市的死与生》这部研究城市问题的经典著作,震撼了当时的美国规划界:这本书终结了20世纪50年代美国政府以铲除贫民窟和兴建高速路为特征的大规模的城市更新运动,提出了建设多样化城市的重要性,成为美国城市规划转向的重要标志。简·雅各布斯也被誉为是过去半个世纪中对美国乃至世界城市规划发展影响最大的人士之一。

20世纪70年代,美国科罗拉多州立大学的亨特(J.D.Hunt,1971)撰写了一篇题为《形象——旅游发展的一个因素》的博士论文,主要探讨旅游目的地开发中形象因素的意义,开创了旅游城市形象研究的先河③。杰姆斯·休斯(James M. Hughes,1972)则通过对美国1935年和1968年两个时期城市形象塑造的回顾,概括出了当时城市形象形成的两种模式:独断模式和城市游戏模式。

20世纪90年代,阿什沃思等(Ashworth,1990)提出,城市形象是经过长期、综合的宣传与沟通所获得的结果,城市形象一经形成就很难被复制或模仿,并区分了城市的营销形象、人居形象和旅游形象及不同侧面形象的度量。萨纳(Snaear,1991)认为,城市形象应定义为:城市的内部公众和外部公众对城市的形态、空间布局、建筑、景观、街区、绿化、标识、公共设施、市民素质、政府行为、社会风气、治安状况、生活质量等方面的总体感知、印象和评价。美国著名的市场营销大师菲利普·科特勒(P.Kotler)于1993年出版了《地区营销》一书,初步建构

---

① [美]凯文·林奇.城市的印象[M].项秉仁,译.北京:中国建筑工业出版社,1990:48.

② Lynch,K.The Image of the City[M].Cambridge:The MIT Press,1960:46-90.

③ Hunt,J.D.Image——A Factor in Tourism[D]. unpublished doctoral dissertation. Fort Collins:Colorado State University,1971:12-13.

了地区营销的概念体系和理论基础，探讨了地区形象的营销战略[①]。科特勒指出，城市形象是信念、观点和印象的总和，是大量相互关联的城市信息的精练和简化，是人们加工和提炼城市大量原始数据的产物。

进入21世纪，2002年菲利普·科特勒出版了《亚洲地区营销》一书，通过相关案例集中论述了地区形象营销，提出可通过分析地区形象的可营销性来开展战略形象管理[②]，充分赋予了地区形象在地区营销中的战略地位和作用。2007年，西蒙·安浩（Simon Anholt）出版了《铸造国家、城市和地区的品牌：竞争优势识别系统》（Competitive Identity：The New Brand Management for Nations，Cities and Regions），其指出，在城市形象传播过程中如果能够智慧和负责任地使用品牌管理技术，便会使这一技术成为富于竞争力的工具，使用竞争优势识别系统这一术语，就是试图把品牌管理与公众外交、贸易、投资、旅游与出口推广综合起来。

城市形象传播研究发展到今天，在西方已经开始从单一角度的形态理论发展到多学科相结合的多元形象建构思想体系。纵观国外城市形象传播研究，其特点表现为两个层面：

一是城市美学层面的城市形象塑造及传播研究，不论是"城市美化运动"还是西特的城市空间美学研究，都是旨在建构有秩序的城市形象，其研究多停留在视觉层面的城市形象的塑造上，其行为的主体多为统治者和规划师、建筑师。因此，城市形象本质上是统治者、规划师、建筑师意愿的产物，往往出现城市形象及城市功能与公众理想相脱节的问题。

二是随着城市的发展，突破单纯从艺术角度对城市形象的认识，出现众多从社会学、心理学、行为学等多领域对城市形象塑造及传播的研究。这些研究中极具独创性的代表是凯文·林奇的城市意象及城市形态理论，虽然凯文·林奇的城市形象理论最终还是通过建构秩序来塑造城市形象，但是其从公众的视角来研究城市形象，首次强调了识别性之于城市的意义，并解析了城市意象与识别要素，提出了"五要素"学说。林奇理论的另一独特之处，在于其研究开始关注城市空间形态与人认知行为的相互作用。

可以看到，城市形象传播研究正是基于当前社会背景提出的：如何满足居民的多方面需求？如何使日益多元的城市风貌体现出现代城市的整体特色？如何建

---

① Kotler，P.，Haider，D.，Rein. Marketing Places：Attracting Investment，Industry and Tourism to Cities，States and Nations[M].New York：The Free Press，1993：68-69.

② Kotler，P.，Hamlin，M.A.，Rein，I.，Haider，D.Marketing Asian Places [M]. Singapore：John Wiley & Sons (Asia)，2002：24-25.

构科学合理又不失艺术性的城市形态？如何在有效保护历史遗存的基础上提出现代化更新手段？如何使多学科的研究成果建立密切联系和有机结合？这些问题成为目前探究城市形象构建有待解决的主要议题①。

二、国内研究综述

中国城市形象塑造及传播的研究与应用，从城市美学的意义上也可以追溯到上古时代，如我国先秦古籍中最重要的科学著作《周礼·考工记》有关"前堂后市，左祖右社"的记载就是城市结构的一种描述。近代我国的城市形象传播研究可以追溯到 20 世纪 20 年代，1928 年陈植在《东方杂志》上发表文章，强调"美为都市之生命"，20 世纪 30 年代的大学教材《都市计划学》中也专有"城市美观"一章。

直至改革开放初期，我国的城市形象塑造及传播研究还是寓于城市规划理论之中的，如 1989 年出版的《城市环境美的创造》中很多学者如李泽厚、吴良镛、徐恒醇等就从环境美学和纯美学的意义上对城市加以研究。随着研究的进一步深入，研究成果近年来呈现出迅猛增长之势，成果主要体现在三个方面：

一是对城市形象、城市品牌、城市营销等核心概念的内涵及基本理论的研究。如胡晓云在《城市品牌的界定探析》（广告大观·理论版，2008）中深入分析了城市品牌、城市形象、城市营销三者的区别与联系；李慧在《城市品牌营销理论的新发展》（商业时代，2010）中对目前城市品牌研究的内容进行了总结，归纳为城市品牌定位、城市品牌形象、城市品牌传播、城市品牌塑造四个方面。

二是对城市形象、城市品牌传播现状及对策的研究。如匡林在《浅议城市形象建设的误区与策略》（中国工程咨询，2007）中分析了城市形象建设的三大误区是错误政绩观指导、模仿性和缺乏全局观，并有针对性地提出了六项对策：重视城市形象战略研究、合理进行城市形象定位、搞好城市规划、完善城市功能、彰显城市特色、提高城市文化品位。

三是城市形象、城市品牌、城市竞争力指标体系的建设研究。如方丽在《城市品牌要素指标体系》（技术与市场，2005）中提出了由经济、环境、政府、人居四大子要素、12 个主题层、50 个指标层构成的城市品牌要素指标体系；凌波在《城市形象的竞争力评估》（城市发展研究，2008）中则提出了城市形象竞争力体系结构，并构建了模糊层次分析法。

总体说来，虽然人们已经逐渐意识到城市形象及城市形象传播的重要价值和显著作用，但是有关城市形象塑造及传播的讨论，多数仍集中于城市形象混沌

---

① 王豪.城市形象概论[M].长沙:湖南美术出版社,2008:15-16.

状态的专家式批判和西方城市形象理论的照抄式介绍,深入的、创新性的城市形象传播理论与实践研究仍旧十分匮乏。

第三节 研究思路与研究特色

一、研究思路

本书研究立足于整合营销传播理论,综合传播学、营销学、管理学等多种学科理论,探讨城市形象传播如何进行定位、设计并执行。本书以杭州的城市形象传播为个案,通过广泛的受众调查,分析和提炼受众关注的城市形象指标因子,从而构建基于受众感知的城市形象评价指标体系,并以此为基础,开展城市形象整合营销传播研究中的理念整合研究、组织整合研究、受众整合研究、接触整合研究、内容整合研究和关系管理研究,最终构建城市形象整合营销传播模式。本书的研究框架如图 1-1 所示。

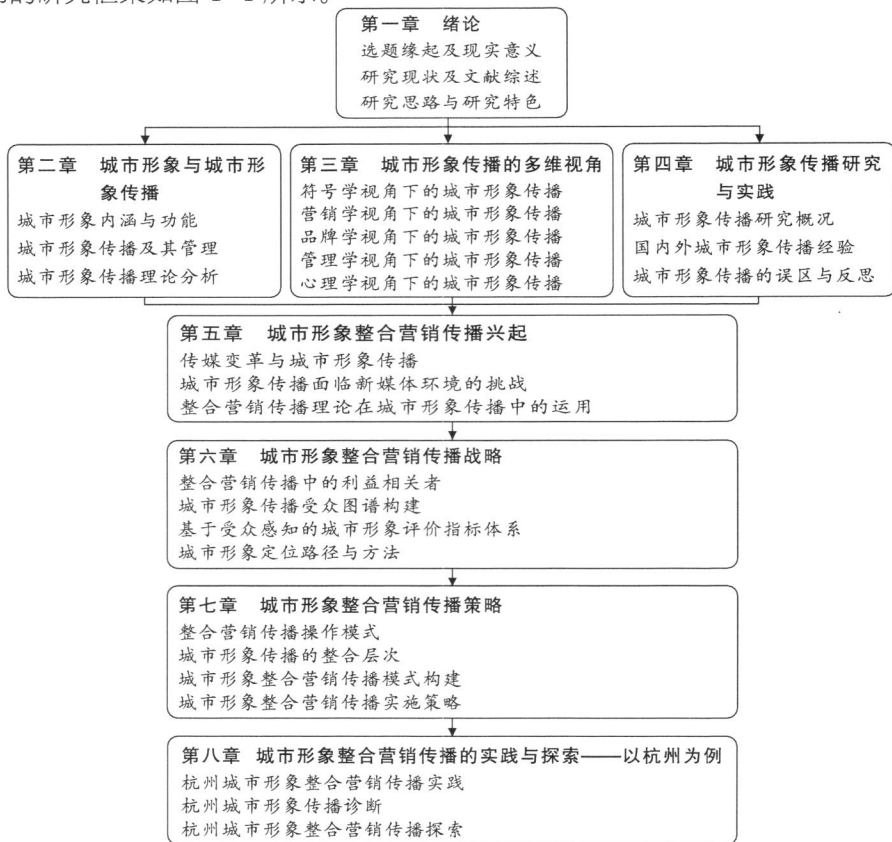

第一章 绪论
选题缘起及现实意义
研究现状及文献综述
研究思路与研究特色

第二章 城市形象与城市形象传播
城市形象内涵与功能
城市形象传播及其管理
城市形象传播理论分析

第三章 城市形象传播的多维视角
符号学视角下的城市形象传播
营销学视角下的城市形象传播
品牌学视角下的城市形象传播
管理学视角下的城市形象传播
心理学视角下的城市形象传播

第四章 城市形象传播研究与实践
城市形象传播研究概况
国内外城市形象传播经验
城市形象传播的误区与反思

第五章 城市形象整合营销传播兴起
传媒变革与城市形象传播
城市形象传播面临新媒体环境的挑战
整合营销传播理论在城市形象传播中的运用

第六章 城市形象整合营销传播战略
整合营销传播中的利益相关者
城市形象传播受众图谱构建
基于受众感知的城市形象评价指标体系
城市形象定位路径与方法

第七章 城市形象整合营销传播策略
整合营销传播操作模式
城市形象传播的整合层次
城市形象整合营销传播模式构建
城市形象整合营销传播实施策略

第八章 城市形象整合营销传播的实践与探索——以杭州为例
杭州城市形象整合营销传播实践
杭州城市形象传播诊断
杭州城市形象整合营销传播探索

图 1-1 城市形象传播研究框架

二、研究方法

本书将利用问卷调查法、个案研究法、文献分析法、因子分析法、系统分析法等多种方法展开研究。

(一)问卷调查法

问卷调查法也称"书面调查法",或称"填表法",是用书面形式间接搜集研究材料的一种调查手段。通过向调查者发出简明扼要的征询单(表),邀请其填写对有关问题的意见和建议来间接获得材料和信息的一种社会研究方法。问卷调查法适用面广,能对多数对象进行研究,调查访问紧贴现实社会,调查结果客观、公正,最大化地避免了人为因素的影响。本书研究中利用了网络问卷调查和实地问卷调查相结合的方式,开展"城市形象建设与传播(杭州)"调查,掌握受众认知和评价城市形象的基本要素和辅助要素。

(二)个案研究法

个案研究法是追踪研究某一个体或团体的行为的一种方法。它通常采用观察、面谈、收集文件证据、描述统计、测验、问卷、图片、影片或录像资料等方法。在大多数情况下,尽管个案研究以某个或某几个个体作为研究的对象,但这并不排除将研究结果推广到一般情况,也不排除在个案之间作比较后在实际中加以应用。对个案研究结果的推广和应用属于判断范畴,而非分析范畴,个案研究的任务就是为这种判断提供经过整理的经验报告,并为判断提供依据。在这一点上,个案研究有点像历史研究,它在判断时常需描述或引证个案的情况。因此个案研究法亦称"个案历史法"。本书研究中以杭州为例,通过对杭州的"城市形象建设与传播"调查获取城市形象评价指标的一般构成体系;通过总结杭州在城市形象整合营销传播中的成功做法,获得城市形象整合营销传播的共通性对策。

(三)文献分析法

文献分析法主要指搜集、鉴别、整理文献,并通过对文献的研究,形成对事实科学认识的方法。文献分析法是一项经济且有效的信息收集方法,它通过对与工作相关的现有文献进行系统性的分析来获取工作信息,一般用于收集工作的原始信息,编制任务清单初稿。文献的现代定义为"已发表过的、或虽未发表但已被整理、报道过的那些记录有知识的一切载体",不仅包括图书、期刊、学位论文、科学报告、档案等常见的纸面印刷品,也包括有实物形态在内的各种材料。本书通过梳理国内外城市形象传播研究文献,把握城市形象传播研究的状况,总结城市形象传播的经验和误区。

(四)因子分析法

因子分析的基本目的就是用少数几个因子去描述许多指标或因素之间的联

系，即将关系比较密切的几个变量归在同一类中，每一类变量就成为一个因子（之所以称其为因子,是因为它是不可观测的,即不是具体的变量）,以较少的几个因子反映原资料的大部分信息。因子分析法就是寻找这些公共因子的模型分析方法,它是在主成分的基础上构筑若干意义较为明确的公因子,以它们为框架分解原变量,以此考察原变量间的联系与区别。本书运用这种研究技术,找出影响公众评价城市形象的主因子以及它们的贡献率情况,最终构建和完善城市形象评价指标构成体系。

(五)系统分析法

系统分析法是指把要解决的问题作为一个系统,对系统要素进行综合分析,找出解决问题的可行方案的咨询方法。系统分析法来源于系统科学。系统科学是20世纪40年代以后迅速发展起来的一个横跨多个学科的新的科学部门,它从系统的着眼点或角度去考察和研究整个客观世界,为人类认识和改造世界提供了科学的理论和方法。系统分析法是咨询研究的最基本的方法,可以准确地诊断问题,深刻地揭示问题起因,有效地提出解决方案和满足客户的需求。本书以杭州在城市形象整合营销传播中的成功经验为基础,通过全面总结,构建了城市形象整合营销传播模式,为城市形象传播实践提供了可供借鉴的系统性操作模式。

三、研究特色

为了使研究成果在实际应用中更加直观和容易借鉴,本书主要作了四个方面的努力:

第一,利用利益相关者理论对城市形象传播受众进行了细分,并构建了城市形象传播受众图谱;

第二,确立了由5大一级指标、22个二级指标构成的城市形象综合评价指标体系,用表格形式进行描述,并对这一指标体系做了实证检验;

第三, 在城市形象整合营销传播模式构建上尽量用直观浅显的流程图形式予以表达,辅以详细分析,并对所建构的模式进行了操作案例演绎,具有较强的可借鉴性;

第四,在城市形象整合营销传播操作的每一个重要环节,如组织构建、接触清单制定、接触点管理流程、传播内容设计等环节,都设计了直观清晰的操作图示。

总体说来,本书不仅首次以多学科视角关照城市形象传播研究,更首次以整合营销传播理论深入研究了城市形象传播,对城市形象传播实践和研究都具有一定的参考价值。

第二章

城市形象与城市形象传播

城市是一本打开的书,从中可以看到它的抱负。

——伊里尔·沙里宁

自 20 世纪 80 年代中后期以来，城市之间出现了所谓的"城市战"(Place Wars),这迫使城市成为了全球争夺资本和资源的竞争主体。在此背景下,城市形象的重要性也逐渐为城市管理者所认识，各地纷纷采取措施进行城市形象的塑造或重塑[①]。

现代社会中,城市形象的优劣对于城市的发展有着至关重要的作用。城市之间人才、资金、市场的竞争,说到底,可以认为是城市形象的竞争。良好的城市形象对于促进、推动城市的发展具有不可低估的正向性功能,全面提升城市形象将创造城市的发展优势,有利于城市的现代化、国际化进程。越来越多的城市业已清晰意识到打造城市形象的必要性和紧迫性，城市之间的竞争也日渐表现为以综合实力为基石的形象力的竞争。

良好城市形象的树立和提升离不开城市形象传播，城市形象也只有通过传播才能产生价值。城市形象构建和传播过程是融于城市的发展过程之中的,而城市形象的构建和传播过程本身也是相互交融的。城市形象是一个多元构成系统,单一要素无法表现或代表城市形象,整合是城市形象建构过程中最为重要的一点[②]。

第一节　城市形象内涵与功能

城市作为区域政治、经济、文化和人口聚集中心，在国民经济和社会发展中

---

① Hannigan,J.Symposium on Branding,the Entertainment Economy and Urban Place Building:Introduction International[J].Journal of Urban and Regional Research,2003(2):352−360.

② 杨倩.浅析国际性城市的形象构建与传播——以巴黎、香港、北京、上海四城市为例[D].杭州:浙江大学,2006:1.

13

起着主导作用。按照联合国的统计和预测数据，截至 2011 年全球总人口为 69.74 亿，生活在城市的人口 36.32 亿，城市化率过半，达到了 52.1%，而到 2050 年全球总人口将增长到 93.06 亿，城市人口增长到 62.52 亿，城市化率将达到 67.2%①。世界城市化率已经超过 50%，这意味着人类社会真正从总体意义上步入了"城市时代"。正如城市地区经济学家帕斯卡尔·马拉加尔所言："将来对世界大多数人来说，区别他们的是城市而不是国家。"随着全球城市化与城市现代化的推进，城市竞争已经取代国家竞争和产业竞争成为全球竞争的焦点，而城市形象作为城市核心竞争力的重要资源性要素也将受到越来越普遍的关注。

城市形象是城市最大的无形资产。建设和管理好城市形象，将对城市的现代化建设产生强大的推动力——良好的城市形象不仅可以提高整个城市的人文环境，提升市民的自豪感和认同感，更重要的是，其对发展旅游、招商引资、吸引人才、加快经济发展速度、提高城市地位和竞争力等方面都有着至关重要的作用。

一、城市形象释义

何为城市形象？有一个城市提出的口号非常具有概括性和代表性：把马路让出来，把路灯亮起来，把绿化搞起来，把交通管起来，把文明新风树起来，把高楼大厦建起来。从某种程度上说，这组口号的提法是精练的，也是客观和写实的，道出了城市形象的"基本形态"。但是，城市的"基本形态"却往往不属于城市形象的本质要素，原因在于：城市的"基本形态"是城市的"共性"，而城市形象的本质追求，恰恰应该是城市的"个性"，"共性"易得，而"个性"难求②。

《东方瞭望周刊》执行总编辑欧阳晓晴对城市形象如是界定：提起维也纳，我们的耳边会响起音乐声；说到威尼斯，你会闻到水乡的气息；巴黎纽约，就算没去过，大家眼前也会有鲜明的画面出现，这就是城市形象的深入人心。

城市的产生和发展，经历了一个十分漫长的过程。"城市"一词最早见于战国时期的文献中：《韩非子·爱臣》云："大臣之禄虽大，不得籍威城市；党与虽众，不得臣士卒"；《战国策·赵策》记载："今有城市之邑七十，愿拜内之于王，唯王才之。"实际上，在我国古代"城"和"市"是两个概念，城市最早溯源可及原始社会末期和奴隶社会初期。在中国古代的典籍中，不乏对"城"和"市"的记载，《墨子·七患》记载："城者，所以自守也。"《周易·学辞》记载："日中为市，致天下之事，聚天下之货，交易而退，各得其所。"

---

① 国务院发展研究中心课题组.世界城市化和城市发展的若干新趋势和新理念[EB/OL].[2013-01-15]. http://theory.people.com.cn/n/2013/0115/c40531-20206622.html.
② 王明星,盖志平.城市动态形象塑造的文化底蕴[J].开放时代,2000(6):107-110.

　　从文献记载来看，我国早期的"城"是一种用于"守民"、"自守"、"卫君"和"避敌"的防御性城堡。为使统治者挥霍享受更为有利，特在城厢设"市"，逐渐形成了"前城后市"的格局，于是便出现了"城"、"市"合二为一的概念"城市"一词，并且逐步演变成一个国家或一定地域内的政治、经济、科技、文化中心①。《现代汉语词典》对城市的界定为：人口集中，工商业发达，居民以非农业人口为主的地方，通常是周围地区政治、经济、文化的中心。

　　"形象"一词最早见于《尚书》。从词源学角度来说，"形象"一词强调的是有形物体看得见的外在属性。《现代汉语词典》中这样解释"形象"一词：能引起人们思想和情感活动的具体形状或姿态。如今，"形象"一词的语义已有所变迁，"形象是人们在一定的条件下对他人和事物由其内在特点所决定的外在表现的总体印象和评价，从这个意义上讲，形象是在一定条件下的人和一定条件下的物在一定条件下的关系"②。从心理学角度讲，形象是主体与客体相互作用，主体在一定的知觉情境下，采用一定的知觉方式对客体的感知，是人们反映客体而产生的一种心理图式。肯尼思·博尔丁在他的著作《形象》中提出，一个象征性形象是各种规则和结构组成的错综复杂的粗略概括或标志。

　　每一个城市的形成和存在都有着其独特的天、地、人之氛围。城市形象则是某一城市在社会公众心中所表现出的个性特征，它体现了公众对城市的整体评价与认知。西方对城市形象的理论研究可追溯到 19 世纪，20 世纪 60 年代出现高潮。最早明确提出城市形象概念的是美国学者凯文·林奇，他在《城市意象》一书中对城市形象进行了界定，作为第一个提出城市形象概念的人，凯文·林奇强调城市形象主要是通过人的综合"感受"而获得，认为城市形象是人们对物质环境的知觉以及形成的心理意象(外部世界的主观反映)。凯文·林奇偏重对城市环境认知的经验研究，把城市形象看作由道路、边沿、标志、结点和区域五种要素所构成。

　　美国城市学者吉伯德曾对构成城市形象的要素下过一个看起来似乎十分宽泛的定义：城市中一切看到的东西，都是要素，如建筑物、道路、植物、照明、广告等等③。现代城市形象理论认为，这一定义并不完整，因为它只包括城市景观表层的有形要素，而现代意义上的完整的城市形象系统不仅要包括城市景观、城市生态等物质要素，还应包含城市文化、居民素质、政府效率和廉政形象、管理制度、服务质量、社会安全感以及城市的开拓创新氛围等众多无形要素。从这个意义上

---

① 张劲华.街道办事处职能发展趋势探讨[D].长春：东北师范大学，2008：3.

② 秦启文，周永康.形象学导论[M].北京：社会科学文献出版社，2004：9.

③ 王建国.现代城市设计理论和方法[M].南京：东南大学出版社，1991：67.

说,城市形象是城市外观和内在气质的结合,是城市物质文明和精神文明水准的有机统一体。

艾什沃思和科特勒(Ashworth & Kotler)等学者从城市营销的角度对城市形象进行了集大成式的论述,认为:城市形象是人们对某一城市的信念、观念和印象的总和,是人们对城市相关信息的联想与简化,是人们对城市大量原始数据进行加工和提炼的产物。城市营销学者们对城市形象的界定具有划时代的意义,其定义获得了目前学界的普遍认同。这使关于城市形象的研究从最初的局限于物质层次、单一目标市场、以政府为主导逐渐扩展到对非物质层次、多目标市场、以顾客为导向的研究①。

国内理论界对城市形象的认识主要有两种代表性的观点:一是从城市形象的主观感受性入手对其进行概念界定,另一种是从城市形象的客观性和主观性结合的角度对其展开定义。罗治英、孙黎等学者从城市形象的主观感受性角度揭示了城市形象的内涵:罗治英认为,"城市形象作为一种地区形象,是表示一个地区的内部公众与外部公众对该地区的内在综合实力、外显前进活力和未来发展前景的具体感知、总体看法和综合评价"②;孙黎认为,"城市形象是某一城市内外部公众对城市总体的、抽象的概括认识和评价,是城市现实的一种理性再现,也是城市同群众进行信息交流、思想联络的工具,代表了一种个人或集体的意向所支持的现实"③。李怀亮、任锦鸾、刘志强等人则从城市形象的主客观结合角度对城市形象进行了界定,"城市形象是指一个城市在其经济、文化、生态综合发展过程中形成的物质与精神、自然与社会的整体风貌,及其在社会公众心目中形成的对于城市的印象、看法和总体评价"④。

二、城市形象与城市品牌形象

(一)城市形象与城市品牌

要深入理解城市形象,还需明确城市形象和城市品牌的区别。城市形象是城市长期积淀起来的社会公众对它的稳定印象和整体评价,也可以简单概括为城市总体的特征和风格,"它在城市功能定位的基础上,将城市的历史传统、城市标志、经济支柱、文化积淀、市民风范、生态环境等要素,塑造成可以感受的表象和能够神会的内涵,是城市各种内在资源挖掘、提炼、组合与具体工程策划、设计、

① 陈柳钦.城市形象的内涵、定位及其有效传播[J].湖南城市学院学报,2011(1):62-66.
② 罗治英.地区形象理论与实践[M].广州:中山大学出版社,2000:88-90.
③ 孙黎.企业形象策划[M].北京:中国商业出版社,1996:517.
④ 李怀亮,任锦鸾,刘志强.城市传媒形象与营销策略[M].北京:中国传媒大学出版社,2009:19.

实施相结合的'神形合一'"①。城市品牌是"城市历史文化、地理资源、经济技术等要素被社会公众广泛认同的某种具有典型意义的称谓"②,是与其他城市相区别的独特标志,是城市的内在底蕴和外在特征的结构性展现。因此,城市形象的集中表现就是城市品牌或者说城市形象品牌。

城市形象是城市品牌的载体之一,城市品牌可以借助城市形象这一载体来表现,而城市形象却不能简单概括为城市的品牌③。总体来说,城市形象和城市品牌互为基础,城市形象是城市品牌的外在表现,也是通过接触及其传播等形成的相关利益者对一个城市的信念、看法和印象的综合④。城市形象与城市品牌不可分割,城市形象是城市品牌表现出来的特征,反映了城市品牌的实力与本质,城市品牌则是城市形象的后盾。如不作严格区分,"城市品牌和城市形象的概念基本可以互换,但是,城市品牌更强调从商业角度来看一个城市的发展,而城市形象则强调城市的全方位发展"⑤。

国家形象与国家品牌的关系研究,可以帮助我们更清晰地认识和理解城市形象与城市品牌的关系。由于国家形象与国家品牌的概念关系比较复杂,很多学者都将国家形象与国家品牌的内涵归入到一个共同的模糊概念里,更有的学者直接将国家形象与国家品牌混为一谈。虽然三言两语很难说清国家形象与国家品牌的界限,但是还是有很多值得借鉴和参考的观点,如伊斯塔·罗伊(Ishita Sinha Roy)认为,"国家品牌利用令人迷恋的视觉符号来'固定'国家形象"⑥,约翰·内西（John O'Shaughnessy）和尼古拉斯·内西（Nicholas Jackson O'Shaughnessy）也明确提出了国家形象与国家品牌的大小关系,"国家不能简单地被视为一个品牌,全部的国家形象远远比这复杂"⑦。除此之外,研究学者还通过对国家声望和国家身份界定来进一步明晰国家形象与国家品牌的区别。整体看来,对国家形象与国家品牌关系的理解有一点是逐渐达成共识的,那就是"国家形象要比国家品牌宽泛"⑧。

① 彭和平,侯书森.城市管理学[M].北京:高等教育出版社,2009:193.

② 彭和平,侯书森.城市管理学[M].北京:高等教育出版社,2009:193.

③ 李小霞.试论城市品牌与城市形象塑造[J].沈阳大学学报,2008(5):53—60.

④ 胡晓芸,章喆,郑玲玲,等.城市品牌的界定探析[J].广告大观(理论版),2008(6):83.

⑤ 顾海兵,王亚红,胡鹏辉,等.中山城市形象定位与提升对策研究[M].北京:中国经济出版社,2009:7.

⑥ Ishita Sinha Roy. Worlds Apart:nation-branding on the National Geographic Channel [J]. Media Culture Society,2007(29):569.

⑦ John O'Shaughnessy ,Nicholas Jackson O'Shaughnessy.Treating the Nation as a Brand:Some Neglected Issues[J]. Journal of Macromarketing,2000(20):64.

⑧ 刘朋.中国形象传播:历史与变革[M].北京:经济科学出版社,2012:8.

(二)城市形象与城市品牌形象

人们对于品牌形象的认识刚开始是基本着眼于影响品牌形象的各种因素上,如品牌名称、属性、声誉等。营销专家利维(Levy)从心理学的角度分析后认为,品牌形象是存在于人们心里的关于品牌的各要素的图像及概念的集合体,主要是品牌知识及人们对品牌的主要态度。罗诺兹和刚特曼从品牌策略的角度提出,"品牌形象是在竞争中的一种产品或服务差异化的含义的联想的集合"[①],他们还列举了品牌形象操作的策略性途径:产品认知、情感或印象、信任度、态度、形象个性等。概括说来,品牌形象是消费者对传播过程中所接收到的所有关于品牌的信息进行个人选择与加工之后留存于头脑中的有关该品牌的印象和联想的总和。品牌形象是一个综合性的概念,是营销活动渴望建立的,受形象感知主体主观感受及感知方式、感知前景等影响而在心理上形成的一个联想性的集合体。品牌形象是一种资产,其应具有独特个性。

城市形象不同于城市品牌形象。

首先,城市形象与城市品牌形象包含的范畴不同,城市形象的内涵更为广阔。城市形象是社会公众对城市的整体印象和评价,是城市理念、行为和个性特征在公众心目中的客观反映,一切能够影响受众对城市形象认知和判断的因素都应纳入城市形象的研究范畴。相比而言,城市品牌形象内涵要窄,城市品牌形象是城市根据自己的优势、特性以及公众需求、市场状况等因素,确立并传达的品牌核心价值,也就是说,城市品牌形象是城市形象中力求让公众认知、认同的部分。

其次,城市形象与城市品牌形象的管理难度不同,城市品牌形象可控性更高。由于城市形象管理要兼顾自然、人文、历史等多种城市形象要素的影响,而城市品牌形象管理中侧重于具有城市特性的那部分要素的管理,通过强化品牌接触和品牌联想,达到城市所希望的品牌形象目标,因此可以这么理解,短时间彻底改变一个城市的形象是不可能实现的,但是通过努力用一段时间来传播或者完善一个城市的品牌形象,却是有可能实现的。

最后,城市形象与城市品牌形象和谐共生,互为促进。一方面,城市品牌形象有助于城市形象的树立:城市品牌形象以其简洁、明快、易读、易记的特征成为公众记忆城市特征的标志,在城市品牌形象得到公众认可的同时,城市的社会形象和声誉得以确立并随品牌忠诚度的提高而提高。另一方面,城市品牌形象价值的提升可借助城市形象的强化来实现:随着城市形象的不断提升,城市品牌形象将

① 沈铖,刘晓峰.品牌管理[M].北京:机械工业出版社,2009:18.

获得更高的知名度和美誉度，城市品牌形象的个性特征将表现出越来越强大的优势竞争力。

对很多城市而言，由于在形象发展资源上并不具有显著性，同级城市在地理、经济、人文方面可能都存在着较高的同质性，因此盲目笼统地打造城市形象必然困难重重。对这些城市而言，应当首先充分挖掘自身个性资源，从打造特色鲜明的城市品牌形象入手，进而推进城市整体形象的改善与提升。通过塑造城市品牌形象带动城市形象建设，这对于那些具有得天独厚资源的城市同样适用。城市品牌形象是城市形象的核心和关键，也是城市形象构建过程中的必经之路。

三、城市形象的内涵与功能

(一)城市形象的内涵

目前，对城市形象的内涵和外延并没有一个统一的认识。从心理学的角度来看，形象就是人们通过视觉、听觉、触觉、味觉等各种感觉器官在大脑中形成的关于某种事物的整体印象，简而言之就是知觉，即各种感觉的再现。本书认为，城市形象是社会公众对一座城市能够被感知的所有要素的整体印象和综合评价，是城市状况的综合反映。

对城市形象概念的理解必须把握以下四点：

第一，城市形象不是城市本身，而是人们对城市的感知或印象，不同的人对同一城市的感知或印象不会完全相同[1]。人们对城市形象的认识受到意识和认知过程的影响，具有主观能动性。城市形象的形成如同照镜子，同样一个城市(人)，在不同的受众(镜子)面前可以呈现出不同的形象。从这一点上说，城市形象塑造及传播中必须同时关注城市和公众两个角色，方能把握"镜中像"。

第二，城市形象是基于社会公众的整体认知，与某些个体公众对城市的认知与态度并不一定相符。城市形象的好与坏不能一概而论，多数人认为某个城市形象很好时，可能另一些人感到很差。因此，在对城市形象的认知和评价上，应当把握矛盾的主要方面，从总体上认识和把握城市形象。

第三，城市形象构成要素很多，公众不可能顾及城市形象要素的方方面面，一些核心要素决定了人们对城市形象的总体评价。也就是说，能被公众感知的要素其实数量是有限的，城市形象塑造及传播的关键在于对这些能够被受众感知的要素的管理。如果不能有效区分影响城市形象形成的关键要素，必将导致城市形象建设和管理工作范围无限扩大，令城市形象塑造及传播工作的有效性大打折扣。通过梳理能被受众感知的、影响城市形象形成的关键要素，可以使城市形

---

[1] 顾海兵,王亚红,胡鹏辉,等.中山城市形象定位与提升对策研究[M].北京:中国经济出版社,2009:3.

象构建工作重点突出,主次分明。

第四,城市形象并不是与生俱来的,良好的城市形象源于科学的管理。"企业实态及其特征不为外界感知,就无法形成企业形象。企业形象的形成必须借助一定的传播渠道和传播手段。"①城市形象构建与企业形象构建原理上并无二致。城市形象受制于城市的软硬件基础(政治、经济、科技、文化等),从某种意义上说,这是良好城市形象的基础,是根本,但传播行为能够在城市基础面貌不发生大的改变的前提下改变城市形象。也就是说,"恰当而充分的信息沟通则是城市形象塑造中另一个关键因素,即'酒香也怕巷子深'"②。扎实做好城市形象内功建设固然重要,但是如果缺乏有效的传播,城市形象可能落入有实无名的尴尬境遇。"这是因为人们头脑中感知到的城市形象和现实的城市状况往往存在差异,而一般说来,人们感知到的形象比现实状况更有可能影响和支配人们的决策和行为。"③

(二)城市形象的功能

作为全球最具魅力和活力的大都市,纽约市直接影响着全球的经济、媒体、政治、教育、娱乐以及时尚界。美国纽约与英国伦敦、日本东京、法国巴黎并称为世界四大国际大都会,更被视为都市文明的代表城市。由于联合国总部设于该市,因此被世人誉为"世界之都"。④但如果时光倒退至 20 世纪 70 年代,纽约也还面临着"形象危机"。当时,几乎所有人都认为,一切能干出的坏事都会在纽约发生,连没有到过纽约的人,也会发出告诫:千万别去那个鬼地方!纽约会议观光局认为,必须充分认识纽约不可替代的经济、信息、金融中心的地位,使千万纽约人恢复信心。1977 年,纽约市开始实施了一项持续至今的城市形象提升特别项目:"I Love New York"。如今,纽约国际金融中心的城市形象已经形成并产生了积极影响:据《财经日报》辛科迪亚斯统计,截至 2008 年年底,纽约控制着全球40%的财政资金,是世界上最大的金融中心;纽约证券交易所拥有全球最大上市公司总市值,全球市值为 15 万亿美元,有超过 2800 家公司在此上市。到了 2010年,纽约的财产所有总值为 813 万亿美元,在世界 500 强企业中,有 56 家企业总部位于纽约。纽约城市的整体形象就在这巨大的金钱漩涡中表现得淋漓尽致。

新加坡是一个资源匮乏、面积只有 700 多平方公里、人口 500 多万的城市小国。1965 年刚刚建国时,新加坡一没有创业资本,二没有发展腹地,岛上遍布大

---

① 谢健,奚从清.现代企业文化[M].杭州:浙江大学出版社,2011:163.

② 顾海兵,王亚红,胡鹏辉,等.中山城市形象定位与提升对策研究[M].北京:中国经济出版社,2009:3.

③ 孟建,何伟,张秉礼.城市形象与软实力:宁波市形象战略研究[M].上海:复旦大学出版社,2008:5.

④ 吕尚彬,钱广贵,兰霞,等.中国城市形象定位与传播策略实战解析:策划大武汉[M].北京:红旗出版社,2012:88.

大小小的沼泽地,既不能耕种,也不能居住,当时整个国家经济瘫痪,失业严重,社会秩序混乱,城市如何找到一个发展突破口成为年轻的新加坡必须面对的首要问题。但是到了今天,新加坡人均 GDP 与当初相比增长了 100 倍,超过 5 万美元,已经迈入了发达国家的行列,在亚洲位列第一。这其中的奥秘何在?新加坡前总理李光耀认为那就是通过打造"花园城市"彻底改变了新加坡的城市形象,将它由原来四处沼泽的不毛之地改造成为花园城市国家。

城市形象是一座城市的内在历史底蕴和外在品位特征的综合表现,是城市综合竞争力的集中体现,整体说来,城市形象对城市建设与发展具有重要意义。

对内而言,良好的城市形象能够激发市民热爱城市、建设城市、美化城市的热情,使城市与市民形成良性互动,从而推动城市经济社会和谐发展。城市一旦在社会上有较大的正面影响,也会提高内部公众的凝聚力和自豪感,使其热爱自己的城市并自觉投入到维护和提升城市形象的行动中去,从而使城市的良好形象得以进一步巩固和发展[1]。

对外而言,良好的城市形象能够迅速提高城市的知名度、美誉度,改善投资环境,增强城市的吸引力,促进招商引资及人才和其他优势资源的聚集,形成推动城市前进的巨大力量。

当下,在绝大多数的城市中,原来高高的围墙被拆除了,狭窄的马路被拓宽了,破旧的房屋被推倒了,大部分比较大点的城市看到的是宽敞的马路,高楼大厦的林立,大型广场也在兴建等等,甚至看城市的标志性建筑物的时候,也有点似曾相识的感觉。城市,长得越来越像了。不断地互相模仿甚至是抄袭,使得城市间同质化程度越来越高,仅仅是从城市外观上来看,城市与城市是越来越难以识别了。

在这一形势下,打造城市形象显得越发重要。城市景观容易被抄袭和模仿,但是城市印刻在公众心目中的形象往往是独一无二的,作为城市宝贵的无形资产,良好的城市形象为城市带来关注,使城市不会在与成百上千几乎一模一样的城市的竞争中销声匿迹,更重要的是,良好的城市形象也为城市居民带来幸福与满足感。如西蒙·安浩所言,城市形象如同一块磁石那样,具有三种显著功能属性:"它吸引(消费者,旅游者,人才,投资者,尊重和注意力);它传递磁性给其他事物;它具有在混乱中创造秩序的力量。"[2]

---

[1] 顾海兵,王亚红,胡鹏辉,等.中山城市形象定位与提升对策研究[M].北京:中国经济出版社,2009:15.

[2] [美]西蒙·安浩.铸造国家、城市和地区的品牌:竞争优势识别系统[M].葛岩,卢佳杰,何俊涛,译.上海:上海交通大学出版社,2010:28.

第二节　城市形象传播及其管理

当无暇阅读一本书的时候,你会仅通过书的封皮就对之作出判断。
——西蒙·安浩《铸造国家、城市和地区的品牌:竞争优势识别系统》

城市形象实际上是一种认同,而认同是一种必须借助"他者"的概念结合才能形成的东西,也就是说,没有形象的传播行为,认同无以产生。在日常生活实践中,我们通过重复的传播行为对有关城市的一整套象征符号进行具象呈现和意义生产,不断形成或是巩固民众对现有城市形象合法性的认同维系。对这些符号具象日历式的循环再现与意义挖掘,贯穿了公众的整个日常生活结构,起到了唤醒集体记忆和整合社会的作用①。

一、城市形象传播释义

城市形象是人们对城市的主观印象,是通过大众传媒、个人经历、人际传播、记忆以及环境等因素的共同作用而形成的②。优美的城市形象,不仅对提高城市知名度、创立城市品牌、提升城市品味、繁荣城市经济有着十分重要的作用,而且对于增强城市实力、优化城市功能有着重要的促进作用。城市形象的塑造离不开有效的传播,城市形象只有通过传播才能产生价值。城市形象传播是提升城市品牌资产的有力抓手,更是使城市形象这一无形资产产生效益的关键。

季晓燕认为,城市形象传播可以被理解为由城市形象传播者(包括城市政府、企业、市民等)发起的,通过有选择的城市符号或城市符号组合传递城市理念,以吸引城市内外部公众的行为或过程③。顾海兵等人则认为,城市形象的推介传播可粗略地分为狭义和广义两种:狭义的推介传播指的是通过媒体传播,途径包括广告传播、文化传播与新闻传播;广义的推介传播,指的是"人人、事事、时时、处处都是形象",其途径比狭义的推介传播更为广泛④。

综合而言,本书认为:城市形象传播是包括政府、企业、市民等在内的城市形象传播主体,利用各种接触方式与公众所进行的互动交流过程,目的是使公众对该城市的内涵与个性形成具体感知和总体看法。城市形象传播并非是一种形式化的过程,它是对城市进行物质和精神双重修正的过程,是对城市内在本质进行深入挖掘、高度提炼,进而进行识别化的过程,它是城市内在和外在特征的结合。

---

① 刘燕.媒介认同论:传播科技与社会影响互动研究[M].北京:中国传媒大学出版社,2010:215.
② 韩隽.城市形象传播:传媒角色与路径[J].人文杂志,2007(2):192-193.
③ 季晓燕.城市形象传播研究[D].上海:上海师范大学,2009:6.
④ 顾海兵,王亚红,胡鹏辉,等.中山城市形象定位与提升对策研究[M].北京:中国经济出版社,2009:25.

从心理学角度来看,传播是认知、情感、意志这三大心理过程的前提与基础,没有信息传播就不存在认知,而没有认知也就产生不了情感和意志。因此,传播行为直接影响着城市形象的形成,城市形象的价值展现也离不开有效的传播。

要深入理解城市形象传播,还必须明确其与城市形象塑造之间的关系。城市形象塑造意味着从无到有的创造,但实际城市形象"作为一个既定的客观存在与心理存在"①,对其的传播行为实际上不是源发性的创造,而是一种调整和修正的过程。因此,要对城市形象进行传播,首先要明确城市形象所处的具体位置,理清城市形象在整个历史中的演变,然后找到城市形象存在的问题以及可以攻克和突破的传播点,最终才能实现对城市形象的调整和修正。

二、城市形象传播管理

今天,很多城市的政府部门、特殊利益集团、非政府组织和企业都会尽可能地推广城市形象,塑造城市声誉,如旅游部门会把城市向观光型游客、度假型游客和商务型游客推介,经贸部门会把城市向外地企业和投资者推介,本地企业则向外地消费者推介其产品和服务等等,不一而论。问题在于,无论是官方的或非官方的,政治的或商业的,这些机构通常自扫门前雪,发出相互冲突和矛盾的城市信息,这非但不能提升城市形象,往往还适得其反。因此,对城市形象传播进行必要管理势在必行。通过有效的传播管理,可以使这些利益相关者能做到彼此协调、高效和谐地围绕城市发展整体战略要求推广一致的城市形象,避免城市形象传播中各自为政、千人千面的痼疾。

美国著名的城市学家芒福德说过:"城市形象是人们对城市的主观印象,是通过大众传媒、个人经历、人际传播、记忆以及环境等因素的共同作用而形成的。"②以大众传媒塑造路径为例,大众传媒对建构城市形象具有重要作用。埃利·亚伯拉罕(Eli Avraham)对大众传媒与城市的关系进行了研究,提出全国媒体中的城市形象之所以重要,是因为这样的形象会影响三组人:一般公众、国家层次上的决策制定者、地方居民③。麦库姆斯和肖提出,大众媒介通过把握新闻报道的选择权、优先度以及表达形式对社会环境进行再构建,在公众周围创造一种舆论氛围,从而潜移默化地影响人们对外部世界的认知和观念④。

① 刘朋.中国形象传播:历史与变革[M].北京:经济科学出版社,2012:44.
② [美]刘易斯·芒福德.城市发展史:起源、演变和前景[M].宋俊岭,倪文彦,译.北京:中国建筑工业出版社,2005:75.
③ 范小军.城市品牌塑造机理——成就卓越城市品牌的原理和方法[M].成都:西南财经大学出版社,2008:17.
④ 张国良.现代大众传播学[M].成都:四川人民出版社,1998:58.

显而易见,大众传媒对城市形象的构建左右着公众对城市形象的评价。不仅如此,其他各种能够与公众产生直接或间接信息接触的渠道,也都对城市形象形成有着重要影响。因此,有必要对城市形象传播进行传播干预和管理,以塑造城市统一、鲜明的个性特色,消除人们对城市形象的不良印象,使城市形象不被"巷子深"湮没,充分展现城市的魅力和竞争力。

城市形象传播管理能够加速城市形象利益相关者之间的协同作业,使城市形象建设目标加快达成,正如竞争优势识别系统所指出的,"在行为或行动尚属稚拙的时候,如果对知觉加以适当处理,那么,正面'受众回应'(包括内部和外部的)的好处是推进那些行为的改进。"①这里所谓的"对知觉加以适当处理"指的就是必要的城市形象传播管理。

第三节　城市形象传播理论分析

传播学奠基人之一、美国政治学家哈罗德·拉斯韦尔(Harold Dwight Lasswell)在《社会传播的结构与功能》(1948)中,阐明了大众传播过程中所涉及的五个基本要素:谁、说什么、通过什么渠道、对谁说、取得什么效果。这一模式中五个要素首字母都为"W",因此称之为5W传播模式。拉斯韦尔的5W模式简明而清晰,是传播过程模式中的经典,这一模式还奠定了传播学研究的五大基本内容:即控制分析、内容分析、媒介分析、受众分析以及效果分析(图2-1)。

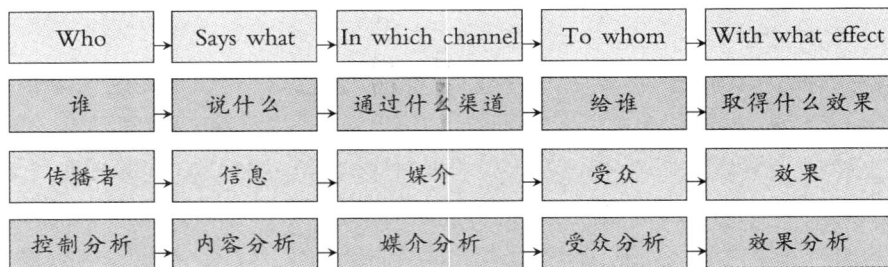

Who	Says what	In which channel	To whom	With what effect
谁	说什么	通过什么渠道	给谁	取得什么效果
传播者	信息	媒介	受众	效果
控制分析	内容分析	媒介分析	受众分析	效果分析

图2-1　拉斯韦尔5W传播模式

一、城市形象传播的控制分析

传播者在传播过程中担负着信息的收集、加工和传递的任务。传播者既可以是单个的人,也可以是集体或专门的机构。从"关系归属论"的视角来看,城市形象传播主体具有多元性,一般来说,政府、媒体、行业企业和市民公众通常被认为

---

① [美]西蒙·安浩.铸造国家、城市和地区的品牌:竞争优势识别系统[M].葛岩,卢佳杰,何俊涛,译.上海:上海交通大学出版社,2010:36.

是城市形象的传播者。

从目前国内城市形象传播的实践来看,政府是城市形象传播的主导力量,城市形象传播的规划、定位都主要依靠政府部门。政府部门开展城市形象传播主要有两种做法:一是成立专门的城市形象推广委员会(也可称之为城市品牌推广委员会),由委员会来整合各方力量开展城市形象传播工作;二是城市的旅游部门、外事部门、经贸部门和宣传部门四个部门在各自管辖范围内进行形象推广与传播工作,其中以旅游部门牵头居多,目标指向为打造旅游目的地形象进而带动当地旅游产业发展。

媒体机构在城市形象传播中扮演着重要的作用。中山大学教授高小康在"双三角论坛"中曾说:"广州资讯和媒体业为经济社会发展起到了重大的作用,而且报道的广泛也是广州开放的表现,有人说'广州是中国最扛骂的城市',这种扛骂的形象正是媒体塑造出来的,由此表现出广州的淡定、大度和开放,这也是拜媒体所赐。"从"物"的角度看,媒体是城市在进行形象传播中广泛使用的信息载体;从"人"的角度看,作为意见领袖的媒体从业人员,其对城市形象的评价无疑具有最广泛的影响力,不仅如此,媒体机构对城市形象的认知与评价反映在其产品中,这些媒介产品对城市形象传播也起到了不可低估的作用。

重点行业企业在城市形象传播中也发挥着越来越重要的作用。从城市形象构成角度来审视,一个城市的优势行业、强势企业对形成良好的城市形象具有显著正相关效应。越来越多的城市通过行业品牌、企业品牌和产品品牌来使城市品牌具象化,通过行业形象、企业形象和产品形象的传播来打造城市形象。从某种意义上说,一座城市的形象往往是同一系列名牌紧密地联系在一起的,如江西的贵溪市,其拥有"亚洲第一,世界前三"的上市铜产业集团公司——江西铜业集团公司,因此该城市定位为"中国铜都";辽宁鞍山市则以鞍山钢铁集团公司为支撑,提出了"中国钢都"的城市定位。实际上,无论城市形象定位是否直接与一个企业或者行业有关,城市重要的企业或行业品牌都会较大地影响公众对城市形象内涵的理解,如杭州以阿里巴巴为代表的网商品牌,以万向、青春宝、娃哈哈为代表的杭商品牌,以印象西湖、宋城千古情为代表的杭州文化品牌,以龙井茶、喜得宝丝绸为代表的杭州产品品牌等等都大大丰富了公众对杭州东方休闲之都这一城市形象的理解。企业不仅仅自身是城市形象的构成要素,而且其在经营管理过程中有意无意地传达城市信息,也为城市形象传播起到了推波助澜的作用。

市民是城市物质财富和精神财富的创造者,是城市形象塑造与传播的主体,其在城市形象传播中具有重要的地位和作用。"没有全体市民的参与和介入,而仅仅将城市形象建设视为城市政府和有关部门的事,必然陷入城市形象建设的误区。"①一个城市的声誉是该城市市民共同的财产,作为权力体现的政府仅仅充当着临时守护者的角色。首先,市民素质是城市形象的内核之一,市民通过提高自身素质对城市形象传播而言是一种源动力的提升;其次,市民参与是城市形象传播的关键环节,只有发动市民参与城市形象传播,使城市形象得到市民的广泛认同,城市形象的建立才有牢固的社会基础。市民的素质、言行举止对外地人来说,随时随地都凝结着、传播着城市的文明信息。因此,要想建立良好的城市形象,离不开市民的广泛参与和自觉维护。

周文辉教授结合我国实际情况将城市营销主体划分成如表 2-1 所示的几个主要部分,这对城市形象传播主体的认识具有启示价值。

表 2-1　城市营销的主要行为者②

营销主体	主体构成
政府机关	城市政府各部门办公厅(室) 宣传部及新闻办公室 经贸发展部门 国土、城建、交通等部门 招商局或经济协作部门 旅游局 文化、教育部门
公共机构	媒体及出版社 各种行业或专业协会 各类公益性社会团体 金融机构 商业及旅游接待业 展览和会议中心 劳动力及人才市场 交通部门 水、电、气供应及电信业
企业	制造业企业 房地产开发商及代理 各种企业联合组织
个人	政府及各部门首长 著名人物 成功的企业家 各种专家、学者 有影响力的记者和作家 不同行业专业人士 成功的新移民

---

① 卢世主.城市形象与城市特色研究[M].成都:西南交通大学出版社,2011:8.
② 周文辉.城市营销[M].北京:清华大学出版社,2004:13-14.

在拉斯韦尔的传播模式中,信息传播是单一向度的,传播者和接受者身份泾渭分明。但是,传播的大众化、网络化,使传者和受者的界限和边缘变得模糊[1]。如果以拉扎斯菲尔德两级传播理论视角来审视城市形象传播的传播者,那么这一主体范围将大大扩展。"经过外延扩展的管理主体,既可以更多地得到来自国家和地方的支持,尤其是政策支持和舆论宣传导向,还可以更好地调动内部公众的积极性,发挥口碑宣传和人际沟通优势,扩大品牌辐射的广度和深度。"[2]

二、城市形象传播的内容分析

传播的信息内容,是由一组有意义的符号组成的信息组合,包括语言符号和非语言符号,蕴含了一定的思想观念、感情、态度等等。城市形象作为公众对城市的整体印象和评价,其构成要素极其复杂,但从操作实践上看,大多数城市在形象传播中较多地侧重于招商引资、旅游度假、生活氛围方面的宣传,这与阿斯沃兹和沃德总结出的"城市形象三大要素"[3]是统一的,但是值得注意的是,许多城市在对城市的历史、文化、特色等方面内容的推介仍较为缺乏。

满足受众的需求是所有城市形象传播活动的核心所在,城市形象传播活动必须从考查受众需求出发,认真分析影响受众需求以及受众决策的要素,如此才能规划出具有针对性和实效性的传播内容。庄德林、陈信康从受众的视角出发,认为城市整体形象可被细分为五个子形象:宜商形象、宜居形象、宜业形象、宜游形象和原产地形象(表2-2)。

表2-2　城市形象的主要构成要素[4]

城市形象	目标顾客	形象维度
宜商形象	投资者	市场状况、经济发展水平与潜力、基础设施、人力资源、商业环境、教育与科技、金融服务、税收与法规、政府施政等
宜居形象	居民	生活的安全性、生活的健康性、生活的方便性、生活的便捷性、生活的舒适性、生活的创新性等
宜业形象	就业者与创业者	金融支持、政府政策、政府项目、教育和培训、研究开发转移、商业环境和专业基础设施、国内市场开放程度、实体基础设施的可得性、文化及社会规范、就业机会、发展空间、薪酬水平、法制环境和社会服务等

① 沈国芳.中国传媒大趋势[M].成都:四川人民出版社,2003:30.
② 倪鹏飞.中国城市竞争力报告 No.10——竞争力:筚路十年铸一剑[M].北京:社会科学文献出版社,2012:388-389.
③ 李怀亮,任锦鸾,刘志强.城市传媒形象与营销策略[M].北京:中国传媒大学出版社,2009:99.
④ 庄德林,陈信康.基于顾客视角的城市形象细分[J].城市问题,2009(10):11-16.

（续表）

城市形象	目标顾客	形象维度
宜游形象	旅游者	自然资源、一般基础设施、旅游基础设施、旅游休闲娱乐、文化历史和艺术、政治经济因素、自然环境、社会环境、城市氛围、信息可获得性、居民接纳性和价格价值等
原产地形象	外销产品的购买者	技术教育水平、技术技能水平、科技研发水平、高等教育水平、产品质量、工业化水平、经济的相似性、文化的相似性、政治观念的相似性、生活质量水平、社会福利体制和对国际事务的参与度等

宜商形象，主要是指为了满足投资者的需求，在投资环境方面应着力塑造的城市形象；宜居形象，是城市居民或是潜在居民对城市是否适宜居住、生活而持有的印象、观念和看法；宜业形象，主要是针对城市顾客在就业与创业方面的需求而应着重塑造的城市形象；宜游形象，也就是旅游目的地形象，是指游客对作为旅游目的地的城市所持有的印象、观念和看法，也是城市为了吸引游客应着力塑造的形象；原产地形象，主要是为了促进本地产品的外销而应该塑造的城市形象，是消费者对产品或服务的原产地所持有的印象。按照基于顾客视角的城市形象细分思想，城市形象传播的内容就应当侧重在城市的投资环境、宜居要素、就业创业环境、旅游资源和地方产品等几方面。

城市形象是城市给人的印象和感受。可以构成人们对一个城市印象和感受的东西十分广泛，建筑物、道路、交通、店面、旅游景点、生活设施等无一不是构成这种印象和感受的基本要素。因此，从广义上讲，一切能够影响城市形象形成的因素都可以成为城市形象传播的内容，而这就需要传播者对城市形象进行360度品牌管理：在城市与受众的每一个接触点上实施传播管理。

但问题在于，如果将城市形象所有构成要素都纳入到实际的传播管理中，未免也不够现实。在现代营销传播理论看来，杂乱无章的传播次数越多，信息间的干扰对冲越大，传播效果未必更好。因此，在可控的城市形象传播中就必须对传播的内容进行规划和取舍，避免信息的杂乱无章，而这就需要在确定城市形象传播内容前，明确城市形象定位。只有在明确城市形象定位的基础上，才能有针对性地选择能够表现这一定位的城市形象元素进行有效传播。

三、城市形象传播的媒介分析

巴黎意味着风格，日本意味着技术，瑞士意味着财富和精细，里约热内卢意味着海上豪华游和足球，塔斯卡尼意味着美好的生活，大部分非洲国家则意味着贫困、腐败、战争、灾害和疾病。我们中的大多数人很忙碌，忙于担忧我们自己和我们的国家,无暇去考虑其他 60 亿人和近 200 个国家或地区,无暇形成对他们的复杂、平衡、信息丰富的观点。[1]

早在 20 世纪 20 年代,美国著名政论家李普曼就在其所著的《公众舆论》一书中论及拟态环境问题。现代社会变得越来越巨大和复杂,对超出自己经验以外的事物,人们只能通过各种新闻供给机构去了解。现代人的行为在很大程度上已经不是对真实的客观环境的反应,而成了对大众传播提示的"拟态环境"的反应。拟态环境不仅制约人的认知和行为,而且通过制约人的认知和行为来对客观的现实环境产生影响。根据李普曼的观点,现代人对世界的感知很大程度上来源于传播媒体,绝大多数人只能通过"新闻供给机构"去了解身外世界、产生脑海图景,对于大多数公众而言,一座城市的形象主要是通过大众传播媒介和网络传播平台形成的,甚至在大多数情况下,本地居民对于自己所居住的城市信息的全方位了解也需要借助于当地的广播电视、报纸以及新媒体平台等大众传播媒介。因此,大众传播媒介对于城市形象传播而言,意义极其重大,毫不夸张地说,城市传媒形象在某种程度上已经主导了城市形象。

在城市形象传播中,传播媒介是将传播内容送达接受者的桥梁和工具。但必须明确的是,无论对电视、报纸、网络、杂志这些媒介进行怎样的优化组合和排期,传播的广度和深度仍有较大的局限性。现代营销管理理论从企业营销的角度,归纳和提炼了多种信息传播工具可用以推动信息传播:除媒体广告之外,直接营销、促销、公共关系、个人销售等都是传播的有效工具。在城市形象传播中,我们应该充分学习和利用其他各种传播形式和传播渠道以配合大众媒体的形象传播,如利用画册、画页、图书、DM 等媒介形式,利用节庆、会展等活动渠道,最终形成大众传播、中众传播和小众传播的相互配合,新媒体和传统媒体相互协同的整合状态。城市形象传播目标及有效工具如表 2-3 所示。

表 2-3　城市形象传播目标及有效工具[2]

城市形象传播目标	有效的工具
建立城市形象信任度	公关
城市与生活、行为方式关联	广告、宣传活动
建立知名度,树立城市形象	广告
刺激城市产品购买或再次购买	促销

[1] [美]西蒙·安浩.铸造国家、城市和地区的品牌:竞争优势识别系统[M].葛岩,卢佳杰,何俊涛,译.上海:上海交通大学出版社,2010:3.

[2] 孟建,何伟,张秉礼.城市形象与软实力:宁波市形象战略研究[M].上海:复旦大学出版社,2008:240-241.

（续表）

城市形象传播目标	有效的工具
建立客户对城市形象的高度忠诚	奖励、抽奖等
培养城市参与感	宣传活动、各种体验活动
针对细分市场,推介城市招商、旅游等特色产品	寄件媒体
刺激城市形象推荐率	荣誉市民、相关的俱乐部
发布消息	广告、公关

从接触点管理的角度来看,城市形象传播的媒介管理实质上就是整合营销传播视角的接触点管理。城市形象接触点管理就是要重点管理好那些能够直接影响城市形象、能够改变公众观念和态度的"关键"接触点。在进行城市形象传播时,要将城市形象差异要素有意识地落实到相应的形象接触点上,让公众在接受和体验城市形象相关信息时,清晰、一致地感受到城市的核心内涵。使城市形象信息持续不断地在所有接触点上传播品牌差异要素,演绎形象核心差异因素,在公众的心智中留下丰富的形象联想和鲜明、独特的城市形象个性,从而提高城市形象传播效率,降低城市形象建设成本,这也是城市形象接触点管理的本质所在。

四、城市形象传播的受众分析

"一些人抱怨,有些地区有更多的钱,因此在推销自己的时候,它们的声音比别人更大。这是在假设,建造竞争优势识别系统和建造商业品牌是一回事,最终的成功取决于你在媒体上花了多少钱。我对此不以为然。强有力的,充满想象力的 CI 战略更多的是智慧而非金钱的产物。比之大把烧钱和把平庸的信息撒向对此毫无兴趣的受众的行为,这才是更伟大的资产。"[1]受众是传播的最终对象和目的地。传播总是针对一定对象进行的,没有对象的传播是毫无意义的。事实上,传播者在开始发起传播活动时,总是以预想中的信息接受者为目标的,传播是针对目标受众进行的具有一定指向性的活动。

城市形象传播受众构成具有复杂性。从地域角度划分的话,城市形象传播不仅仅要面对政府、媒体、企业、市民等内部公众,还要面对外部与之发展有关的"利益相关人",如与城市有经贸往来的组织和个人,与城市有生活往来的游客等。城市形象的形成受到内外部公众评价的共同影响,因此传播中也不可能厚此

---

① [美]西蒙·安浩.铸造国家、城市和地区的品牌:竞争优势识别系统[M].葛岩,卢佳杰,何俊涛,译.上海:上海交通大学出版社,2010:21.

薄彼,内部公众、外部公众两手都要抓,而且两手都要硬。

当代西方城市营销理论普遍强调城市营销的顾客导向,这为城市形象传播受众的确定提供了极好的借鉴。科特勒对城市营销的目标市场做了开拓性的分析,他认为一个城市无论是要摆脱经济的困境,还是要维持或是要促进经济的繁荣,其城市营销的主要目标市场都应该包括四大类,即访问者、居民和从业者、商业以及工业、出口市场[①];艾什沃思等通过对荷兰的研究,总结出了对城市发展有意义的三大目标市场,分别是投资者、富裕人口群体和旅游者[②]。庄德林、陈信康通过归纳将城市营销的主要目标市场分为五大类,分别是投资者、居民、就业者与创业者、旅游者、城市外销产品的购买者,如表2-4所示。

表2-4 城市营销的主要目标市场

投资者	国内投资者:个人投资者、企业机构投资者、上级政府或外地政府等 国外投资者:个人投资者、企业机构投资者、政府投资者等
居民	城市现有居民、城市潜在居民(潜在移民或移居者等)
就业者与创业者	技术人才、管理人才、熟练工人、创业人才等
旅游者	商务旅游者:出席商务会议、考察选址、采购或推销等 非商务旅游者:观光者和旅行者等
城市外销产品的购买者	国内其他市场;国际市场

城市形象传播受众角色具有多重性。城市形象传播的内部公众既是拉斯韦尔5W传播模式中的受众,又是这一传统传播模式中的传播者,是传受双方角色的高度统一:城市形象传播的内部公众在对内传播时扮演着受众的角色,而在对外传播中却承担着传播者的角色。因此,从这一角度上来讲,受众与传播者的界限在一定程度上淡化了,甚至消失了,受众在接受传播时,不再把传播者看作"别人",是向自己传播的人,而是看作与自己一样的人,是与自己共同进行传播的人,因此对传播的"警觉"被冲淡了、削弱了,受众与传播者之间就可能保持一种比较和谐的关系[③]。实际上,城市形象传播的外部公众也不是单纯意义上的受众,在新媒体环境下,传播模式由单向传播变成了双向互动,传、受双方身份界限被模糊。

---

① Kotler,P.,Haider,D.,Rein.Marketing Places[M].New York:The Free Press,1993:139-162.

② Ashworth,G J,Voogd,H.Marketing the City:Concepts,Processes and Dutch Applications [J].Town Planning Review,1988(1):65-79.

③ 郑兴东.受众心理与传媒引导[M].北京:新华出版社,2004:199.

态度改变有两个基本的路径:中枢说服路径和边缘说服路径。中枢说服路径把态度改变看成是消费者认真考虑和综合信息的结果,而边缘说服路径则认为消费者对客体的态度改变不在于考虑对象本身的特性或证据,而是将该对象同诸多线索联系起来①。从城市形象传播的实践来看,与城市形象传播的内部公众相比,外部公众在接受城市形象信息时表现出较低的参与度和较高的选择性,从态度改变的路径来看,中枢说服路径更适用于城市形象传播内部公众,而边缘说服路径更适用于城市形象传播外部公众。

五、城市形象传播的效果分析

传播效果是信息到达受众后在其认知、情感、行为各层面所引起的反应,它是检验传播活动是否成功的重要尺度。在拉斯韦尔模式中,传播效果处于模式的终端环节。但是在城市形象传播过程中,传播效果呈现出阶段性、多层性的特点。按照罗杰斯等人将两级传播扩充为多级传播的理念,传播信息传至受众的过程有多种方式、多种传播渠道,由此形成了多极中介环节的信息传播链。城市形象传播是一种典型的多级传播,举例而言,政府通过媒体将城市形象信息传递给内部公众,内部公众又将这一信息转送至外部公众,不仅如此,在内部公众和外部公众内部中也存在着意见领袖(介质受众)传递给纯粹受众的现象,城市形象在每一级传播中都有效果的出现和累积,呈现出阶段性和多层性。

1962 年,美国新墨西哥大学埃弗雷特·罗杰斯(Everett M. Rogers)教授出版了《创新扩散》(Diffusion of Innovations)一书,提出了著名的创新扩散理论(Diffusion of Innovations Theory)。罗杰斯指出,创新扩散的传播过程可以用一条类似于"S"形的曲线来描述。在扩散的早期,采用者很少,进展速度也很慢;当采用者人数扩大到居民的 10%~20% 时,进展突然加快,曲线迅速上升并保持这一趋势,即所谓的"起飞期";在接近饱和点时,进展又会减缓。整个过程类似于一条"S"形的曲线。《创新扩散》自 1962 年出版以后在 1971、1983、1995、2003 年进行再版时都有一些变化和修正, 图 2-2 为 1995 年罗杰斯正式确立的创新扩散理论。

创新扩散理论广泛应用于社会各行业新事物新观念的扩散现象, 对城市形象传播与推广也同样适用。城市形象传播效果的好坏,与传播者、传播内容、传播媒介、传播受众都密切相关,创新扩散理论对于城市形象传播效果控制提供了许多有益的启示。

从创新决策的控制性变量来看,罗杰斯认为采纳者的个人特征、社会特征、

---

① 马谋超.广告心理学理论与实务[M].北京:中央广播电视大学出版社,2003:174-175.

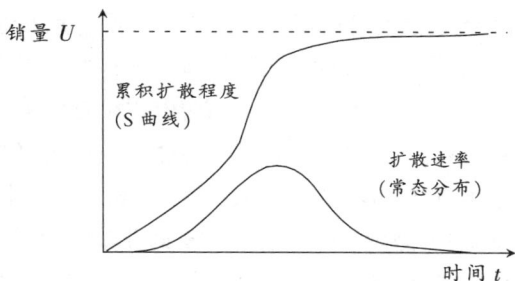

图 2-2 罗杰斯的创新扩散理论

意识到创新的需要等将制约采纳者对新事物的接受程度，而社会系统规范、对偏离的容忍度、传播完整度等也将影响新事物被采纳的程度。这一点对城市形象传播的启示是，要向受众传播一种新的城市形象（可以看作一种观念），就必须充分考虑受众的个人特质、社会接受等多方面的要求，在传播内容和传播手段设计上更加贴切受众的需要和社会的期待（从源头上），如此才能有利于受众对这一新形象的采纳和接受。

从创新扩散的媒介载体来看，罗杰斯在理论中指出，大众传播渠道和外地渠道在信息获知阶段相对来说更为重要，而人际渠道和本地渠道在劝服阶段更为得力，大众媒介与人际传播的结合是新观念传播和说服人们利用这些创新的最有效的途径：大众传播可以较为有效地、有力地提供新信息，而人际传播对于改变人的态度与行为更为有力。这也就是说，城市形象传播作为一种创新扩散过程，传播初期应尽量发挥大众传播媒介即时、迅速、广泛的传播优势，而当人们对城市形象普遍了解、充分把握以后，就应尽量调动人际渠道的积极性，借助人际网络传播劝服性信息，以产生预期效果。大众传播与人际传播相结合也是城市形象传播和说服的最有效路径。

从影响创新扩散的因素来看，罗杰斯认为创新本身也有一些能决定其扩展程度或扩散速度的特性。罗杰斯的创新扩散理论认为，创新的扩散速度取决于五个因素：相对优势、相容性、复杂性、可试性和可观察性。这一点对城市形象传播的启示是，城市形象定位及在这一定位基础上规划的传播内容如果具有很大的相对优势、相容性好、可试性高，并且并不复杂，那么这样的城市形象被公众认可采用的速度就会比其他城市形象要快。

创新扩散理论被认为是传播效果研究中的一个里程碑，它为城市形象传播效果提升提供了极具价值的理论参考。当然，创新扩散理论也存在着一定的局限性，如这一模式在"创新扩散"方面，更加适合自上而下、从外向内的推动性传播，同时这一模式还存在着缺乏互动的问题。1981年,罗杰斯和金凯德提出了一个代替性的"辐合传播模式",他们认为:互动传播是一种循环过程,通过这个过程,参与双方一起创造和分享信息、赋予信息意义,以便相互理解。这一模式强调融合与反馈的连续过程,通过这个连续的过程,传播者与接收者之间的互相理解才能不断加强。因此,城市形象传播要取得成效,就必须充分注重传播互动,同时有必要对城市形象传播进行效果评估,这样一方面可以检验城市形象传播是否达到预期目标,另一方面,这也将更好地为接下来的城市形象传播互动提供决策参考。

第三章

城市形象传播的多维视角

精于计算的工业社会必须孕育出不懂计算的消费者。

——罗兰·巴特

城市形象内涵太过丰饶，其不仅仅涉及城市建设、经济、社会、文化等各个领域，更牵扯到人的认知心理和行为决策等诸多方面。现有的城市理论只是一些支离的碎片，远远不能阐明复杂、不断变化的城市本质①。城市形象的复杂性决定了城市形象传播的复杂性，城市形象传播早已不是简单的传播学问题，如今其已发展成为诸多科学交汇融通之地。实际上，城市形象传播几乎牵涉到了所有的人文社会科学，它涵盖了美学、营销学、管理学、社会学、心理学等诸多学科，并逐渐成为一个多学科相互渗透、相互融合的产物。

第一节　符号学视角下的城市形象传播

城市形象实质上是传播主体在协商和对话中产生的象征性意义，这种意义不会在一方的单向呈现中产生，也不会在另一方的被动接受中产生。象征符号是各种有意义的行动、物体和表述，它总是与历史上特定的和社会上结构性的背景和进程相联系的②。人类学家戴维·科尔泽声称："没有仪式和象征符号，就没有民族。"③城市形象的形成实际上可以看作一个符号化和符号认同的过程，是一个多元符号系统的互动过程。

---

① 卢世主.城市形象与城市特色研究[M].成都：西南交通大学出版社,2011:16.

② [英]约翰·汤普森.意识形态与现代文化[M].高铦,文涓,高戈,等,译.南京：译林出版社,2005:150.

③ Kertzer David.Ritual, Politics, and Power[M].New Haven：Yale University Press,1988:179.

一、符号学理论基础

(一)符号学的产生与发展

德国著名哲学家卡西尔指出，符号的传播给予人类一切经验材料以一定的秩序：科学在思想上给人以秩序，道德在行为上给人以秩序，艺术则在感觉现象和理解方面给人以秩序，人就是进行符号创造活动的动物[①]。早在原始社会，人们自觉或不自觉的符号行为丰富着人们的生活。从甲骨文到图腾图案，都记载着古人社会生活有秩序进行的信息。日本学者持上嘉彦指出，当事物作为另一事物的替代而代表另一事物时，它的功能被称为符号功能，承担这种功能的事物被称为符号。

现代符号学之父索绪尔(Ferdinand de Saussure)最早提出符号学的概念，索绪尔的教学讲稿《普通语言学教程》对 20 世纪的语言学产生了极其深远的影响，成为结构主义符号学的发端。符号学是研究符号的科学，其在英语中有两个意义相同的术语：semiology 和 semiotics，分别代表了符号学在欧陆与美国两条不同的发展路径。Semiology 是由瑞士语言学家索绪尔提出的，为巴特等欧陆理论家继承发展，代表了符号学发展的语言学一路，人们出于对索绪尔的尊敬一般使用该词。Semiotics 是 19 世纪末由美国哲学家皮尔斯 (Chrles Sanders Pierce)从逻辑学角度提出的，后经美国逻辑学家莫里斯(C. W. Morris)等进一步发展，在英语世界尤其是美国，人们出于对皮尔斯的尊敬，一般采用 Semiotics。

现代符号学的发端可以说有两个源头：一个是语言学，一个是逻辑学。前者的代表人物是索绪尔，后者的代表人物是皮尔斯。索绪尔比皮尔斯早大约三年(1894 年)提出符号学的概念。索绪尔在《普通语言学教程》中写道："我们可以设想有一门研究社会生活中符号生命的科学，它将构成社会心理学的一部分，因而也是普通心理学的一部分，我们管它叫符号学。符号学将表明符号是由什么构成，符号受什么规律支配。因为这门科学不存在，谁也说不出它将会是什么样子，但是它有存在的权利，它的地位预先已经确定了。语言学不过是符号学这门总的科学的一部分。"[②]皮尔斯的贡献在于他给符号概念下了确切的定义，"逻辑学在一般意义上只是符号学的别名，是符号的带有必然性的或形式的学说"[③]，进而提

---

① 张宪荣.设计符号学[M].北京：化学工业出版社,2004:50.

② Julia Kristeva. Language the Unknown: An Initiation Into Ling uistics [M]. translated by Anne M. Menken. NewYork: Columbia University Press, 1989:296-297.

③ Julia Kristeva. Language the Unknown: An Initiation Into Ling uistics [M]. translated by Anne M. Menken. NewYork: Columbia University Press, 1989:296-297.

出人类的一切思想和经验都是符号活动，因而符号理论也是关于意识和经验的理论。

符号学产生于索绪尔的结构主义语言学，之后由皮尔斯、莫里斯、巴尔特、艾柯、雅各布森、巴赫金、洛特曼等符号学大师补充修正和发展，其理论和方法越来越精细。如今，符号学在众多领域中得以应用，而随着符号学体系的日渐完善，越来越多的专家学者参与到了符号学的研究中，符号学在人际沟通、文化认同、信息传播等方面起到了不可估量的作用。

(二)索绪尔与皮尔斯的符号理论

1. 索绪尔的语言符号学

索绪尔是杰出的语言学家和思想家，他从语言学出发，提炼了结构主义思想和理论，把语言看成是由各个成分按照一定的规律组成的一个结构系统。索绪尔的一个具有划时代意义的贡献，是在结构主义理论基础上创建了符号学。他指出，语言是一个表示观念的符号系统，语言学无非是一种符号学。每个符号都有它"能指"(signifiant)和"所指"(signifie)两重性质，"能指"即语言的声音印象，"所指"即概念。他认为，"能指"和"所指"的联系是任意的，并把它定为符号学的第一原则。这一观念导致了符号学的创建。

2. 皮尔斯的一般符号学

皮尔斯在实效主义基础上建立了符号学理论。他指出，人类的一切思想和经验都是符号活动，符号活动包括计数符号的运作，都是逻辑运动，因而符号理论也就是关于意识和经验的逻辑理论。他把人类所有实践活动都组织在三个层次上，依次是感觉活动、经验活动和符号活动。符号包括了抽象的规定、在思维道路上复制的具体对象和符号所产生的效果。皮尔斯提出了符号的三元关系理论，他把符号解释为"符号形体"(Representamen)、"符号对象"(Object)和"符号解释"(Interpretant)的三元关系。"符号解释"是皮尔斯符号学和认知语言学的核心。

3. 索绪尔与皮尔斯符号学理论比较

索绪尔语言符号学和皮尔斯符号学是两个不同的理论系统。在索绪尔语言符号学中，符号是语言中的一个单词，而皮尔斯符号学的符号代表世界上的一切事物，包括人本身在内，它代表一个概念、一个命题。索绪尔语言符号学是以先验论哲学和结构主义思想为基础的，属于社会心理学范畴，它研究的范围是语言符号，并进而应用到其他社会人文科学，它突出的特点是强调语言的社会性和结构性。皮尔斯符号学是以实用主义哲学(科学实证主义哲学)范畴论和逻辑学为基础的，它是一种"泛符号论"，但具有自然科学倾向，它研究的范围不限于语言而包括世界上一切事物的意指作用，它突出的特点是研究符号活动，也就是研究作为生物的人的认知过程,从经验产生的感情到逻辑思维,从感性认识到理性认识。

索绪尔着眼于语言符号的研究,而皮尔斯则着眼于一般符号,因此,一般认为皮尔斯的符号学在理论深度和适用广度上优于索绪尔的符号学。

二、皮尔斯符号学视角下的城市形象传播

法国哲学家保罗·利科曾说:"在我们的时代,如果不分析认识的符号学来源,如果不了解科学和艺术中所使用的符号学形式的具体特征,如果最终不了解记号作为社会和个人行为的中介者所起的作用,那么就不可能对哲学问题作严肃、系统的论述。"①

在皮尔斯看来,符号就是在某些方面或某种能力上相对于某人而代表某物的东西。任何一个符号都是由符号形体、符号对象和符号解释这三种要素构成的。皮尔斯认为,这三个要素并不处于相同地位,而是分成三个级别:符号是第一性的,客体对象是第二性的,解释项是第三性的,其中客体对象决定符号,符号决定解释项,而客体又通过符号中介间接决定解释项。这些要素涉及人的知觉、关系到人的经验、涉及事物的关系和人的思考活动,符号三元理论使人们对符号关系的认识从感性上升到理性。符号的三位一体性质可用符号三角形来表达,如图3-1所示。

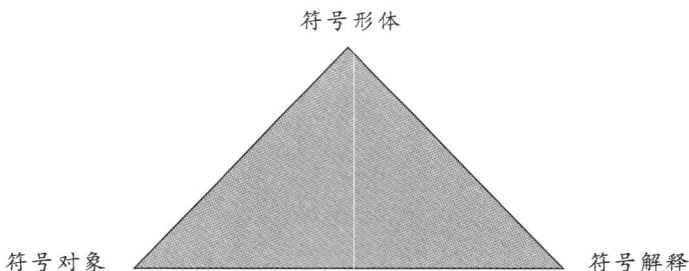

符号形体

符号对象　　　　　　　　符号解释

图 3-1　皮尔斯符号三元组合

皮尔斯符号三元组合可以从两点来理解:一是任何一个符号都应具有此三要素,否则它就不是一个完整的符号;二是符号之所以为符号,在于解释者用符号形体代表某一事物对象,而符号形体之所以能代表他物,在于能被解释者所解释。按照皮尔斯符号的三元组合原理,城市形象这一符号整体可以用图3-2来表达。

---

① [法]保罗·利科.哲学主要趋向[M].李幼蒸,徐奕春,译.北京:商务印书馆,2004:409.

城市标识

城市元素　　　　　　　　　公众感受

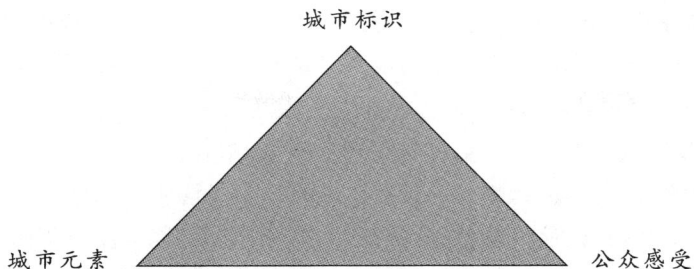

图 3-2　城市形象三元组合

　　城市形象作为一个符号,必然也具有符号的三元组合,即具备"符号形态"、"对象"和"解释项"这三个要素,其中包括城市名称、城市标志、城市象征物等在内的城市标识是符号形态,城市的软硬件元素是对象,公众感受是解释项。在这三个要素中,城市标识是第一性的,城市元素是第二性的,公众感受是第三性的:一方面,相对于城市元素,城市标识是被动的;而相对于公众感受,城市标识是主动的。换句话说,城市元素是城市形象的成因,公众感受则是城市标识的意义。抽去城市元素,城市标识就失去存在或成立的前提。在这一意义上,城市标识不得不与所表达的城市元素相对应,去迁就城市元素的规定。另一方面,城市标识决定公众感受,而城市标识本身并不受公众感受的左右。城市标识与城市元素关联时,城市标识是变量,而城市元素是常量。城市标识与公众感受关联时,城市标识是常量,而公众感受是变量。反过来讲,城市元素是城市标识适用的对象,而公众感受则是城市标识产生的结果,是城市标识的能力。

　　皮尔斯指出,我们考察任何现象或事物的时候,首先接触到的是诉诸各种感觉,如视觉、听觉、味觉、嗅觉、触觉等的物理属性,其次是有关现象之间的联系,最后才是将有关现象关联在一起的观念或认知。这个认知过程与考察符号现象的三个角度是吻合的。从皮尔斯符号学的角度看城市形象传播,需要把握以下三点:

　　第一,在皮尔斯符号学看来,客体对象是符号的成因,也就是说,城市的自然地理环境、经济贸易水平、社会安全状况、建筑景观、商业、交通、教育、法律制度、政府治理模式、历史文化、公民素质等等软硬件元素是城市形象的成因,要使城市形象传播获得良好效果,让公众一接触城市标识后就能够关联美好的城市元素,这毫无疑问离不开城市软硬件环境的建设与完善。

　　第二,城市标识是一种典型的符号形态,必须发挥它作为符号的功能,代表"某事物",表示"某意义"以及它本身的审美功能。必须重视城市名称、城市标志、城市象征物等城市标识本身的符号价值,在传播中扩大其知名度和影响力。

第三,皮尔斯从实用主义的角度解释了意义的本质,他把解释项定义为符号"适当的意义结果"或在"解释者心中产生的东西",是把一种符号翻译成另一种符号系统,是在人们头脑中产生的与第一个符号"相应的"或"更加发达的符号"。解释项概念之所以重要,是因为它是皮尔斯符号学术语中表示意义的概念,它赋予符号以生命和灵魂,使符号成为无穷的动态的意指过程。没有解释项,符号就只能成为一种潜在可能性,不会有任何实际意义。城市形象传播的意义就是要在公众心目中树立良好的城市形象,也就是要通过改善解释项从而使城市标识能更好地体现城市特色元素。因此,城市形象传播中必须对解释项给予十分的关注,要利用各种接触形式,影响解释者的解释结果。

城市形象传播本质上为城市形象信息的流通,而信息只有凭借符号才能流通。世界上没有离开符号而单独存在着的信息,正如没有不包含信息的符号。符号作为信息传播的最重要工具,广泛存在于大众传播、组织传播、人际传播乃至自我传播中。"有一点是无可争辩的,在现代社会中,符号是最重要和最现实的需要"[1],对于城市形象传播而言,亦是如此。

博德里拉提出,我们目前正处于一个新的类象时代,即一个由模型、符码所支配的信息与符号时代。在类象社会中,模型和符码成了社会经验的首要决定因素,模型和符码构造着经验结构,并销蚀了模型与真实之间的差别。类象与真实之间的界限已经内爆,与此相伴随,人们从前对真实的那种体验以及真实的基础也均告消失。类象不再是对某种实物的模拟,它无需原物,而是通过模型来生产真实,一种超真实。超真实的特点是,由符号构建的真实比存在的真实还要"真实",还要令人信服。人们对城市形象的"真实"印象,绝大部分时候都是从符号传播中获知的,符号传播所建构的超真实影响着人们对城市形象的真实理解,这种超真实的城市形象比现实存在的真实城市形象还要"真实",更能令公众信服。

第二节 营销学视角下的城市形象传播

一、营销学理论基础

(一)营销学的产生与发展

1985年,美国市场营销协会(American Marketing Association,简称AMA)对营销进行了完整和全面的定义:营销是一个计划和执行知识、货物以及服务的形成、定价、推广和分拨的全过程,目的是通过交换来满足个人和组织的

---

① 戴元光,金冠军.传播学通论[M].第2版.上海:上海交通大学出版社,2007:221.

需求。2007 年,美国市场营销协会修正了这一定义:营销是创造、传播、传递和交换对顾客、客户、合作伙伴乃至整个社会有价值的产品和服务的一系列活动、机制和过程①。菲利普·科特勒从营销的价值导向上给出了定义:市场营销是指个人和集体通过创造并同别人交换产品和价值以获得其所需所欲之物的一种社会过程。换而言之,市场营销是指从满足服务对象的需要出发合理配置自己的资源,通过满足对方需要实现自己目标的活动过程②。

市场营销学(Marketing)可简称为营销学,是一门研究企业经营与销售活动的学科,于 20 世纪初期产生于美国。百年来,随着社会经济及市场经济的发展,市场营销学发生了根本性的变化,经历了从传统市场营销学到现代市场营销学的演变,其应用也从营利组织扩展到非营利组织。

市场营销管理的实质是需求管理,具体而言包括三个方面的内容:一是研究和了解市场需求;二是研究如何做到最大限度地满足顾客(市场)的需求;三是研究如何采用更好的方法和方式,使产品或劳务有计划和有目的地进入最有利润潜力的市场,做到通过最大限度地满足市场的需要,最大限度地实现利润目标。市场营销管理哲学可以归纳为六种,即生产观念、产品观念、推销观念、市场营销观念、客户观念和社会市场营销观念③。市场营销管理过程主要包括如下步骤:分析市场机会、选择目标市场、设计市场营销组合、管理市场营销活动④。

20 世纪 70 年代以来,市场营销学已成为同企业管理相结合,并同经济学、哲学、心理学、社会学、行为科学、人类学、数学、统计学等学科相结合的一门综合性应用交叉管理科学。如今,市场营销学出现了许多分支,如消费心理学、工业企业市场营销学、商业企业市场营销学等等,营销学的思想和理论在社会各行各业得到了广泛的应用。

(二)三大经典营销组合理论

市场营销战略包括两个不同的而又相互关联的部分:一是目标市场,二是市场营销组合。市场营销组合是企业市场战略的核心,是组织为了满足目标顾客群的需要而加以组合的可控制的变量。市场营销组合理论以系统理论为指导,通过提供科学分析和运用各种经营手段的思路和方法,促使企业市场营销整体效果最优化。

---

① AMA. Definition of Marketing [EB/OL]. [2007-01-01]. http://www. marketingpower. com/AboutAMA/Pages/DefinitionofMarketing.aspx.

② Gary Armstrong,Philip Kotler.Marketing:An Introduction[M]. New Jersey:Pearson Education Inc.,2005:5-6.

③ Philip Kotler.Marketing management[M].New Jersey:Pearson Education Inc.,2003:20-26.

④ 郭国庆.市场营销学[M].第 3 版.武汉:武汉大学出版社,2004:9.

1. 4Ps 营销理论(The Marketing Theory of 4Ps)

4Ps 营销理论产生于 20 世纪 60 年代的美国。杰罗姆·麦卡锡(E.Jerome McCarthy)于 1960 年在其《基础营销》(Basic Marketing)一书中第一次将企业的营销要素归结为四个基本策略的组合，即著名的 4Ps 营销理论：产品(Product)、价格(Price)、渠道(Place)、促销(Promotion)，由于这四个词的英文字头都是P，所以简称为 4Ps。4Ps 营销理论模型如图 3-3 所示。

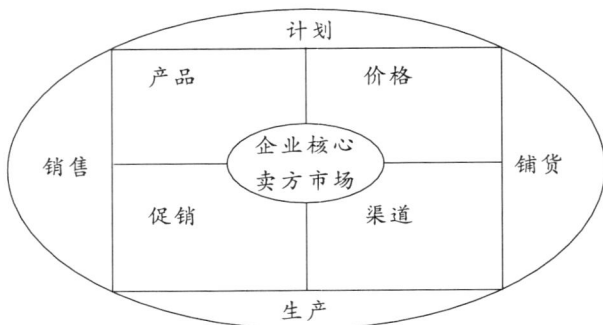

图 3-3　市场营销的 4Ps 理论模型

4Ps 营销理论的提出奠定了营销管理的基础理论框架。该理论以单个企业作为分析单位，认为影响企业营销活动效果的因素有两种：可控因素(产品、价格、分销、促销等)和不可控因素(社会、人口、技术、经济、环境／自然、政治、法律、道德、地理等)。4Ps 营销理论包含了企业营销所运用的每一个方面，它可以清楚直观地解析企业的整个营销过程，最明显的优点是直观性、可操作性和易控制性。但不能忽视的是，4Ps 营销理论是以企业为中心的，以追求利润最大化为原则，这势必会产生企业与顾客之间的矛盾：该理论不从顾客的需求出发，其成本加利润法则往往不为消费者所动，企业也不考虑消费者的利益，只是采用各种手段让消费者了解其产品，从而有机会购买其产品，而不是注意消费者的思想引导。

2. 4Cs 营销理论(The Marketing Theory of 4Cs)

随着市场竞争的日趋激烈，以消费者为中心的时代来临，加之媒体分化，信息过载，传统的营销组合 4Ps 似乎已无法完全顺应时代的要求，于是营销学者提出了新的营销组合要素。1990 年，美国学者罗伯特·劳朋特教授(Robert Lauterborn)在《广告时代》上提出了与传统营销理论 4Ps 相对应的 4Cs 营销理论。4Cs 营销理论以消费者需求为导向，重新设定了市场营销组合的四个基本要素：消费者需求(Consumer's needs&wants)、成本(Cost)、便利性(Conve-

nience）、沟通（Communication）。4Cs 营销理论模型如图 3-4 所示。

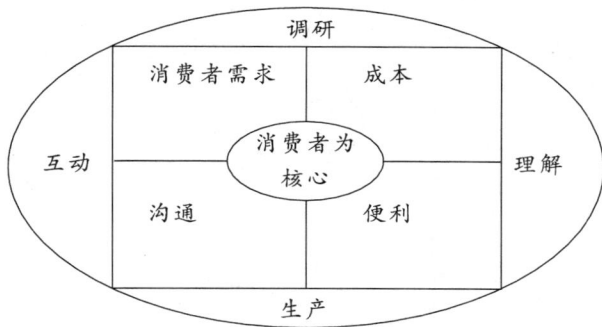

图 3-4　市场营销的 4Cs 理论模型

　　4Cs 营销理论注重以消费者需求为导向，克服了 4Ps 策略只从企业考虑的局限，但是 4Cs 营销理论也存在一定的问题：过分强调消费者而忽视了企业；立足的是顾客导向而不是竞争导向，没有体现既得顾客又能长期拥有顾客的关系营销思想；被动地适应顾客需求，没有解决满足顾客需求的操作性问题。许多学者仍然认为，4Cs 营销理论的提出只是进一步明确了企业营销策略的基本前提和指导思想，从操作层面上讲，仍然必须通过 4Ps 营销理论为代表的营销活动来具体运作，如用成本取代价格，目的是要了解顾客要满足其需要与欲求所愿意付出的成本，再去制定定价策略。因此，4Cs 只是深化了 4Ps，而不是取代 4Ps，它们是互补关系而非替代关系。

3. 4Rs 营销理论（The Marketing Theory of 4Rs）

　　随着市场的发展，顾客战略为核心的 4Cs 理论随着时代的发展也显现了其局限性。新的营销环境需要企业从更高层次建立与顾客之间的更有效的长期关系，于是 4Rs 营销理论应运而生。2001 年，艾略特·艾登伯格（Elliott Ettenberg）在其《4R 营销》一书中提出 4Rs 营销理论。4Rs 营销理论以关系营销为核心，重在建立顾客忠诚。它阐述了四个全新的营销组合要素，即关联（Relativity）、反应（Reaction）、关系（Relation）和回报（Retribution）。4Rs 营销理论不仅仅停留在满足市场需求和追求顾客满意，而是以建立顾客忠诚为最高目标，对 4Ps 和 4Cs 理论进行了进一步的发展与补充。4Rs 营销理论模型如图 3-5 所示。

　　4Rs 营销理论以竞争为导向，落实了关系营销的思想，使企业兼顾到成本和双赢两方面的内容，是营销实现互动与双赢的保证。但是，与顾客建立关联、关系，需要实力基础或某些特殊条件，因此实现并不容易。与 4Cs 相比，4Rs 的最大特点在于其竞争导向，在新的层次上概括了营销的新框架。

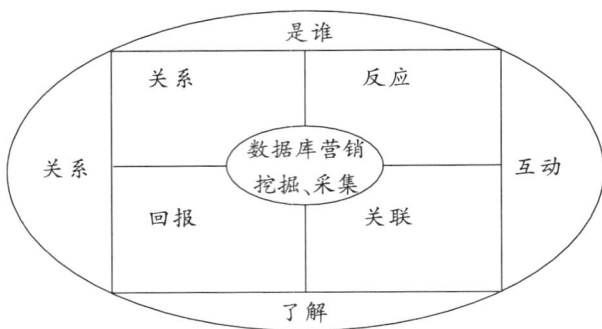

图 3-5 市场营销的 4Rs 理论模型

概括而言,4Ps 营销理论是以满足市场需求为目标的营销理论,4Cs 营销理论是以追求顾客满意为目标的营销理论,4Rs 营销理论是以建立顾客忠诚为目标的营销理论,三者关系不是取代关系,而是发展、完善的关系,4Rs 不是取代4Ps、4Cs,而是在 4Ps、4Cs 基础上的创新和发展,所以不可将三者割裂开来甚至对立起来。

二、三大营销组合理论视角下的城市形象传播

随着市场经济的迅速发展和市场营销理论的日臻成熟,商业界的一些模式逐渐得到政府部门的认同,通过借鉴市场营销的思想,城市营销思想应运而生。城市营销的活动可以追溯到 14 世纪的意大利, 而城市营销理论的形成却在 20世纪 80 年代末 90 年代初的美国。"塑造良好的城市形象在本质上是把城市作为一种特殊的商品来经营"[①],因此,类似于企业在发展到一定阶段之后开始注重对产品品牌和企业形象进行塑造和宣传的做法,城市营销经历实践、发展、成熟后, 关注重点开始从早期的城市产品和服务营销转向注重对城市形象的塑造和利用。"城市营销的终极目标是创造城市的公共价值,实现城市的和谐发展。"[②]城市营销学不断发展深入,有力地促进了城市形象传播的发展,为城市形象传播工作开创了新的局面。

（一）4Ps 营销理论在城市形象营销传播中的运用

营销活动的实质是一个利用内部可控因素适应外部环境的过程, 即通过对产品、价格、分销、促销的计划和实施,对外部不可控因素做出积极动态的反应,从而促成交易的实现和满足个人与组织的目标。按照 4Ps 营销理论的思想,城市

---

① 王秀云.现代城市经营模式:理论与实践[M].北京:社会科学文献出版社,2011:24.
② 刘彦平.中国城市营销发展报告(2009-2010)[M].北京:中国社会科学出版社,2009:270-271.

形象营销是以城市形象传播者为中心的，以追求城市形象传播者所谋求的效益最大化为原则。

城市形象可以看作城市形象营销的产品,4Ps 营销理论指出，产品策略是4Ps 组合的核心,是企业市场营销活动的支柱和基石,是价格策略、渠道策略和促销策略的基础。产品要有独特的卖点,把功能诉求放在第一位,也就是说,城市形象传播者在总结、提炼、设计、包装城市形象时，应该突出城市独特的卖点（USP）。

价格策略关系到传播的利润、成本补偿等问题,对于城市形象传播者而言,价格问题核心就是如何有效利用资金和降低传播成本的问题。

在 4Ps 理论看来,营销者并不直接面对消费者,而是注重经销商的培育和销售网络的建立,企业与消费者的联系是通过分销商来进行的。渠道策略给城市形象传播者的启示就是要善于多借助和利用中介机构和意见领袖开展城市形象营销传播,通过设点铺面的形式扩大营销传播的广度。

促销策略包括推式策略和拉式策略,通过人员和非人员的方式,沟通企业与消费者之间的信息,引发、刺激消费者的消费欲望和兴趣,使其产生购买行为。城市形象传播者可以通过市民推介、城市形象广告、城市形象公关和城市形象销售促进活动等载体来实现对城市形象的有效传播。

（二）4Cs 营销理论在城市形象营销传播中的运用

4Cs 营销理论强调企业首先应该把追求顾客满意放在第一位，其次是努力降低顾客的购买成本,然后要充分注意到顾客购买过程中的便利性,而不是从企业的角度来决定销售渠道策略,最后还应以消费者为中心实施有效的营销沟通。

按照 4Cs 营销理论的思想,营销传播应把顾客放在第一位,强调创造顾客比开发产品更重要,满足顾客需求与欲望比产品功能更重要。这一点给城市形象传播者的启示是,在提炼城市形象过程中,首先要了解、研究、分析公众对城市形象的需要与欲求,而不是首先考虑传播者自己希望传播一个怎样的形象。

成本指的是消费者获得满足的花费,或是消费者愿意付出的成本价格,顾客在购买某一商品时,除耗费一定的资金外,还要耗费一定的时间、精力和体力,这些构成了顾客总成本。所以,顾客总成本包括了货币成本、时间成本、精神成本和体力成本等。在城市形象传播中,城市形象传播者首先要了解公众在接触城市形象过程中愿意付出多少成本，并在传播实践中尽力降低公众在接触信息时所付出的包括货币、时间、精神等在内的各方面成本。

便利指的是方便性,强调为顾客提供便利,让顾客既购买到商品,同时又享受到便利。也就是说,在城市形象传播过程中,要充分考虑公众接触信息、接触媒体的方便性,而不是事先考虑传播者方便选择的宣传渠道。

沟通指的是与用户沟通,着眼于加强双向沟通,增进相互理解,实现真正的适销对路,培养忠诚顾客。城市形象传播者要学会通过互动、沟通的方式,向公众传递城市核心价值,把公众和城市双方的利益无形地整合在一起,形成利益共同体。

(三)4Rs营销理论在城市形象营销传播中的运用

4Rs营销理论的最大特点是以竞争为导向,在新的层次上概括了营销的新框架:根据市场不断成熟和竞争日趋激烈的形势,着眼于企业与顾客的互动与双赢,不仅积极地适应顾客的需求,而且主动地创造需求,运用优化和系统的思想去整合营销,通过关联、关系、反应等形式与客户形成独特的关系,把企业与客户联系在一起,形成竞争优势。

在竞争性市场中,顾客具有动态性。顾客忠诚度是变化的,他们会转移到其他企业。要提高顾客的忠诚度,赢得长期而稳定的市场,重要的营销策略是通过某些有效的方式在业务、需求等方面与顾客建立关联,形成一种互助、互求、互需的关系,把顾客与企业联系在一起,这样就大大减少了顾客流失的可能性。从这一点来说,城市形象传播者要赢得稳定的形象认同就必须通过某些有效的方式在业务、需求等方面与公众建立关联,形成一种互助、互求、互需的关系,将公众和城市联系在一起,减少公众的流失,以此来提高公众的忠诚度,赢得长期而稳定的市场。对于内部公众而言,公众个人的学习、生活、发展与城市息息相关,建立联系比较容易,因此城市在与受众建立联系的过程中,难点和关键点是如何与城市外部公众建立联系。

在当下相互影响的市场中,多数公司倾向于说给顾客听,却往往忽略了倾听的重要性。对经营者来说,最现实的问题不在于如何控制、制订和实施计划,而在于如何站在顾客的角度及时地倾听顾客的希望、渴望和需求,并及时答复和迅速作出反应,满足顾客的需求。因此,城市形象传播者要善于从公众角度,倾听公众的诉求,建立快速反应机制,了解公众和竞争对手的一举一动,及时答复,迅速做出反应。这样可最大限度地减少抱怨,稳定公众群,减少公众转移的概率。

4Rs营销理论指出,在企业与客户的关系发生了本质性变化的市场环境中,抢占市场的关键已转变为与顾客建立长期而稳固的关系,从交易变成责任,从顾客变成拥趸,从管理营销组合变成管理和顾客的互动关系。城市形象传播者应加强对不同公众和不同关系的辨别,包括一次性受众到终生受众之间的每一种公众类型,通过沟通不断改进城市与公众的关系,实现公众固定化。

对企业来说,市场营销的真正价值在于其为企业带来短期或长期的收入和利润的能力。对于城市而言,追求回报也是城市形象传播发展的动力,同时,回报也是维持公众关系的必要条件。城市要满足公众需求,为公众提供价值,但不能做"仆人"。因此,城市形象传播目标必须注重产出,注重城市在形象传播活动中的回报。一切城市形象传播活动都必须以为公众及城市创造价值为目的。

(四)三大营销组合理论对城市形象传播的启示

三大营销组合理论对城市形象传播都有着极具价值的启示。应该说,由于理论的出发点有所不同,三大理论对如何开展城市形象营销传播都有各自不同的方法路径,可以用表3-1表示。

表3-1 三大营销组合理论视域下的城市形象传播

项目 类别	4Ps 营销组合	4Cs 营销组合	4Rs 营销组合
营销理念	城市形象传播者导向	社会公众导向	城市竞争者导向
营销模式	推动型	拉动型	供应链
满足需求	相同或相近需求	个性化需求	感觉需求
营销方式	规模营销	差异化营销	整合营销
营销目标	满足现实的、具有相同或者相近的公众需求,并获得目标利润最大化	满足现实和潜在的个性化需求,培养公众忠诚度	适应需求变化,并创造需求,追求各方互惠关系最大化
营销工具	4Ps	4Cs	4Rs
公众沟通	"一对多"的单向沟通	"一对一"的双向沟通	"一对一"双向或多向沟通和合作
投资成本和时间	短期低,长期高	短期较低,长期较高	短期高,长期低

三、定位理论视角下的城市形象传播

(一)定位理论

20世纪70年代初,在继承罗瑟·瑞夫斯(Rosser Reeves)的USP理论的基础上,艾·里斯(Al Ries)和杰克·特劳特(Jack Trout)提出了具有里程碑意义的定位理论,使营销理论由传统走向现代,开创了一种新的营销思维模式。2001年,定位理论击败瑞夫斯的USP理论、奥格威的品牌形象理论、科特勒的营销管理理论、迈克尔·波特的竞争价值链理论,被美国营销学会评选为有史以来对美国营销影响最大的观念。

艾·里斯和杰克·特劳特认为:定位是你对未来的潜在顾客的心智所下的工夫,也就是把产品定位在你未来潜在顾客的心中。菲利普·科特勒对市场定位的定义是:所谓市场定位就是对公司的产品进行设计,从而使其能在目标顾客心目中占有一个独特的、有价值的位置的行动。市场定位的实质是使本企业和其他企业严格区分开来,并且通过市场定位使顾客明显地感觉和认知到这种差别,从而在顾客心目中留下特殊的印象。也就是说,定位不是你对产品要做的事,定位是你对预期客户要做的事。换句话说,你要在预期客户的头脑里给产品定位,确保产品在预期客户头脑里占据一个真正有价值的地位。

(二)定位理论在城市形象传播中的运用

对城市形象进行定位是城市形象传播的首要工作。城市形象定位传递着城市形象的核心价值,统领着所有的传播内容。按照艾·里斯和杰克·特劳特理论所言,我们目前已成为一个传播过多的社会,而消费者只能接受有限的信息,消费者抵御这种"信息爆炸"的最有力武器就是最小努力法则——痛恨复杂,喜欢简单。面对城市林林总总、纷繁复杂的各类要素,要提炼出一个简洁生动、个性鲜明、效果突出的定位并不简单。

要进行城市形象定位,需要考虑的内容是多方面的,既要考虑城市自身资源的情况,也要考虑竞争城市的情况,但核心是要抓住消费者的心,必须了解他们的思考模式,这也是定位的前提。定位的真谛就是"攻心为上",消费者的心灵才是营销的终极战场:它不是要琢磨产品,因为产品已是生出来的孩子,已经定型,不大容易改变,而容易改变的是消费者的"心"。定位理论的基本原则不是去创造某种新奇的或者与众不同的东西,而是去操纵人们心中原本的想法,去打开联想之结,目的是要在顾客心目中占据有利的地位。定位理论在城市形象传播中被广泛运用,原因就在于:城市的自然地理环境、经济贸易水平、历史文化、公民素质等软硬件要素在一定时期内是不可能发生大的变化的,但是,就是在城市资源状况不作大的改变的情况下,城市形象是可以通过科学定位得以提升。

定位理论要求城市管理者将更多目光集中于公众而非城市本身,通过公众的心智分析寻找城市形象传播的突破口。公众有五大思考模式:第一,公众只能接收有限的信息;第二,公众喜欢简单,讨厌复杂;第三,公众缺乏安全感;第四,公众对品牌的印象不会轻易改变;第五,公众的想法容易失去焦点。掌握好公众这些特点有利于帮助城市在公众心目中占据有利的位置。

四、CI 理论视角下的城市形象传播

(一)CI 理论

CI 理论伴随着商品经济的发展而兴起,其源头可以追溯到 20 世纪初期。美国是 CI 理论的发源地,约在 1930 年,美国的设计专家雷蒙特·罗维和保罗·兰德

最早提出了 CI 的概念。CI 是 CIS 的简称，是英文 Corporate Identity System 的缩写，一般直译为企业识别系统，意译为企业形象识别系统。企业导入 CI 的目的是为了塑造良好的企业形象，但 CI 与企业形象（Corporate Image）是两个不同的概念：企业形象是指社会公众和企业内部员工对企业的整体印象和评价，也是企业的表现和特征在公众心目中的反映，这种印象和评价是公众综合认识的结果，而 CI 则是传达、塑造企业形象的工具与手段。

CI 包括三个子系统：企业视觉识别系统（VI）、企业行为识别系统（BI）、企业理念识别系统（MI）。其中，理念识别系统处于主宰和支配的地位，是整个识别系统的关键，而行为识别系统和视觉识别系统则是理念识别的延展和推广[①]。

理念识别（Mind Identity，简称 MI）是企业对当前和未来一个时期的经营目标、经营思想、营销方式和营销形态所作的总体规划和界定，主要包括：企业精神、企业价值观、企业信条、经营宗旨、经营方针、市场定位、产业构成、组织体制、社会责任和发展规划等，它是 CI 的核心，是 CI 的深层次的观念系统，是企业发展的根本动力和精神财产。

行为识别（Behariour Identity，简称 BI）是指企业在实际经营活动中所具有的操作规范、协调机制和管理方式的一体化。它以经营理念为基本出发点，对内是建立完善的组织制度、管理规范、职员教育、行为规范和福利制度；对外则是开拓市场调查、进行产品开发，透过社会公益文化活动、公共关系、营销活动等方式来传达企业理念。

视觉识别（Visual Identity，简称 VI）是指企业的全部可见事物所传递的视觉信息的一体化。以企业标志、标准字体、标准色彩为核心展开的完整、系统的视觉传达体系，是将企业理念、文化特质、服务内容、企业规范等抽象语意转换为具体符号的概念，具体可分为基本要素系统和应用要素系统两方面。

（二）CI 理论在城市形象传播中的运用

城市形象识别系统（City Identity，城市 CI）是将 CI 基础理论和框架结构植入城市形象研究中形成的一套城市形象识别理论系统。城市形象识别系统对于城市经济文化建设而言是关键性、基础性工作，是对城市的"个性身份"的界定，是以提高城市形象和城市竞争力为目的的一项社会性的系统工程，对城市明确发展方向和开展经济文化布局具有重要意义。

以当代 CI 理论为基本构架，城市形象识别系统可以从城市理念识别系统（城市 MI）、城市行为识别系统（城市 BI）、城市视觉识别系统（城市 VI）三个基

---

① 张践.公关关系学[M].第 2 版.北京:中央广播电视大学出版社,2010:288-289.

本系统进行设计和推广。

城市理念识别是城市形象识别的核心，是全体城市公民自觉实践而形成的城市信念、城市精神、城市使命、城市文化、城市性格的一体化，"包括城市的精神观念、价值观、文化观、城市总体规划符合于思想理念文化意识方面的内容"①。城市理念识别是城市的灵魂与宗旨，是城市存在与发展的原动力，对外而言，城市理念识别是城市形象识别的尺度，对内而言，城市理念识别则是城市的内在凝聚力。城市理念识别是城市识别系统的起点，对城市行为识别和城市视觉识别具有统领和指导作用。故而，确立科学的城市理念意义重大，通常需要进行广泛、深入的城市实态调查后运用定位理论的方法确定。

如果说城市理念识别是城市形象识别的"想法"，那么城市行为识别就是城市形象识别的"做法"。也就是说，城市行为识别是城市形象识别的动态识别形式，"包括政府行为、企业行为、公众行为等"②。作为城市形象识别的"做法"，城市行为识别有对内和对外两类活动。对内的行为和活动旨在增强城市公民的凝聚力和向心力，而对外的行为和活动，则旨在传达城市理念，从而提高城市的知名度和美誉度。从传播学角度讲，城市对内行为识别是对外行为识别的基础，对外行为识别是对内行为识别的延伸和扩展。

不同于城市行为识别是城市形象识别的动态识别形式，城市视觉识别是城市形象识别的静态识别符号，"包括城市景观、街头雕塑、信息标志、标志性建筑、象征符号、宣传口号等"③。心理科学认为，人类接受的信息总和中，由视觉器官获得的占83%。因此，通过城市视觉识别设计，最能传达城市的理念，其是树立城市形象，提升城市知名度最直接、最有效、最具冲击力的方法。必须注意的是，城市视觉识别设计不是简单的美术设计，其需以城市理念识别为基础，并对城市多元信息进行概括、提炼、抽象，然后选择合适的设计题材和造型要素，最终才能形成有生命力的设计系统，此外还必须制定严格的管理措施和科学的媒体策略，实施有效、长程的传播。

由于城市形象问题的复杂性和多元性，在传统的城市三大基本识别系统之外，城市形象识别系统还在不断扩展，如在系统里面还可以再加入城市形象的地缘识别（GI）、人文识别（HI）和政策识别（PI）等子系统。

① 卢世主.城市形象与城市特色研究[M].成都:西南交通大学出版社,2011:102-103.
② 卢世主.城市形象与城市特色研究[M].成都:西南交通大学出版社,2011:103.
③ 卢世主.城市形象与城市特色研究[M].成都:西南交通大学出版社,2011:103.

第三节　品牌学视角下的城市形象传播

一、品牌形象理论

1950 年世界著名广告大师大卫·奥格威(David Ogilvy)首先明确界定"品牌"这一概念后,"品牌"一词就成了世界营销界的热门术语。进入 21 世纪,品牌科学已经从营销学母胎中分离出来,成为一门公认的新兴交叉科学。品牌竞争的背后实际上就是品牌形象的竞争,"形象力"的竞争已经成为当下品牌竞争的焦点。无论从古典品牌理论还是现当代品牌理论来看,有关品牌形象的理论都是品牌理论的重中之重。

(一)大卫·奥格威的品牌形象理论

早期的商业品牌只是作为一种区别于竞争对手的商标出现,即理论上所说的产品标识意识,此时的品牌是为实现差异化竞争而广泛使用的营销工具,这也是品牌形象理论的最早源头。1963 年,大卫·奥格威在他的自传《一个广告人的自白》里首次明确提出了品牌形象 (Brand Image)理论。他认为,品牌形象不是产品固有的,而是消费者联系产品的质量、价格、历史等,在外在因素的诱导和辅助下形成的。最终决定品牌的市场地位的是品牌总体上的性格,而不是产品间微不足道的差异,致力在广告上树立明确突出性格品牌形象的厂商会在市场上获得较大的占有率和利润。

(二)大卫·艾克的品牌识别理论[①]

大卫·艾克的品牌识别理论,比较系统地整合了 USP 理论、品牌形象论和定位论的思想内核,形成了更加完整的品牌创建理论。大卫·艾克认为品牌识别模型包括三层,核心层为品牌精髓,中间层为品牌核心识别,外层为品牌延伸识别。品牌精髓是品牌的核心价值,是对品牌内涵的提炼和概括,反映的是品牌存在的意义,用于指导企业品牌规划的方向;品牌核心识别是品牌在消费者心智中留下的最深的几点印象,是对品牌精髓的扩展和具化;品牌延伸识别是除品牌核心识别之外的识别,是使品牌识别细化和完整化的元素。在品牌识别系统中,大卫·艾克将品牌识别从产品、组织、个人、符号四个维度进行考虑。

(三)贝尔品牌形象模型

美国学者亚历山大·L.贝尔(Alexander L.Biel,1993)认为品牌形象是由三部分的形象来加以体现的,它们分别是公司形象、用户形象和产品或服务形象。

---

① [美]大卫·艾克.创建强势品牌[M].吕一林,译.北京:中国劳动社会保障出版社,2004:52-72.

同时,贝尔还认为品牌形象主要来源于消费者对品牌相关特性的联想,其中联想又可以分为"硬性"和"软性"两种属性。贝尔品牌形象模型如图3-6所示。所谓"硬性"属性,是对品牌有形的或功能性属性的认知,所谓"软性"属性反映品牌的情感利益。随着市场环境的不断变化,硬性属性已不再是形成品牌差异的绝对因素,软性属性现在已成为区分品牌越来越重要的因素,因为这种情感利益一旦建立,就很难为人所模仿。

图3-6 贝尔品牌形象模型①

(四)凯勒的消费者品牌资产模型(CBBE)

凯勒的消费者品牌资产模型是一个从消费者角度建立起来的品牌资产概念模型,模型隐含了一个前提,即品牌力存在于消费者对于品牌的知识、感觉和体验中, 也就是说品牌力是一个品牌随着时间的推移存在于消费者心目中的所有体验的总和。该模型把品牌形象看作品牌联想的组合,品牌形象可以从品牌联想的类型、品牌联想的美誉度、品牌联想的强度、品牌联想的独特性四个维度进行考量。

(五)克里斯南联想网络记忆模型

克里斯南通过记忆网络模型来界定在基于顾客的品牌权益下的各种品牌联

---

① Biel, Alexander L. How Brand Image Drives Brand Equity [J]. Journal of Advertising Research, 1992(32): 6-12.

想特性。他认为,记忆是由相互连接的网络进行知识的组织所组成,组成网络模型的是节点,这些节点用来储存所有信息。任何信息都可以存贮在这个记忆网络中,包括文字的、视觉的、抽象的和背景的信息。在品牌名称等外在刺激下,人们会激发头脑中已有的品牌联想记忆网络。因此,拥有大量、具有独特性和一定偏好的品牌联想对品牌来讲非常重要。该理论提出应从联想的数量、联想的偏好、联想的独特性和联想的来源四个方面来考察品牌形象。

二、品牌形象理论在城市形象传播中的运用

城市品牌学是城市理论、区域经济理论、旅游学理论等与品牌理论相结合的产物,随着中国城市化进程的加速、区域经济的发展以及旅游作为经济新增长点,城市品牌形象研究开始成为新兴的热点。城市品牌形象是传播和沟通的产物。城市要想在公众心目中树立良好的形象,就必须借助各种传播手段,传播是连接城市与社会公众的桥梁,离开了传播,品牌信息和品牌识别就无法到达社会公众,城市树立品牌形象也将变成无源之水。

大卫·奥格威的品牌形象理论不仅强调了每一则广告都应是对构成整个品牌的长程投资,更重点指出了消费者购买的不止是产品,还购买承诺的物质和心理的利益,在广告中诉说的产品的有关事项,对购买决策常比产品实际拥有的物质上的属性更为重要。这一思想对城市形象传播具有重要启示:首先,现在各种媒体上城市形象广告铺天盖地,按照奥格威的思想,这些广告应该不惜牺牲追求短期效益的诉求,尽力去维护一个好的城市形象,而不是将城市形象宣传片变成城市旅游宣传片或者城市招商宣传片;第二,随着同类产品的差异性减小,品牌之间的同质性增大,消费者选择品牌时所运用的理性就越少,因此描绘品牌的形象要比强调产品的具体功能特性重要得多,故而,城市形象传播中应主动回避和超越那些同质化程度极高的"城市属性":山水、高楼、马路、车流等等不一而论,应通过赋予城市某种形象来满足公众的心理需求。

大卫·艾克的品牌识别模型提出了分层的形象识别思想,对城市形象传播来讲具有极大的参考价值。从目前情况来看,城市形象传播中主要存在两类比较大的问题:一是为数不少的城市虽然提炼了城市的核心价值,但是城市形象传播中所体现的核心识别和延伸识别不能够反映城市品牌的精髓;二是数量更多的城市热衷于城市形象宣传,但是城市品牌始终停留在浅层形象传播,尚未触及和树立真正的城市品牌核心价值。因此,对于大部分城市而言,城市形象传播的首要问题是明确城市品牌规划的方向,树立稳定的、清晰的、具有竞争力的城市核心价值。可以说,城市品牌管理的重心就是清晰地勾勒城市品牌的核心价值,在以后的十年、二十年、上百年时间中始终不渝地保持这个核心价值不变,创建金字招牌。值得注意的是,品牌核心价值不是简单地重复核心识别,也不等同于广告口号,它所反映的品牌利益涵盖了功能性利益、情感性利益以及自我表现型利益。

贝尔的城市形象模型给城市形象传播带来的启示是:品牌联想中的硬性属性对于品牌而言是十分重要的因素,如果一个城市一旦对某种功能属性形成"独占",别的城市往往很难再以此属性进行定位,一些市场领导者品牌往往都在某些功能性属性方面取得了垄断地位。但是,硬性属性已不再是形成品牌差异的绝对因素,反映品牌情感利益的软性属性现在已成为区分品牌越来越重要的因素。就城市形象传播而言,随着越来越多的城市加入到形象传播的阵营当中,硬性属性可供挖掘和开发的空间日渐有限,而软性属性则仍存在着巨大的可拓展空间。

凯勒的消费者品牌资产模型把品牌形象看作品牌联想的组合,理论中的联想类型包括三类:品牌特性、利益和态度。凯勒的消费者品牌资产模型揭示了城市品牌联想可能产生于与城市无关的其他属性,如公众感觉和体验等。从利益联想这一点上也是如此,城市品牌的利益联想不一定是功能性利益,也可能是象征性利益和体验性利益。凯勒的消费者品牌资产模型更多地揭示了城市品牌资产的形成与公众的经验、感觉、体验密切相关,城市形象传播活动能够在城市品牌形象形成过程中发挥重要作用。

克里斯南联想网络记忆模型从品牌联想的数量、联想的阶(偏好度)、联想的独特性和联想的来源等四个方面研究品牌联想。这一理论对城市形象传播的启示是:一要使公众尽可能多地接触城市形象信息,因为拥有大量的联想对品牌来讲非常重要;二是要善于评估和控制信息接触产生的联想,提高净的积极认知想法;三是要积极构建城市品牌的独特联想,从而使自身从同类城市中脱颖而出;四是要合理利用直接经验和间接经验丰富联想来源。

第四节　管理学视角下的城市形象传播

管理学是一门研究人类社会管理活动中各种现象及规律的学科,是在自然科学和社会科学两大领域的交叉点上建立起来的一门综合性交叉学科。城市形象传播管理实际上就是研究如何通过计划、决策、控制、考核、监督等管理活动对城市形象传播活动进行管理。管理学中的安索夫资源配置战略理论、波特的竞争战略理论、安德鲁斯的目标战略理论等战略管理理论和众多的管理学原理如木桶原理、杜拉克原理等,都给了城市形象传播有益的启示。城市形象作为一种公共产品,可以用公共管理理论对城市形象传播活动进行一番考量。

一、公共管理的涵义及模式

所谓公共管理，是指以政府为核心、包括非政府公共部门在内的多元社会力量采取多种机制与形式，共同解决社会公共问题，处理国家和社会公共事物，满足社会公共需求，不断实现和增进公共利益的过程。这种以政府为轴心导向的公共管理部门，它综合和集结了社会中的各种力量，整合了社会中的各种力量，包括广泛地使用政治、经济、管理、法律的方法和途径，通过强化政府的治理管理能力、优化公共服务的品质来实现公共福利，满足公众对利益的需求。

从主体间关系以及各主体所承担的角色(作用)角度，可以把公共管理分为：第一，以政府为本位、民众和非政府公共组织依附于政府的三种政府管理模式，即政府管理的集权化模式、民主化模式、社会化模式；第二，以社会为本位，政府、民众和非政府公共组织平等合作的两种社会治理模式，即社会治理的自主化模式、多中心模式。用形象的语言来表述，前三种模式是父子关系，而后两种模式则是兄弟关系。①

社会治理的多中心模式是理想意义上的公共管理，完全实现了对政府管理的超越，三类主体的能动性和积极性完全被调动起来，但就目前的公共管理乃至相当长时期内，以政府管理为中心(本位)的模式，仍然是公共管理的主要类型。

二、公共管理视角下的城市形象传播

公共管理以社会公共事务作为管理对象，社会公共事务的具体内容可分为公共问题、公共项目、公共资源和公共服务四个方面。城市形象是一种公共资源，是可以被所有城市公众享受的精神产品，属于公共管理的范畴。因此，"城市形象的构建、传播与推广，理所当然地将成为公共管理中的一项重点内容，良好的城市形象离不开成功的公共管理"②。

从公共管理的对象和主体看，城市形象传播与公共管理密切相关。公共管理的对象是国家和社会公共事务，即负责对一定共同体成员普遍关注的公共问题、普遍需求的公共物品和公共服务的组织与管理，包括公共安全、公共秩序、公共资源、公共财政、公共服务、公共项目和公共政策等。公共服务是公共管理的核心，"教育公共服务、社会保障、公共卫生服务、就业公共服务、环境保护、公共事业、科技公共服务等方面是当代政府公共服务的主体和核心部分"③。从公共管理

---

① 陈庆云,郫益奋,曾军荣,等.公共管理理论研究:概念、视角与模式[J].中国行政管理,2005(3):15-18.
② 刘青.公共管理视域下的广州城市形象研究[J].柳州师专学报,2009(6):105-108.
③ 齐明山.公共行政学[M].北京:对外经济贸易大学出版社,2008:45.

对象的界定来看，显而易见，公共管理的对象均是城市形象重要的主体构成部分，因此从某种意义上说，公共管理活动都可以纳入到城市形象传播管理的范畴。

另一方面，以政府管理为中心的公共管理模式在一定时期内仍然占据主导的情况下，政府仍旧是城市布局、管理和规划的承担者，充当着城市形象设计、推广、传播的旗手，不仅仅其管理工作的成果影响到城市形象，政府在管理中所体现出来的效率和品质同样是城市形象的重要组成部分。一个城市的形象需要政府综合运用各项职能去塑造，城市形象的构建和传播始终是与政府的支持和领导分不开的。因此，建立高效廉洁的政府管理机制、配套的城市管理机制、最广泛的公众参与以及社会监督机制对于扩大城市形象的影响和认同是十分必要的。

在公共管理视域下，虽然政府是解决公共问题的核心主体，但是非政府组织、非营利性组织也是补充力量，公共问题的解决更多的是合作治理的网络行动。这一点对城市形象传播工作也极具启示：城市形象传播涉及城市的方方面面，管理难度日渐增大，因此，动员和吸纳最广泛的社会各方参与到城市形象传播这一公共事务的管理中来是大势所趋，政府、民众和非政府公共组织三方根据各自的特点，优势互补，形成一个以政府为主角和核心，民众、非政府公共组织为配角和补充的城市形象传播管理模式。

公共管理以追求公共利益更有效实现为宗旨，这就需要建立社会各阶层、群体和个人共同参与和利益表达的机制。城市形象传播中传递怎样的城市形象，应该纠正由精英群体操纵的局面，建立公共意志表达后的聚合机制，提高公民参与意识，从而实现国家、地方、集体、个人利益统筹兼顾。

第五节　心理学视角下的城市形象传播

心理学(Psychology)是研究心理现象和心理规律的一门科学，其作为一门独立科学以 1879 年冯特(Wilhelm Wundt)在德国莱比锡大学建立世界上第一个专门心理实验室为标志，冯特也因此被称为"心理学之父"。心理学既是一门理论学科，也是应用学科，包括理论心理学与应用心理学两大领域。在过去的 100多年间，心理学在营销学、管理学和传播学等学科中得到了广泛的运用。随着传播向以受众为中心的理念转变，心理学中的认知理论、学习理论、说服模型等对开展城市形象传播有重要的运用价值。

一、格式塔心理学

19 世纪末、20 世纪初，心理学在发展中形成了许多学派，人们也把这个时期称为学派时期。学派时期一个重要的心理学派，是以韦特墨(M.Wetheimer)及其学生为代表的格式塔学派。格式塔学派既不同意冯特、铁钦纳等的内省方法，也反对华生等的行为主义方法，"格式塔学派集中于知觉组织的研究，注重于分析和描述知觉结构而不是其过程"①。

格式塔心理学（Gestalt psychology）是西方现代心理学的主要流派之一，根据其原意也称为完形心理学，完形即整体的意思，格式塔是德文"整体"的音译。韦特墨认为，一切心理现象都具有整体的性质，整体不是元素的总和，不可以分析为元素，整体的性质并不存在于它的部分之中。格式塔心理学反对元素分析而强调整体组织的心理学体系，基本观点是"部分相加不等于全体"。格式塔心理学认为，任何"形"，都是知觉进行了积极组织或者构建的结果或功能，而不是客体本身固有的②。

格式塔心理学是在研究似动现象的基础上创立的，它发展了有关视知觉的三大理论：整体与部分的辩证关系、"图形与背景"的理论、"场"的理论。整体不等于部分相加，也就是说，知觉是各种感觉综合的结果，而不是个别的感觉元素相加的结果，韦特墨把这种总体的感觉叫做格式塔。格式塔派心理学家进一步发展了韦特墨的理论，提出了一个新的论点：形象感觉是大脑将视觉元素或视觉形式按照特定的法则组织成不同群落的结果，大脑在综合和理解景物中各自独立的元素时遵循四个法则，这些组织法则也就是格式塔所谓的"组织律"——相似性法则、接近性法则、连续性法则和公共目标法则。

格式塔心理学家把重点放在整体上，这并不意味着他们不承认分离性。事实上，格式塔也可以是指一个分离的整体。例如，格式塔心理学家特别感兴趣的一个研究课题，就是从背景中分离出来的一种明显的实体。他们是用"图形与背景"这个概念来表述。他们认为，一个人的知觉场始终被分成图形与背景两部分。"图形"是一个格式塔，是突出的实体，是我们知觉到的事物；"背景"则是尚未分化的、衬托图形的东西。人们在观看某一客体时，总是在未分化的背景中看到图形的。重要的是，视觉场中的构造是不时地变化着的。一个人看到一个客体，然后又看到另一个客体。也就是说，当人们连续不断地扫视环境中的刺激物时，种种不同的客体一会儿是图形，一会儿又成了背景。③在整体与部分的辩证关系、"图形与背景"的理论之外，格式塔学派还引入物理学中的"场"论用以解释"视觉形象的信息传达有赖于视觉经验与视觉期待的读图心理"这一问题。

---

① 王重鸣.心理学研究方法[M].第 2 版.北京：人民教育出版社，2001：11.

② [美]鲁道夫·阿恩海姆.视觉思维——审美知觉心理学[M].滕守尧，译.北京：光明日报出版社，1986：2.

③ 施良方.学习论[M].北京：人民教育出版社，2001：140.

二、格式塔心理学在城市形象传播中的运用

格式塔心理学派认为,任何具有完整性,同时这一特性不包含于任何元素和组成部分的存在或者现象中,包括一台电脑、一辆汽车等有具体形状的客观事物和思维、情绪等人们的主观活动,都可以构成格式塔。格式塔心理学超出了视觉心理的范畴,涉足心理学的整个领域。格式塔心理学认为,任何一种心理现象都是一种格式塔。根据这一思想,毫无疑问,城市形象也是一种典型的格式塔。

(一)整体与部分理论与城市形象传播

整体与部分理论是格式塔心理学派最基本的观点。早在 1890 年,奥地利心理学家克里斯蒂安·艾伦费就曾经指出,当一个乐曲变调时,所有的音符都会改变,可是我们听到的却是同一个乐曲①。这一现象反映出的就是格式塔心理学派的整体与部分理论。格式塔心理学家们反对将整体分割成局部,甚至分割成元素单位来感知分析的方法。该学派认为:整体不可以分析成为最小单位,整体中只有隔开的局部,但是这局部不能脱离整体孤立地起作用。整体也不是部分或局部的单纯集合体,不是简简单单由若干元素组合而成的,相反,整体先于部分存在并且制约着部分的性质和意义。

如果我们把城市形象当作一个整体,对公众而言,他们通过抓取媒体或非媒体接触中某些画面和印象,即整体中的部分,来重塑头脑中有关城市的形象。布勒松说:"生活中发生的每一个事件里,都有一个决定性的时刻,这个时刻来临,环境中的诸因素会排列成最具有意义的几何形态。这个形态也最能显示这桩事件的完整面貌。"②并非每个瞬间都能揭示事物的内涵和意义,只有那些揭示、强调和突出整个事物内涵和意义的瞬间才能让人们更好地解读出整体。因此,对于城市形象传播者而言,既然无法控制计划外信息所传递的信息片段,那么在计划内信息传播中就必须把握好"决定性时刻",将能够帮助公众更好地感知城市形象整体的信息传递出去,使之超越一些计划外干扰信息而成为公众认知的决定性因素。

(二)图形与背景理论与城市形象传播

图形与背景理论是由丹麦格式塔心理学家鲁宾于 1914 年提出的。这一理论认为:人们的知觉会根据突显原则分为图形和背景两部分。图形指的是在人们的听觉或视觉过程中具有高度结构的、比较容易被注意的部分,而背景则是不易被人们察觉、细节比较模糊的部分。人们观察事物时总是先注意到图形,但图形是

---

① [美]墨顿·亨特.自理学的故事——上册[M].李斯,译.海口:海南出版社,1999:65.
② 李明峰.论格式塔心理学在新闻摄影传播中的运用[D].南宁:广西大学,2004:5.

在背景的衬托下产生的,在认知过程中背景通常会被忽略。在不同的时间内,原来看作形象的东西是会变化的,这要看在视野范围内什么东西在记忆的联想中具有最大构成力量①。

图形与背景理论给城市形象传播带来两点启示:首先,从传播内容和表现形式来看,图形与背景理论提出了创新的要求,要求传播设计凸显个性;其次,从城市形象的定位来看,图形与背景理论同样给予了警示,千篇一律的城市形象定位和口号只会成为背景,而不能成为图形。格式塔的图形与背景理论表明,任何事物都能成为形象,只要你加以注意就行,而在此时,未经你注意的一切都一下子陷入了背景②。

知觉的对象(图形)和背景之间的关系是互相变动的,那些曾经是知觉的对象,可以由于人们视觉焦点的改变而成为背景,而背景中的某些东西在一定条件下可以成为图形,成为知觉的对象。举例而言,当一个城市将自己定位为“浪漫之都”的时候,那么这个城市形象就是图形,但是当有十个城市都宣传是“浪漫之都”的时候,它们则全部都成为了背景。因此,城市形象传播中必须时刻关注公众需求变化,致力创新传播,这样才能使城市形象永葆青春。

(三)“心物场”理论与城市形象传播

我们在观看一幅图画时能看到什么是由两个因素决定:一是我们过去看到过什么(视觉经验);二是我们心里想看到什么(视觉期待)③。格式塔心理学援引现代数理的概念建立“场”论来说明心理现象及其机制。考夫卡把“物理场”以外的其他各种“场”统称为“心理场”,他认为:世界是心物的(心理和物理的集合体),经验世界和物理世界是不一样的。经验世界是人类的主观世界,是观察者知觉现实的观念,属于心理场;物理世界是客观物质世界,是被观察者知觉的现实,属于物理场。我们知觉的形成,要受到经验世界和物理世界的共同作用。按照“场”的观点,就是要受到“物理场”和“心理场”这两者的共同作用。格式塔心理学发现,虽然心理场和物理场之间并不存在一一对应的关系,但是人类的心理活动却是两者结合而成的“心物场”。

对城市形象传播而言,不管是传播者的信息传递,还是公众对城市信息的解读,都存在着各自的心理场对物理场的作用,这种“心物场”的作用结果会因为各自的心理场和物理场的不同而不同。“传者的目的是希望受者得到并理解,但意

---

① [加拿大]弗里曼·帕特森.摄影与视觉心理[M].何崟成,译.北京:中国摄影出版社,1988:126.
② [美]布鲁墨.视觉原理[M].张功钤,译.北京:北京大学出版社,1987:35.
③ [美]保罗 M.莱斯特.视觉传播——形象载动信息[M].第2版.霍文利,史雪云,王海茹,译.北京:北京广播学院出版社,2003:59.

义的传达与意义的接受之间,差距永远是客观存在的。"① "心物场"理论对城市
形象传播的启示是:要实施有效的城市形象传播,就必须先了解公众想接触到哪
些信息,然后根据不同公众的生活经验来设计、表达这些信息。格式塔心理学提
出,对任何事物的理解,都是心理场和物理场共同作用的结果,因此,城市形象传
播要关注的不仅仅是传播什么样的形象的问题,更要关注传播所面对的公众,深
入把握公众的心理场,这样才能找到有效传播的方法与路径,才能寻求到"药症
对路"的传播模式。

① 尹定邦.图形与意义[M].长沙:湖南科学技术出版社,2001:66.

第四章

城市形象传播研究与实践

人们来到城市是为了生活,人们居住在城市是为了生活得更好。

——亚里士多德

20世纪90年代以来,国内城市对城市形象塑造和传播的热情空前高涨。在形象经济的巨大引力之下,越来越多的城市投入到城市形象传播这场战役当中。不仅仅是各城市的旅游、经贸、外事以及文化等政府部门,越来越多的城市市民也日渐感受到这场战役的紧张氛围。早在1994年,山东省威海市首开政府出资做城市形象广告之先河,时至今日,电视、广播、报刊、杂志等传统媒体已被广泛运用于城市形象宣传推广。除此之外,互联网络、手机媒体等新媒体也得到各城市相关部门和组织前所未有的关注。随着城市形象传播竞争的不断演化和深入,城市形象宣传推广的主要阵地也从大众媒体传播扩散到组织传播、人际传播领域,传播手段形式多样,传播内容丰富多彩。

第一节　城市形象传播研究概况

城市形象研究主要是对城市物质文化和精神文化的表象反映形式的研究,它包括了一切可为人们视觉感知的具体可辨识的城市形态元素,主要针对国内城市中不断出现的形象趋同现象以及按照西方现代主义标准进行城市建设导致地域文脉丧失殆尽这两个问题展开。[①]城市问题关乎国家发展的兴衰和成败,而城市形象研究作为城市研究的一个分支,在这个注意力经济时代,显得越发重要。

一、城市形象建设与传播研究历史沿革(1949–)

城市规划及建筑学家吴良镛先生早在1954年探讨城市规划问题的时候就

---

① 王豪.城市形象概论[M].长沙:湖南美术出版社,2008:9-11.

提出了城市形象的问题,其在《谈城市的总体规划》一文中指出:"一个城市的设计除了满足人民的物质需要,同时还要满足人民精神上的需要。要使人住在里面感到愉快,觉得自由宽广,而不感到拘束。要使人为它的美丽而感到欢欣,感到骄傲,像苏联人民歌颂他们美丽的莫斯科、美丽的基辅一样。社会主义城市的形象应该象征共产主义的伟大与壮丽,显示人类幸福的未来。"①吴良镛提出了社会主义城市建设的实用、经济、美观的三项重要原则,并指出一个城市在设计的时候,应该建立城市设计委员会或市政建设委员会等类似具有集中职能的城市总体规划管理机构。

城市形象问题进入大众视野缘起于1972年。1972年5月,因《奇遇》、《夜》、《蚀》、《红色沙漠》等影片蜚声世界影坛的意大利导演米开朗基罗·安东尼奥尼,作为中国人的朋友,怀抱着激情和好奇,踏上了中国的土地,摄制了长达3小时40分钟的大型纪录片《中国》。影片记录了1972年的北京、河南林县、苏州、南京、上海,记录了数以千计的最普通的中国人和数以百计的脸部大特写。在22天的时间里,安东尼奥尼怀着对人的热爱,最大限度地关注并诚实地记录着中国人的生活、行动、情绪,但这也成为后来他遭受批判的一大罪状。1973年10月底,外交部试图阻止《中国》在意大利公映,但不成功。这部电影其后被美国广播公司购买并在电视上播映,还被评为当年在美国公映的"十佳纪录片"之一。翌年1月30日,《人民日报》刊出了一篇长达6000余字的社论《恶毒的用心,卑劣的手法——批判安东尼奥尼拍摄的题为〈中国〉的反华影片》,当年2月和3月间发表的"大小砖头"就结集了一本200页的书,名为《中国人民不可侮——批判安东尼奥尼的反华影片〈中国〉文辑》②。

但事实证明,30多年前对安东尼奥尼的批判,更多的是一种文化隔阂与误读。在这些批判声音中,就有对影片中出现的相关城市的形象问题的思考。荆圭华在《不准丑化我国首都北京的光辉形象》一文中指出:"安东尼奥尼采取卑劣的手法,诬蔑'北京依然是个古老的城市',胡说北京的住房'非常简陋',还叫嚷什么'城市规划化令人失望'。这完全是不顾事实的恶意诽谤,妄图借丑化我国首都的光辉形象,宣扬'今不如昔',以达到他咒骂、否定、反对我国社会主义革命的反动目的。"③作者从工农业建设、文教卫生事业发展、基础设施建设、居民人居条件改善、城市规划等多个方面论证了今日的北京不再是个古老的城市,而是一个已

---

① 吴良镛.谈城市的总体规划[J].科学大众,1954(1):13-14.
② 人民文学出版社.中国人民不可侮——批判安东尼奥尼的反华影片《中国》文辑[M].北京:人民文学出版社,1974.
③ 荆圭华.不准丑化我国首都北京的光辉形象[J].建筑学报,1974(2):6-11.

由半封建半殖民地的消费城市改造成的生机勃勃的社会主义生产城市。

20 世纪 80 年代，关于城市形象传播的研究更多的是从城市规划、城市设计、城市景观、城市建筑这些角度来探讨如何构建城市形象，对城市形象的理解更多的是实体形象和硬件形象。1988 年国内学者郝慎钧在翻译《城市风貌设计》（日本学者池泽宽原著）一书时提出："城市的风貌是一个城市的形象，反映一个城市特有的景观和面貌，风采和神志，表现城市的气质和性格，体现出市民的精神文明、礼貌和昂扬。"①

20 世纪 90 年代，城市形象传播实践与研究进入了大发展时期。1992 年 7 月，广东省花都市人民政府专门立项，委托专家组进行"花都市形象建设"的课题研究工作。1994 年 9 月，罗治英主持的这一课题研究报告由暨南大学出版社出版，正式提出了"地区形象"概念：所谓地区形象，系表示一个地区的内部公众与外部公众对这个地区的内在综合实力、外显前进活力和未来发展前景的具体感知、总体看法与综合评价②。从 1994 年开始，城市形象建设与传播的研究开始转向系统性研究，并如火如荼地展开。

1996 年 10 月，"全国城市形象设计研讨会"在浙江省金华市召开，该会由中国城市科学研究会、建设部干部管理学院和金华市联合举办，大会首次系统交流、总结了城市形象设计实践经验和理论研究取得的成果，形成了不少共识。该会的主要观点在当前城市形象设计理论研究中具有一定的权威性，标志着城市科学领域一个崭新的研究方向——城市形象研究正在兴起③。

进入新千年，城市形象研究呈现出爆炸式增长态势，相关文献数量增长了数十倍。城市形象传播研究的重点也从城市形象的概念及内涵、构成要素、现状与问题等浅层研究向城市形象评价方法、城市形象建设与传播战略等方面纵深发展。

二、基于特定城市的城市形象传播研究概况

随着城市化进程的加快和经济全球化的挑战，城市间竞争日趋激烈，越来越多的城市日渐意识到城市形象在当今社会的重要价值。当下，城市间综合实力的竞争，已不仅仅体现在硬件竞争力上，更表现在城市软竞争力，"城市竞争力的

---

① [日]池泽宽.城市风貌设计[M].郝慎钧,译.天津：天津大学出版社,1989:1.
② 罗治英.地区形象理论研究及其应用——《广东省花都市地区形象建设》课题报告[M].广州：暨南大学出版社,1994.
③ 董晓峰.城市形象研究的兴起[J].西北史地,1999(3):5-8.

影响因素由传统硬条件向软实力转变"①。城市形象是建立在城市软硬件基础之上的城市软实力,通过传播和构建独特的、民族的、个性化的城市形象,能够产生巨大的城市凝聚力,促进人流、物流、信息流的合理流动,增强城市的交流性、世界性、竞争性,促进城市的经济发展和人民生活水平提高,使城市在竞争中获得上风。城市形象对于城市发展而言越来越具有举足轻重的作用,而与之相呼应的是,对特定城市的形象传播研究也正方兴未艾(表4-1)。

表4-1 基于特定城市的形象传播研究

研究人员	城市	研究内容	相关研究文献*
朱峰	北京	后奥运时代加强北京"城市形象"建设若干建议②	52篇
金鑫、李毅	上海	世博会对上海城市形象的塑造和提升③	87篇
王山河、陈烈	广州	借助结构方程式模型对广州城市形象元素分析④	78篇
杨晋亚	香港	TVB电视剧对香港城市形象的传播优势及反思⑤	12篇
覃成林	澳门	基于产业和文化资源优势的澳门形象定位研究⑥	5篇
杨宁	台北	杨德昌电影中的台北城市形象⑦	2篇
赵莉、沈利	杭州	杭州城市形象国际传播的特色与启示⑧	33篇
胡同泽、蔡旺春	重庆	以城市CI设计塑造重庆城市形象品牌⑨	72篇
张苏敏	天津	利用核心要素契合度比较天津的现实与媒介形象⑩	28篇
盛文丽	哈尔滨	哈尔滨城市形象发展定位及建设⑪	26篇

① 倪鹏飞.中国城市竞争力报告No.10——竞争力:筚路十年铸一剑[M].北京:社会科学文献出版社,2012:40.
② 朱峰."后奥运时代"与推进北京的"城市形象"建设[J].北京观察,2008(11):10-11.
③ 金鑫,李毅.世博会影响下上海城市形象的塑造和提升[J].西南大学学报(社会科学版),2010(S1):149-150.
④ 王山河,陈烈.基于结构方程模型的广州城市形象元素分析评价[J].经济地理,2010(1):69-74.
⑤ 杨晋亚.TVB电视剧对香港城市形象的传播[J].电视研究,2011(10):78-80.
⑥ 覃成林.基于产业和文化资源优势的澳门城市形象定位研究[J].城市发展研究,2009(10):123-126.
⑦ 杨宁.城市、空间与人——杨德昌电影中的台北城市形象[J].当代电影,2007(6):106-109.
⑧ 赵莉,沈利.杭州城市形象国际传播的特色与启示[J].青年记者,2010(23):13-14.
⑨ 胡同泽,蔡旺春.重庆城市形象设计探讨[J].经济与管理,2004(8):53-54.
⑩ 张苏敏.香港媒体中的天津城市形象研究——基于"核心要素契合度比较法"的分析[J].城市,2011(7):75-79.
⑪ 盛文丽.哈尔滨城市形象与城市文化发展研究[J].学理论,2005(Z1):8-9.

（续表）

研究人员	城市	研究内容	相关研究文献*
王璐	沈阳	借助世园会效应进一步巩固提升沈阳的城市形象①	32篇
谭志欣、申建国	石家庄	石家庄城市形象塑造的五大对策②	21篇
晁连生	太原	塑造太原城市形象的九大设想③	9篇
郭青	济南	济南城市形象视觉识别系统建设④	19篇
潘知常	南京	南京城市形象定位问题⑤	46篇
杨济亮	福州	着力推进福州城市形象建设的若干对策⑥	11篇
熊飞云	南昌	南昌城市形象建构和传播⑦	14篇
彭勇、肖玲等	长沙	长沙城市形象定位及塑造⑧	16篇
王文靖、倪峰	武汉	武汉城市形象设计及建设对策⑨	45篇
徐宁	兰州	兰州城市形象的现状、影响因素及提升途径⑩	23篇
王天铮	西安	西安城市形象的SWOT分析及其形象设计⑪	44篇
谢元鲁	成都	灾后公关行动维护重塑成都城市形象和品牌⑫	43篇
郭长智	贵阳	贵阳城市形象宏观目标制定和实施⑬	18篇

① 王璐.发挥世园会持续效应,进一步提升沈阳城市形象[J].辽宁经济,2007(1):33.
② 谭志欣,申建国.浅谈石家庄城市形象的塑造.社会科学论坛,2003(7):86—88.
③ 晁连生.关于塑造太原城市形象的若干设想[J].太原大学学报,2004(1):4—8.
④ 郭青.济南城市形象视觉识别系统研究[D].济南:山东轻工业学院,2009.
⑤ 潘知常.南京城市形象研究[J].现代城市研究,2004(5):14—20.
⑥ 杨济亮.提升福州城市形象的理论与实践[J].福州党校学报,2011(2):47—51.
⑦ 熊飞云.南昌城市形象传播研究——"中国红歌会"为例[D].南昌:江西师范大学,2010.
⑧ 彭勇,肖玲,崔海波,等.论长沙城市形象定位与塑造[J].湘潭师范学院学报(社会科学版),2006(4):38—40.
⑨ 王文靖,倪峰.武汉城市形象设计与建设的若干问题研究[J].武汉职业技术学院学报(综合版),2007(1):18—20.
⑩ 徐宁.提升兰州城市形象途径探析[J].经济研究导刊,2010(19):132—133.
⑪ 王天铮.西安城市形象的SWOT分析及其设计[J].新西部,2011(21):21,29.
⑫ 谢元鲁.启动灾后公共心理危机公关行动维护重塑成都城市形象和品牌[J].四川省社会主义学院学报,2008(3):20—21.
⑬ 郭长智.文化发展与贵阳城市形象建设[J].贵阳师专学报(社会科学版),2000(4):4—8.

（续表）

研究人员	城市	研究内容	相关研究文献*
冯志成、赵光洲	昆明	建立昆明市城市建设和发展的"春城"形象战略①	15 篇
李新琪、王玉等	乌鲁木齐	乌鲁木齐市城市形象设计及塑造②	7 篇
杨丽萍	南宁	中国——东盟博览会与南宁城市形象建设研究③	9 篇
孟凡荣、刘继生	长春	CI 战略与长春城市旅游形象塑造④	15 篇
陆南	郑州	郑州户外广告与城市形象传播研究⑤	7 篇
章心怡、陈刚	合肥	创意城市与合肥特色空间形象塑造⑥	6 篇
陈文婷	海口	海口城市旅游形象设计与传播策略⑦	5 篇
张丽娟	呼和浩特	呼和浩特城市旅游形象战略研究⑧	10 篇
普布昌居	拉萨	拉萨市旅游城市形象传播现状及其对策思考⑨	8 篇
张红梅等	银川	中阿经贸论坛背景下的银川城市形象指标体系研究⑩	2 篇
赵晓璐、罗力毓	大连	大连城市形象整体分析及局部细节雕琢研究⑪	20 篇
谢卉、熊涛涛	深圳	深圳城市形象塑造中公共资源信息咨询系统研究⑫	32 篇
张慧敏	青岛	青岛城市形象定位及塑造城市形象的实践研究⑬	26 篇

① 冯志成,赵光洲.昆明城市形象总体构思[J].昆明理工大学学报,1997(5):1-5.
② 李新琪,王玉,海热提·涂尔逊.乌鲁木齐城市形象设计[J].城市规划,2001(12):47-51.
③ 杨丽萍.中国—东盟博览会与南宁城市形象提升.改革与战略,2005(6):7-9.
④ 孟凡荣,刘继生.CI 战略与长春城市旅游形象塑造[J].人文地理,2003(2):60-64.
⑤ 陆南.郑州户外广告与城市形象传播研究[J].新闻爱好者,2009(18):85.
⑥ 章心怡, 陈刚. 创意城市与合肥特色空间形象塑造 [J]. 合肥工业大学学报 (社会科学版),2009(6):149-153.
⑦ 陈文婷.海口城市旅游形象设计与传播策略[J].现代商业,2012(3):193-194.
⑧ 张丽娟.呼和浩特城市旅游形象战略研究[J].经济论坛,2011(2):124-127.
⑨ 普布昌居.拉萨市旅游城市形象传播现状及其对策思考[J].广告大观(理论版),2010(3):36-39.
⑩ 中国软科学研究会.第七届软科学国际研讨会论文集[C].北京:[出版者不详],2012.
⑪ 赵晓璐,罗力毓.大连城市形象分析[J].辽宁经济,2008(3):44.
⑫ 谢卉,熊涛涛.基于深圳城市形象塑造的公共信息咨询系统的规划初探[J].中国集体经济,2009(10):133-134.
⑬ 张慧敏.青岛城市形象分析与品牌城市形象的塑造[J].职业时空,2010(9):17-19.

（续表）

研究人员	城市	研究内容	相关研究文献*
徐春红	宁波	宁波城市形象定位、设计和宣传对策①	23 篇
黄莎	厦门	城市旅游形象传播影响因素研究——以厦门市为例②	8 篇

（相关研究文献*：指在中国知网中以篇名为内容检索条件、检索词为"城市名+城市形象"进行模糊检索后 1979—2012 年间的文献数量；在直辖市、特别行政区、省会城市和计划单列市中，仅有西宁一市未检索出学术文献记录，但不代表在中国知网数据库之外无文献记录）

　　统计发现，仅仅是基于直辖市、特别行政区、省会城市和计划单列市的城市形象研究文献就已经达到 967 篇，平均每个城市的研究文献篇数近 25 篇。随着全国城市化进程的不断加快，中小城市形象建设也提到了重要议程，实际上，在中国 654 个建制城市（数据来源：《中国城市统计年鉴 2012》）中半数以上的城市已经具有城市形象或城市品牌方面的研究文献，研究文献总量不菲，这里面包括了苏州、三亚、温州、珠海等明星城市。通过对直辖市、特别行政区、省会城市和计划单列市的研究文献统计，上海、广州、重庆、北京、南京、武汉、西安、成都、杭州、深圳的研究文献最多（表 4-2），这些城市也是在城市形象传播中成绩或特色较为显著的城市。

表 4-2　基于特定城市的形象传播研究文献数量前十名城市

排序	城市	代表文献	研究文献数量
1	上海	金鑫、李毅：世博会对上海城市形象的塑造和提升	88 篇
2	广州	王山河、陈烈：借助结构方程式模型对广州城市形象元素分析	79 篇
3	重庆	胡同泽、蔡旺春：以城市 CI 设计塑造重庆城市形象品牌	73 篇
4	北京	朱峰：后奥运时代加强北京"城市形象"建设若干建议	53 篇
5	南京	潘知常：南京城市形象定位问题	47 篇
6	武汉	王文靖、倪峰：武汉城市形象设计及建设对策	46 篇
7	西安	王天铮：西安城市形象的 SWOT 分析及其形象设计	45 篇
8	成都	谢元鲁：灾后公关行动维护重塑成都城市形象和品牌	44 篇

① 徐春红.基于城市营销视角下宁波城市形象对外宣传对策研究[J].宁波广播电视大学学报,2011(1):105-110.
② 黄莎.城市旅游形象传播影响因素研究——以厦门市为例[J].科技和产业,2011(3):13-16.

（续表）

排序	城市	代表文献	研究文献数量
9	杭州	赵莉、沈利：杭州城市形象国际传播的特色与启示	34篇
10	深圳	谢卉、熊涛涛：深圳城市形象塑造中公共资源信息咨询系统研究	33篇

第二节　国内外城市形象传播经验

一、国外城市形象传播的主要经验

他山之石可以攻玉。半个世纪以前的首尔（汉城）面临着十分恶劣的环境，前途一片渺茫，20世纪70年代的纽约也在面临着形象危机，几乎陷入"颓势"的窘境之中，但是到了今天，它们都已发展成为世界上最为著名的品牌城市。国外著名城市在城市形象推广方面有着许多独特的做法，也有许多共通之处，这些都值得我们城市管理者在城市形象传播中多多借鉴。

（一）政府高度重视城市形象宣传，建立了适应各自国情的工作机制

从国外的著名城市来看，各市政府无一不高度重视城市形象塑造和传播，基本形成了政府主要负责人统领、政府相关部门协调配合的工作机制。在英国伦敦，该市成立了专门的品牌机构，由市长办公室直接管辖，位于伦敦市政府决策的领导层，参与伦敦市政府所有对外活动的策划与实施，其中主管经济与商务政策的副市长负责伦敦城市形象的国际推广工作，组织伦敦城市形象的树立与国际化营销。伦敦城市形象建设与传播由伦敦品牌机构（London Unlimited）负责，但其并不是一个实体，并没有专门为其服务的工作人员，其所有雇员都是伦敦市政府下属机构中分管公共关系的工作人员，这些机构包括伦敦发展署、伦敦旅游局、英国贸易与投资总署、伦敦投资局、伦敦教育局等等组成。

另一个典型例子是韩国首尔，该市通过建立统一领导、多元协调的城市营销组织网络和领导机制来开展城市形象传播工作。市长是城市营销的最高协调人，而首尔城市营销担当官室（City Marketing Division）则负责首尔城市品牌的管理和推广，监督城市品牌在具体城市产品中的应用。在协调众多的城市营销机构方面，首尔的做法和经验是分层管理，有序协调。首尔城市营销担当官室负责城市品牌管理和形象推广的规划和实施，但就其他具体城市产品的营销，如投资促进、旅游促进等，不会直接进行规划，而是通过鼓励和协调的办法，由产业局、文化局等部门发起、规划和实施。

(二)制定了清晰的城市形象传播目标,精心设计了城市形象识别要素

理想的城市形象传播应该以受众需求为导向,通过与受众的双向动态沟通,以满意度为目标驱动整合各种传播资源和传播手段以达到受众的忠诚。为了给城市形象传播提供明确的任务导向,国际上的这些著名城市在开展城市形象传播前均制定了清晰明确的城市形象建设目标。根据首尔市新修订的《2020年首尔市发展计划(草案)》,提出首尔城市使命是"人类与自然、历史文化与尖端科技相融合的世界城市",基本目标为"领导东北亚经济的世界级城市、充满文化气息的城市、治理环境的生态城市、充满幸福的福利城市以及统一朝鲜半岛的中心城市",具体目标包括健康、便利、充满活力、具有竞争力的国际都市等。每一项的目标,首尔市都有更细致而复杂的分解方案和量化描述,使每一项目标细化到可执行、可评估的层面。围绕上述目标体系,首尔借助外脑研究、制定了长达270多页的城市营销整体规划。

为了使城市形象传播目标具象化,这些著名城市还纷纷系统设计了城市形象识别要素,如首尔目前已经建立较为成熟的形象识别体系,包括城市市徽、城市口号、城市市歌等一系列城市形象识别要素:首尔的城市新徽章从1996年开始使用,城市各处都有标准的市徽logo;"你好首尔(Hi Seoul)"既是首尔市的城市口号,也是首尔市政府所推荐的优秀企业共同品牌;首尔专门谱写了以宣传口号"Hi Seoul"为主题的歌曲《首尔之光》(The Light of Seoul)作为市歌,并委托在全亚洲出名的女歌手BOA来演唱;首尔把城市的象征物指定为祥瑞动物"獬豸"(HAECHI),为了能够让传说中的"獬豸"深入人心,将营造獬豸街,修建獬豸建筑造型物等,还计划利用獬豸的形象推出旅游商品并策划文化活动,向全世界宣传首尔是"The City of HAECHI";为了提高城市的品牌价值,使其独具魅力,首尔计划将"丹青红色"作为"首尔色彩体系"运用于城市环境中,在建筑、造型、环境设计领域以及城市规划领域使用首尔色,使城市整体变得更加统一、和谐。

纽约的成功做法是,聘请专家设计出以"大苹果"图案为基础的旅游标志,把该标识印在信笺、文艺作品、T恤衫、珠宝首饰、领带、围巾、明信片、眼镜、餐具等日常物品上进行各种媒体传播。纽约市提出了"我爱纽约"(I Love New York)的城市营销口号,这一口号原是美国纽约州的旅游广告词和标志,后来被应用为纽约市的城标。"I Love New York"是1977年由梅顿·戈拉瑟创作的一个图像标志,图像上方从左至右分别是大写的罗马字母"I"和一个红心"♥",图像下方从左至右分别是大写的罗马字母"N"和"Y"(New York State的简称),所有文字采用圆形的Slab serif字体。"我爱纽约"标志出现后,从此这个标志开始了

与纽约的不解之缘：很多餐馆、旅店、装饰品店购买纽约城标的使用权，由此带来了巨大的财富；城标还出现在纽约的各大宣传活动中，甚至连宣传手册上都有这个标志。

（三）积极鼓励民众参与城市形象传播，善于利用专业机构打造城市形象

DDB Worldwide Inc 的董事长、同时兼任美国外交行动商业集团总裁的基思·莱茵哈德说，借助一般公关手段，哪怕使用强大的网络，也难以让美国形象光彩依旧，唯一可以指望和尝试的是美国每年"6000 万人次旅行可能带来的6000万次制造印象的机会"[1]。人际传播拥有改变国家形象的巨大力量，在改变城市形象方面功效同样不容低估。纽约将普通消防队员作为城市形象代言人，向全世界展示这座城市市民平凡、敬业、履责、勇敢的人文品格；首尔通过聘任著名人士为首尔市宣传大使的方式推广城市形象；东京则充分利用民间团队力量开展城市形象营销传播。这些城市还利用一切渠道向全体市民广为宣传，不仅使他们清楚地了解推广城市形象的重要性，更重要的是使他们从自己做起，人人成为城市形象的创造者和传播者，把推广城市形象作为日常工作和生活中的文化自觉[2]。

此外，这些著名城市的管理者也非常善于借力，充分利用专业机构资源。如伦敦在重新设计品牌形象中，就吸引了世界各地的数十名设计师为其提供方案，纽约的"大苹果"也是聘请专家设计得来，首尔长达 270 多页的城市营销整体规划也是借助外脑研究得来。

（四）充分利用各种传播渠道和传播方式，开展城市形象的整合营销传播

国际上这些著名城市的形象传播手段非常多元，除对常规的公关、广告、推销、促销等沟通手段进行整合利用，还发展了许多行之有效的城市形象传播新手段，使城市整合营销沟通更具活力和效果。如国际认同的"全球城市"东京，其充分利用东京国际马拉松赛、三宅摩托车大赛、国际动画展销会、东京国际电影节、狂热东京爵士、东京时装周等会展活动载体，通过活动的开展提高城市的知名度，宣传东京的魅力，吸引世界各地的游客。澳大利亚昆士兰旅游局则于 2009 年初策划了"世界上最好的工作"这一事件，总投入仅仅 170 万澳元的事件营销，创造了 1.2 亿澳元的广告传播价值，并让"大堡礁"在全球变得广为人知。特色经济是城市形象差别的要素之一，通过名牌产品的输出进行城市形象传播也是成功城市广为采用的传播方式，如法国巴黎，时装、香水、水晶玻璃制品、金银器皿和豪华餐具以及以路易·威登为代表的高级旅行箱具，加上卡地亚、伯琼、肖美这些

---

① 居延安.公共关系学[M].上海：复旦大学出版社,2008:161.
② 王启凤,王志章.国外著名城市形象推广的做法与启示[EB/OL].[2011-07-13].http://www.chinacity.org.cn/cspp/csmy/72967.html.

著名的珠宝品牌,使巴黎时尚之都的城市形象深入人心。

如何使城市面向不同的区域以及在不同的时间里传递一致性的信息,如何使城市形象信息的传播既适合不同受众的认知与评价规律又不失信息的一致性,这是城市形象传播所面临的严峻挑战,也是塑造城市形象的关键所在。国际上的这些著名城市在传播实践中,都十分注重平面媒体和电子媒体的整合、传统媒体和新媒体的整合、多种语言和多种文化的整合,并充分利用人际传播、组织传播、大众传播中的各种信息传播方式,提升城市形象传播的渗透力和影响力。通过整合利用电视、报纸、网络、杂志、户外、画册、展板等多种媒体加之与公关、节事活动、会展活动等其他沟通手段联合开展 360 度品牌传播,使城市形象传播的范围、时间、手段有了极大的拓展,最终获得了显著的传播成效。

二、国内城市形象建设与传播理论

(一)城市形象定位理论

仇保兴在《优化城市形象的十大方略——兼谈金华市形象设计与建设》(1996 年)一文中较早地提出了城市形象定位的思想,并结合金华市的五项优势为该市进行了城市形象定位。《中国城市竞争力报告——定位:让中国城市共赢》指出,城市形象定位是指城市为了实现最大化的收益,根据自身条件、竞争环境、消费需求等的动态变化,科学确定自身各方面发展的目标、占据的空间、扮演的角色、竞争的位置。城市形象定位理论的基本思想源自美国营销学家里斯和特劳特提出的"定位"理论:定位是你对潜在顾客心智上所下的工夫,也就是把产品定位在你未来潜在的顾客心中。城市形象定位策略是通过挖掘城市的特性,结合目标受众心智中的空白,将该城市的特性放置在目标受众心智中的空白处,这样就使得该城市在受众心智中占据了一个相对优势的位置, 其竞争对手要想挤占这个独特的心理位置是比较困难的, 从而也就得以树立该城市独特的城市形象[①]。城市形象定位理论可归纳为营销定位理论、城市竞争力定位理论、哲学定位理论、公共关系定位理论和建筑规划定位理论[②]。

(二)城市形象塑造理论

城市形象塑造旨在通过塑造城市特色,将城市形象定位推向市场,吸引更多的外部资源和城市顾客,以促进城市经济发展。城市形象塑造理论可归纳为城市形象塑造会展观、城市形象塑造要素观、城市形象塑造 CIS 观、城市形象塑造文

---

① 李清华.定位理论在城市形象塑造中的运用[J].新闻爱好者,2009(2):39-40.
② 彭杰.浅谈中心城市的品牌营销[J].经济师,2001(9):25.

化观、城市形象塑造标志观[①]。

1. 城市形象塑造标志观

城市形象塑造标志观认为,高层建筑、广场、雕塑等在塑造城市形象方面可以发挥特殊的作用,可在城市形象物质层面发挥作用的同时影响其精神层面。标志性建筑的艺术形象在城市风貌中往往起主导作用。在视觉新闻媒介高度发达的今天,公众往往是通过一座建筑、一组广场来认识一座城市,忘记一座城市,或者宣传一座城市。对于一座新兴的现代化城市而言,塑造自己城市的标志性建筑就显得格外重要[②]。

2. 城市形象塑造要素观

城市形象塑造要素观指出,城市形象包括多种要素,可以从城市形象的构成要素出发,多方面提升城市形象。如钱新强、李广斌在《城市经营与城市形象塑造》一文中提出城市形象塑造的几大要素:城市基础设施建设、城市政府服务、管理水平和办事效率、市民素质。如果说城市形象塑造要素观多集中于微观层面要素,叶南客在《城市形象塑造战略新论》一文中则提出了城市形象设计、城市形象整饰、城市形象传播等城市形象塑造战略层面的要素。

3. 城市形象塑造 CIS 观

张鸿雁在《论当代中国城市的整体"CI 方略"导入》(1995 年)一文中最早明确地提出了在城市形象建设中导入 CI 的思想。城市形象塑造 CIS 观提出,城市导入 CIS 就是综合运用 MI、VI 和 BI,向城市内外部传递城市形象的相关信息,加深人们对城市形象的认知和认同,提升城市在人们心目中的地位,从而获得良好的品牌效应。黄志华在论及城市形象推广中运用 CIS 时还提出:如果我们以当代 CIS 理论为基本构架,那么我们的城市形象识别系统不仅从理念识别、视觉识别、行为识别三个基本系统进行设计和推广,同时还应根据城市形象固有的基本特征设计和推广新的识别系统。因此,在传统的企业三大基本识别系统之外,还能加入城市形象的地缘识别(GI)、人文识别(HI)和政策识别(PI)[③]。

4. 城市形象塑造文化观

城市形象塑造文化观认为,城市形象塑造要从意识形态和文化发展的高度来思考城市形象问题,要以软件要素、文化力提高城市成长和竞争力。城市是文化的载体,文化是城市的灵魂,推进城市形象工程建设的过程,实际上就是张扬、

---

① 王东强,田书芹.城市品牌形象塑造:经验、原则和启发[J].河北旅游职业学院学报,2008(4):36-39.
② 张锦秋,林汉廷.塑造新的城市形象——浅析深圳建筑风貌[J].建筑学报,1993(1):33-39.
③ 黄志华.论城市形象推广中 CIS 的通用[J].美术大观,2005(11):73.

塑造文化力的过程,城市文化形象的塑造是城市形象建设的核心[①]。

5. 城市形象塑造会展观

城市形象塑造会展观认为,可利用城市的优势资源举办大型体育赛事、展览活动、节会活动,塑造和提升城市形象,构建城市发展的核心竞争力,保持竞争优势。城市形象的塑造离不开有效的传播,只有通过传播,将城市的技术水平、经济实力、城市市容及市民素质、综合风貌等全面展示给世人,才能有效地在公众心目中树立起良好的城市形象。会展经济之所以被各城市看好,重要原因之一是它能够创造一个高效、快捷的传播渠道[②]。

(三)城市形象营销理论

城市形象营销理论认为,将企业形象营销的理解扩展至城市形象领域,城市形象营销即应运而生。城市形象营销是城市在市场竞争中为实现城市的目标,通过与现实已经发生和潜在可能发生利益关系的公众群体进行传播和沟通,使其对城市营销形成较高的认知和认同,从而建立城市营销良好的形象基础,形成城市营销宽松的社会环境的管理活动过程。城市形象营销与企业形象营销一样,具有定位、设计和传播的过程。城市形象营销理论的核心理念是:城市形象营销开始于城市形象设计之前,它允许城市能够操纵可变的环境并且建设性地对变化中的机遇和威胁作出反应,其目的是整合城市环境资源。城市形象营销计划的核心包括以下四个步骤:城市形象定位、城市形象设计、城市形象传播、城市形象评价[③]。

(四)城市形象品牌理论

城市形象品牌是城市形象的高度凝练,是构成城市的各种因素之总和在城市公众心目中的总体印象和实际评价,是城市性质、功能和文明的综合表现,是"城市的功能性、情感性、自我表现性等战略识别要素在公众头脑中共同生成的一系列独特认知和联想"[④]。城市形象品牌概念源自美国营销学教授凯文·莱恩·凯勒(Kevin Lane Keller)所著《战略品牌管理》。该理论认为,城市像产品和人一样可以树立品牌,城市形象品牌由理念要素、印象要素、传播要素、管理要素所构成,城市形象品牌效应的提升能大大增强城市的竞争力,从而使城市的规模和质量大大提高,更有利于提升城市整体的精神和风貌,包括整体风格与面貌,城市

① 何新传,陈胜.城市形象工程应突出城市文化形象建设[J].城乡建设,1997(10):13-15.
② 刘英茹.会展经济,城市形象的一抹靓彩[J].城乡建设,2002(4):57-58.
③ 张卫宁.现代城市形象的塑造与营销学理念[J].中南财经政法大学学报,2004(3):103-108.
④ 倪鹏飞.中国城市竞争力报告 No.10——竞争力:筚路十年铸一剑[M].北京:社会科学文献出版社,2012:391.

居民的整体价值观、精神面貌、文化水平等,改变目前城市建设雷同化、一般化的倾向,使城市能够更加吸引人们的注意力,进而推动城市全面发展,创建名牌城市[①]。城市形象总体品牌可以划分成 4 个亚品牌,即营商品牌、旅游品牌、宜居品牌和原产地品牌(或出口品牌)[②]。

第三节 城市形象传播的误区与反思

一、城市形象传播的主要误区

(一)城市形象重设计、轻传播

良好的城市形象,对于促进、推动城市的发展具有不可低估的正向性功能。例如,具有广阔发展空间和良好发展势头的城市,在世人面前所展示出的"潜力型"城市形象,可使这座城市成为人才的荟萃之地,此谓之人力凝聚功能;投资环境好、经济发展潜力大的城市,则可以以"实力型"的城市形象吸引国内外的投资者,从而使这座城市成为资金的积聚之地,此谓之资本积聚功能。基于此,越来越多的城市决策者开始把城市形象建设作为政绩工程来抓,不惜成本,聘请专家进行城市形象规划设计,大力推进各种形象工程建设,希望以此赢得良好的城市形象。

以石家庄为例,这座号称"天下第一庄"的河北省省会城市,自 2008 年起便开始了大规模的城市形象建设,根据"一年一大步,三年大变样"建设规划,三年内,石家庄通过总投资 1400 亿元的"主城改造、新区建设、道路畅通、品位提升、精细管理、市民素质"六大工程、600 个项目建设,最终旨在打造"城市布局进一步优化、城市功能趋向合理、配套设施基本齐全、城市品位明显提高、山水特色初步凸显、生态环境持续好转的现代化生态型区域性中心城市"。

另一个典型的例子是泉城济南。2007-2011 年间,济南城建总投入近 3000 多亿元做强城市功能、扮靓城市形象。2012 年,济南再次规划投资 4689 亿元"绘画"美丽泉城:城市建设管理重点项目共六大类 279 项,其中,迎接第十届中国艺术节重点工程类 17 项,城市基础设施类 88 项,民生保障类 94 项,泉城特色提升类 10 项,环境综合整治类 17 项,房地产开发和产业平台类 53 项。

然而,城市管理者却不得不面对这样一个事实:好的城市形象固然离不开城市各项建设,但是再好的形象建设不经过传播很难发挥出应有的效应。由于缺乏

---

① 卢瑾.长株潭城市形象品牌效应研究[D].长沙:中南大学,2007:51.

② 倪鹏飞.中国城市竞争力报告 No.5——品牌:城市最美的风景[M].北京:社会科学文献出版社,2007:210.

对城市形象传播的有效管理,管理人员不稳定、管理制度无保障、管理经费没着落,直接导致了城市形象建设"墙里卖了命,墙外无花香"的结果。

(二)城市形象定位同质化严重

李勇、徐建刚、王振波通过对 100 个城市形象定位进行统计分析,发现有 49% 的城市是以景观特色为出发点定位城市形象的,而对城市文化、城市精神关注较少,文化内涵缺乏。而对城市形象定位从用词方面进行的相似性分析结果显示,"休闲、活力、梦幻、精彩、多彩、魅力、浪漫"是城市形象定位中最常见的形容词,"故里、风情、之城、之都、山水、海洋、明珠"是城市形象定位中最常见的名词。"由此可以看出,在城市形象定位中存在雷同现象,有的城市只是盲目照搬照抄,没有充分发掘自身的自然历史文化特点,城市形象定位不准确,特色不突出,并不能起到很好宣传的效果,并可能对居民产生错误的引导。"[1]

从广泛存在的城市形象片这一切入点来分析,历史元素、民族文化元素比比皆是,城市个性符号的识别性较弱,风筝、烟火、和平鸽等元素几乎每篇都有,一些具有中国民族典型象征意义的元素诸如舞龙舞狮、太极、茶道之类更是不胜枚举。金定海在《中国城市品牌传播研究》课题中通过对我国 38 个城市的 157 支形象广告片中的 63 支进行了深度剖析和透视,发现了我国城市形象片的表现元素不外乎以下几类(表 4-3)。

表 4-3　中国城市形象片的表现元素[2]

序号	城市形象片类别	表现元素
1	自然风光	太阳、绿化、山水、温泉、海滩、地势、河流、三峡等
2	风俗文化	七夕节、名字起源、民族舞蹈等
3	历史人文	鲁迅、孔子、孙子、兵马俑、江南、太极、古城等
4	时尚娱乐	明星、滑雪场、游乐场等
5	建筑文化	雕像、建筑、桥等
6	饮食文化	茶、小吃、美食等
7	商业购物	购物、橄榄油、商业街等
8	工业科技	科技、开发区、工业区等
9	休闲生活	足球、老人、晨练、运动、导游、欢乐、希望、烟花、家庭、友情、情侣等

---

① 李勇,徐建刚,王振波.城市形象研究进展及展望[J].云南地理环境研究,2009(2):20-26.

② 金定海.中国城市品牌传播困境的思考[EB/OL].[2009-8-19].http://www.cnadp.cn/city_pp2.asp.htm.

从中央电视台播放的城市形象片监测情况来看，越来越多的城市将旅游资源作为形象宣传的切入点,内容集自然风光、历史人文、风俗文化、休闲生活等多项内容为一身。问题在于,大而全的城市形象宣传片很难凸显城市特质,个性彰显、特色鲜明、令观众印象深刻的城市形象极为少见,城市形象定位日渐趋同,逐渐陷入众口一词的同质化境地。"如同企业产品同质化导致低层次的价格战一样,城市建设的同质化导致建筑数量与规模上的盲目攀比,不仅造成大量人力、物力、财力的浪费,还破坏了城市的风格与传统。"①从格式塔心理学的视角来看,当这些城市在形象片中同时在讲名川大山、风情美食的时候,它们就都有可能变成被公众忽视的"背景",即便表面上看来这些山川、美食似乎各有不同。

(三)城市形象传播中受众意识淡薄

当下很多城市形象传播中仍然没有采用受众导向的模式,令传播的有效性大打折扣。城市领导者无论是在城市形象定位上,还是传播内容与传播媒介的选择上,仍然沿用"家长式"的做法,寄希望于引导受众接受预设的"包装形象",而这与受众的传播接受心理恰恰是相反的。

以西安城市形象定位为例,城市领导认为西安的时尚、现代化、低碳元素更为重要,而西安的老百姓则特别希望在时尚、绿色方面得到表现,而到西安旅游的游客则不在乎,你时尚你比得过上海吗? 休闲比得过成都吗? 绿色比得过武夷山吗?到西安去的人并不对你的时尚、绿色感兴趣,人家感兴趣的是历史。距离越远的人,越是对历史感兴趣。西安最大的游客群体是日本人,日本人到西安去的很大一部分原因是对汉唐文化的推崇。

城市形象定位要考虑到不同受众的认知和期待,城市形象传播在内容和方式上也要符合受众的接受心理。从传播内容上讲,针对不同传播对象在传播内容的选择上应该有所不同,有所侧重,用能够使他们产生共鸣的东西去传达城市形象。从传播方式上讲,城市形象传播也应根据受众在地域、文化、年龄等方面的差别有针对性地选择最为经济、有效的到达方式。

城市形象传播中,必须树立受众第一的意识。"只有明确了目标受众,才能更好地构建受众对品牌形象的理解,才能更有针对性地塑造和传播城市的品牌形象。"②针对受众期待合理定位形象,可以从源头上减少传播障碍;根据受众的差异性设计传播内容和传播方式,则可以使传播更具针对性,降低传播的成本,提高传播的有效性。

---

① 王秀云.现代城市经营模式:理论与实践[M].北京:社会科学文献出版社,2011:161.
② 李怀亮,任锦鸾,刘志强.城市传媒形象与营销策略[M].北京:中国传媒大学出版社,2009:207.

(四)城市形象传播手段过于单一

无论是对内部公众还是外部公众而言，都存在着大量的形象接触渠道能够影响其对城市形象的认知与评价，也就是说，能够传播城市形象信息的渠道和载体形式非常丰富。现代营销管理理论和实践从企业营销的角度，归纳和提炼了多种信息传播工具可用以推动信息传播，如媒体广告、直接营销、促销、公共关系、个人销售等等。

在新的传播环境下，仅以媒体渠道而言，单纯依靠某种媒体来传播城市形象已无法覆盖大部分的目标受众，进行科学有效的媒体组合设计成为必需：城市形象传播既要考虑平面媒体与电子媒体的组合运用，又要考虑大众媒体和小众媒体的组合运用，还要考虑传统媒体和新媒体的组合运用。但就从目前的城市形象传播实践来看，太多城市在开展城市形象传播时过分依赖大众传媒广告（尤其是电视广告），花费巨大却成效不足。由于缺乏对各种媒体形式的整合，城市形象传播在传播广度和传播深度上都存在着一定的问题。

广告是城市形象传播的重要手段，但不是唯一的途径。当今社会，公众接收信息的渠道日益丰富，单一依靠某种传播手段都不足以覆盖绝大多数的目标受众，更为重要的是，任何一种传播手段都有着其传播方式和传播效果的局限性，公众对不同渠道来源的信息的信任度及认知反应也有所不同。城市形象传播的现实挑战是，很多城市还是对传统媒体特别是电视媒体过于依赖，传播手段单一，资源耗费巨大，但传播收效却非常有限。

(五)缺乏对城市形象危机的管理

木桶原理（Cannikin Law）又称为短板理论，是由美国管理学家彼得（Laurence J. Peter）提出来的，其核心内容为：一只木桶能装多少水，并不取决于桶壁上最高的那块木块，而是取决于它最短的那块木板。这一理论有两个推论：其一，只有桶壁上的所有木板都足够高，那木桶才能盛满水；其二，只要这个木桶里有一块不够高度，木桶里的水就不可能是满的。木桶理论在国内管理学界得到广泛的认同、追捧和应用，该理论有两个重要启示：其一，比最低木板高的所有木板的高出部分都是毫无意义的，高得越多浪费越大；其二，要想提高木桶的容量，应该设法加高最低的木板的高度，以提高木桶容量，这是最有效也是唯一的途径。喜欢一个城市可以说出很多理由，但不喜欢，也许只需要一个理由。对于城市形象传播工作而言，木桶原理同样适用——决定城市形象的未必是很多优秀的方面，很多时候恰恰只取决于那块"最短的木板"。

而要防止或者解决那块"最短的木板"，就离不开形象危机管理。罗森豪尔特对危机的定义为：对一个社会系统的基本价值和行为准则构架产生严重威胁，并且在时间压力和不确定性极高的情况下必须对其做出关键决策的事情①。现代危机管理原理告诉我们,危机管理应是建立在危机预防、预警和预控基础上的主动管理,而不是毫无准备的被动应对。在"××事件"、"××门"频出的年代,一件很小的意外就可以让企业苦心经营的品牌毁于一旦;城市形象也一样,城市形象是一个大系统,涉及城市的方方面面,从整合营销传播的视角来看,任何一个附属于城市的要素发生问题,均有可能对城市的整体形象产生破坏性甚至是毁灭性的后果。但现实情况是,虽然城市形象无时无刻不在面临着危机,但很多城市不仅缺乏对危机的预警和预案准备,更有甚者是形象危机爆发后仍不紧不慢、推诿扯皮,错过危机处理的绝佳良机,导致城市形象严重受损。

海南三亚宰客事件就是活生生的教训。三亚宰客事件发轫于2012年初,当年1月28日,罗迪和朋友在微博中曝光游客在三亚吃海鲜被宰,一石激起千层浪,成为三亚形象危机的导火索;春节期间三亚再度因宰客事件遭遇信任危机,而三亚市新闻办一条"零投诉"的微博更激起无数网友的质疑,成为三亚形象危机的催化剂;在三亚市政府部门表示未发现海鲜摊宰客确实证据后,网友发起晒被宰经历的活动,使得三亚形象危机恶化升级。三亚宰客事件极大地损害了三亚国际旅游岛的形象,以至于有网友称三亚国际旅游岛已变成了名副其实的"宰客岛"。可见,一件发酵于微博的、看似微不足道的小事件,由于城市管理者处理不当,致使经营多年的城市形象一夜之间名誉扫地,整个海南岛的旅游业也因三亚宰客事件而在短期内陷入了困境。

城市形象传播需要有专门的机构进行统一的规划和管理,及时发现已经存在的短板,及时预警可能出现的短板,及时处置产生问题的短板。城市形象传播管理中,要清楚地认识到最短的木板会对最长的木板起着限制和制约作用,开展危机管理的目的就是通过改变短板而提高公众对城市形象的整体评价。

二、城市形象传播实践反思

毋庸置疑,在过去的几十年间,我国许多城市在城市形象建设方面取得了长足的进步,有些城市的形象传播甚至蜚声海外,获得了广泛的国际影响力。如2008年由法国大巴黎投资机构、安永会计师事务所和法国调查机构CSA联合推出的全球城市吸引力调查显示:根据全球的决策者们对知名城市的形象和吸引力感觉、认知的结果,全球排名前八位的城市分别是纽约、伦敦、巴黎、东京、北京、香港、上海和莫斯科。中国三座城市入选全球城市形象和吸引力前八强,一方

---

① [美]诺曼·R.奥古斯丁.危机管理[M].北京新华商业风险管理有限责任公司,译.北京:中国人民大学出版社,2001:4.

面反映了我国城市形象传播多年来积累的成果，另一方面也揭示了目前我国形象传播优秀城市在全球所处的位置。

　　城市形象传播实践离不开理论的指导。城市形象定位理论、城市形象塑造理论、城市形象营销理论、城市形象品牌理论在国内的出现与普及运用，表明了国内城市形象传播认识与实践已经发生了巨大转变：城市形象传播从盲目到理性、从自发到自觉、从无序到有序、从经验到理论，城市形象传播逐渐迈入科学的轨道。

　　20世纪90年代以来的城市形象传播实践与探索，让越来越多的城市树立了"以受众为中心"的正确传播导向，这相较于传统的城市形象传播来说毫无疑问是一个显著的进步。传播理念的转变极大地推动了城市形象传播的变革，但新的问题又接踵而至：由于缺乏清晰的、可操作、模式化的实施方法，这些理论在指导城市形象传播实践中又难免落入俗套，走回传统营销传播的老路。也就是说，城市形象传播在理念上得到越来越多的理论指导，但是在实际操作中，由于城市形象传播工作的复杂性，执行这些理论又普遍缺乏效果可控的执行模式，因此对于国内许多城市管理者而言，迫切需要一套能够指导其开展城市形象传播实践的操作性理论范式，用以提升城市形象传播工作的成效。

第五章

城市形象整合营销传播兴起

一个新的文明正在我们生活中出现,这个新文明变革了我们对世界的看法,也改变了我们了解世界的能力。

——阿尔温·托夫勒《第三次浪潮》

整合营销传播理论被认为是 21 世纪最有影响力的理论之一,其在美国已经得到广泛应用并且为社会各界创造了效益。如今,整合营销传播是否能够与中国的市场环境相结合和推动中国市场经济的发展成为人们关注的热点。随着营销传播环境的不断变化,大众传播的效益日渐有限,而人际传播的影响力却在不断攀升,以大量投放城市形象广告就能获得良好形象的时代一去不复返,"广告炸鱼论"也不再有市场,这使得城市形象传播面临着新的挑战,也正是这一局面,加速了整合营销传播理论在城市形象传播领域的应用。

第一节　传媒变革与城市形象传播

一、21 世纪媒体格局的变化

全球范围内不同媒介从出现到形成 5000 万受众规模的历程来看,报纸用了约 100 年,广播用了 38 年,电视用了 13 年,有线电视用了 10 年,而因特网仅仅用了短短的 4 年。1998 年 5 月,在联合国新闻委员会年会上,互联网作为"第四媒体"的概念正式得到使用:联合国秘书长安南在会议上指出,在加强传统的文字和声像传播手段的同时,应利用最先进的第四媒体——因特网。

回溯人类传播发展的足迹,可以发现,信息技术的发展起着历史性的杠杆作用。每次信息技术的创新,每一种新兴媒介的诞生,都带来信息传播的大革命。而每一次信息传播的大革命,又给人类的政治、经济、文化和社会生活带来巨大的影响。人类的信息传播史可以视为信息技术的进步史。印刷术、无线电技术、电视技术、计算机网络技术造就了报刊、广播、电视、网络四大媒体。今天，无线通信技术与计算机技术、信息网络技术的结合正在催生一种新型的大众化革命性媒体——手机媒体[①]。手机媒体也被誉为当代的第五媒体。

如果将人类传播史浓缩到 24 小时中，那么，从零时到 20 时的漫长历史时间内，人类都是用口语传播；从 20 时到 22 时 38 分的两个半小时内，用文字传播；从 22 时 38 分到 23 时 57 分的一个半小时内，人类用印刷媒介传播；电子传播的历史仅仅相当于最后 3 分钟。在最后的 3 分钟里，继广播、电视等传统电子媒体之后出现的"第四媒体"、"第五媒体"，在新技术支撑下爆发出巨大的威力。

新技术不断创新和发明，催生新的传播媒体，形成新的传播手段，促成新的传播形态。美国著名传播学者威尔伯·施拉姆曾经预言：人类传播的基本性质不会改变，但传播本身的社会体系，很可能同我们已经知道的各个传播时期大不相同。如今，我们越来越生活在一个由媒体营造的社会中，诸多新兴媒体的产生对整个社会的影响也越来越大。

以互联网、手机为代表的新媒体突破了时间与空间、传播者与受众之间的限制，打破了原有的言论生态环境和话语格局。新媒体自由、开放、互动的传播特点重塑着人们捕捉、接收信息的习惯，同时也对人们的思维方式、行为特点乃至对世界的看法产生着潜移默化的影响。新媒体在社会的演变中跌宕发展，新的媒体形态让人目不暇接，不仅改变着信息传播的格局，还结构性地改变着整个社会：从国际政治的博弈到日常生活的点滴创新，无不显现或暗藏新媒体的力量。新媒体彻底颠覆了人们的生活习惯，使得地球成为真正意义上的"地球村"。

从世界范围内大众传媒的变迁来看，大众传播媒体从报纸的"一枝独秀"，到后来与广播共同发展，再到报纸、广播、电视共同进步，最后到报纸、广播、电视、互联网"并驾齐驱"，如今又迎来了"多种媒体并存"的全新状态。不仅如此，在各种因素促使下，各种媒介正在以各种方式进行相互渗透和融合，形成一个有线无线、线上线下、平面立体的媒介网络格局。随着媒介融合向纵深方向发展，未来的媒介融合将从简单的物理变化向化学变化转变，带来传播手段、媒介机构、传媒市场格局、人人皆新闻传播者等的根本性变革，人类将进入由传统媒体和新兴媒体相互融合的全媒体时代。

二、新媒体环境下的城市形象传播

媒介环境指一种由各种媒介营造的社会情境，这种社会情境是传者、受者及

[①] 匡文波.手机媒体概论[M].北京:中国人民大学出版社,2006:1.

广告商等多方力量综合作用的结果。随着大众传播的日益发达,社会个体与群体的生存与发展越来越多地依赖于媒介环境, 人们根据媒介提供的信息来感知世界,大众传媒用各种手段搭建起一种仿真环境,人们在这个仿真环境中生活①。

在新媒体环境下,除了四大传统媒介之外,可供利用的营销传播平台非常丰富,如门户网站、搜索引擎、微博、SNS、博客、播客、BBS、RSS、WIKI、手机、移动设备、APP、数字杂志、数字报纸、数字广播、数字电视、数字电影、触摸媒体等不一而论。显而易见,新媒体环境下传播工具和技术创新大量涌现,这使得城市形象传播系统变得更为庞大和复杂, 新媒体环境下城市形象的传播格局发生了重大变化②。

(一)从单向传播到互动传播

在新媒体环境下,广大民众获得了充分的话语权,能够通过多种途径直接参与城市形象互动传播。一方面,从城市形象传播者角度而言,可以充分利用公关、节事活动等营销传播渠道促进城市与公众的双向互动和交流。另一方面,随着网络、手机、博客、播客等新媒介的出现,普通公众获得了从未有过的参与传播的机会,他们可以随时发布意见、表达观点,也就是说,在新媒体环境下,公众拥有了更多的渠道和工具参与城市形象传播的互动。

(二)从一次传播到多次传播

在传统媒体格局下,城市形象传播主要依靠硬性的城市形象广告和政府新闻报告,难以引起受众更多的关注和兴趣,因此往往只能达到"一次传播"。而新媒体环境下,城市形象传播的内容和形式不断丰富, 受众又获得了充分的话语权,能够自主地接收和传播信息,尤其是网络、手机等新媒体平台便利了信息的"分享",使得城市形象得以二次、三次甚至多次传播。

(三)从单一传播到多元传播

在传统媒体环境下,城市形象的传播主体是固定的媒介和机构,信息来源相对单一,大众也只能被动地接受信息,但新媒体环境下,城市形象传播主体更为多元,城市公共部门、城市内部企业、非营利性组织和市民及城市外部民众共同构成城市形象对内对外推介的参与主体。同时,由于新媒体平台是一种集文字、声音和图像为一体的多媒体互动交流平台, 与传统媒体采用一种或几种传播形式相比较,新媒体融合了更多的传播内容和形式。

(四)从大众传播到分众传播

广播、电视、报刊等传统媒体都立足于"大众传播"。然而,新媒体环境的到来

---

① 孟建,何伟,张秉礼.城市形象与软实力:宁波市形象战略研究[M].上海:复旦大学出版社,2008:256-257.
② 刘慧.新媒体环境下南京城市形象的媒介传播策略[J].今传媒,2012(7):23-25.

要求对受众进行细分,实现更精准和更高效的传播。城市形象传播受众可细分为城市市民、企业家、媒体人士、城市潜在的旅行者、消费者、投资者和移民等。各群体生活方式不同,关注点和媒介使用习惯也不同。

(五)从议程设置到议程融合

传统媒体格局下, 政府及其掌控的传统大众传媒能通过议程设置来左右公众对于城市的关注。但在新媒体环境下,政府及其掌控下的媒介的中心地位被罢黜,"把关人"作用被淡化,普通民众获得充分话语权,"人"的价值被重新衡量,"个人议题"、"团体议题"与"媒介议题"更加紧密地结合起来,推动了"议程设置"理论向"议程融合"理论的转变,一个全新的公民传播时代正在向我们迈进。

第二节　城市形象传播面临新媒体环境的挑战

传统媒体环境下的城市形象传播往往是由城市公共部门利用行政力量引导主流媒体,依托城市形象广告、新闻报道、节事营销、会展营销、新闻发布会等渠道,对城市的经济形象、旅游形象、政府形象、产品形象等进行宣传推广。在这样的传播格局中,居于政府引导下的大众传媒很好地履行了"把关人"职责,消除了城市形象传播的那些不和谐的"噪音",确保了各媒介在进行城市形象传播时的传播信息的一致性[①]。

但是,这一做法在大量新媒体出现后遇到了巨大挑战。传播技术的发展带来了媒体多元化和传播渠道的多样化,传统媒体原有的受众日趋分散化,信息传播的方式越来越多,传播的速度越来越快,传播的内容越来越丰富,传播的精度也越来越高,新媒体环境全方位、立体式、互动性的传播让"把关人"无所适从。

一、品牌接触形式多元化的压力

随着信息高速公路的建设和全球信息化的到来, 媒体和传播管道开始走向多元化,媒体数量显著增加,这种增加不仅仅是传统媒体的数量变化,更意味着多种新型媒体的加入。尤其是互联网的崛起,以数字技术为基础的新兴媒体形态正以惊人的速度渗透到人们的生活当中, 人类社会的生存环境在传统的自然环境、社会体制环境之外,又增加了新的信息环境。

信息环境变化中的一个显著特点是信息渠道和信息量大规模地增加,"新的'媒体'或能更有效地和消费者接触的方式不断被创造出来,使得过去以四大传媒为主要广告载体的媒体家族变得种类繁多、日益复杂"[②]。与此相对应,在信息

---

① 刘慧.新媒体环境下南京城市形象的媒介传播策略[J].今传媒,2012(7):23−25.

② 蔡勇.简单:整合营销传播的一个关键词——理论模式及运用[M].北京:中国传媒大学出版社,2008:14.

传播过程中来自各方面的噪音也明显增加，复杂的渠道能否生产出简单一致的信息内容成为当下营销传播中的一大难题。新兴媒体的产生与活跃、传播通路的激增、海量信息的堆积以及表达意见的莫衷一是，这便是现阶段传播力量构建所面对的社会语境。

公众接触信息的渠道千差万别，对不同来源的信息的信任度及认知反应也不同，单纯依靠某种传播手段不足以覆盖绝大多数的目标受众，而且任何一种传播手段都有其传播方式和传播效果的局限性。"随着传播媒介和产品的不断增加，在这个语境中充斥着一片嘈杂的声音，但是消费者的大脑对于这些信息的处理能力是有限的，当信息不断地以各种方式爆炸时，市场的噪音也就显得越来越嘈杂。"①对城市形象传播者而言，新媒体环境给城市形象传播带来了诸多挑战：如何最广泛地综合利用各种媒体形式和传播渠道，如何让受众在各种接触通道上接受到一致的形象信息，这都是当前媒介环境下必须认真考虑的问题。

二、长尾媒体威力日渐显现

美国《连线》杂志总编辑克里斯·安德森(Chris Anderson) 于 2004 年底提出了长尾理论，其在《长尾理论》一书中指出，如果你只有那些聚集于头部的(畅销)商品，你会很快发现，顾客需要更多的东西而你却无法提供。如果你只有那些埋伏在长尾上的(小众)商品，你会发现顾客们根本不知道从哪里开始。长尾理论可以浓缩为简单的一句话：我们的文化和经济重心正在加速转移，从需求曲线头部的少数大热门(主流产品和市场)转向需求曲线尾部的大量利基产品和市场②。在一个没有货架空间限制和其他供应瓶颈的时代，面向特定小群体的产品和服务可以和主流热点产品具有同样的经济吸引力。实际上，城市形象传播也同样面临着类似的境遇，由于成本和效率的因素，过去传播者只能关注曲线头部的畅销媒体、大众媒体，即所谓的"短头媒体"③。

但问题在于，以往以大众媒介作为主要载体的广告模式效益日渐下降，广告边际效益递减的主要原因就在于媒体和信息的多元化：一体化的市场格局使众多品牌在共同市场上处于平等竞争地位，品牌与品牌之间的信息干扰也降低了消费者的认同度。在短头媒体市场上，诸多城市传递的是相同的城市特性、相近的市场定位、相似的广告信息，城市形象同质化程度严重，公众面对短头媒体上

① 蔡勇.简单：整合营销传播的一个关键词——理论模式及运用[M].北京：中国传媒大学出版社,2008：
　　64.
② [美]克里斯·安德森.长尾理论[M].乔江涛,译.北京：中信出版社,2006：35.
③ 江岩.长尾媒体——一种媒体分类的全新视角[J].东京文学,2010(4)：192.

铺天盖地的城市形象广告,逐渐开始产生免疫抗体。即便如此,稀缺的广告媒体资源还是引发了传播成本的迅速攀升,而众多中小城市必然在短头媒体的集中市场竞争中处于劣势。实际上,公众要求更多的是个性化的需求,他们需要量身定做的广告信息,这一点在短头媒体上基本难以实现。"长尾的意义无非就是无限的选择。充足、廉价的传播渠道意味着丰富、廉价和无穷无尽的品种——也就意味着消费者们的兴趣可能会像产品种类一样分散。"①

长尾理论揭示了这么一个基本原理:只要渠道足够大,非主流的、需求量小的商品销量也能够和主流的、需求量大的商品销量相匹敌。所有小众和非主流的市场累加起来就会形成一个比主流市场还大的市场,这些少量的需求会在需求曲线上形成一条长长的"尾巴",实现小众的极大数量。长尾理论被认为是对传统的"二八定律"的彻底叛逆,它指出了处于需求曲线尾部无限延展的那部分称之为长尾媒体实际上是一股不可小觑的力量,它的影响力和经济效益都十分可观。

"广义来说,长尾是丰饶世界的一种现象。我们有充足的货架空间,充足的流通渠道,充足的选择。"②长尾媒体对城市形象传播而言,不仅仅是一个个有利可图的利基市场,更为重要的是,它可以帮助传播者规避版面的争夺,同时给受众提供一个无限选择的天堂。大众媒体的碎片化与新媒体的长尾化毫无疑问对城市形象传播带来了直接冲击。在新的媒体环境下,如何把握好长尾媒体,提高传播效果,降低传播成本,是传播者不得不面对的又一个挑战。

三、形象认知的重要性超过事实

过去的习惯是以事实为最终决策依据,把客观对象作为判断的标准。但是,伴随着图像传播的盛行与近似文盲的出现、媒介数量的增加和受众的细分化,信息和竞争的多元化不断扩散,消费者在作出决策时,这一模式受到了巨大的挑战。"消费者在势如洪水般的信息中十分茫然,他们没有时间去仔细对各种信息进行处理,只能蜻蜓点水,把有意或无意所获取的零零碎碎的信息组合起来,形成某种知识,然后根据这种知识对产品作出判断。"③整合营销传播之父舒尔茨在其著作中提出了认知(Perceptions)的重要性远超过事实(Facts)的观点:事实上,消费者在做购买决定时,愈来愈依赖认知而非事实,他们作购买决策的根据往往是他们自以为重要、真实、正确无误的认知,而不是具体的、理性的思考或斤斤计较后的结果④。

---

① [美]克里斯·安德森.长尾理论[M].乔江涛,译.北京:中信出版社,2006:163.
② [美]克里斯·安德森.长尾理论[M].乔江涛,石晓燕,译.北京:中信出版社,2009:184.
③ 丁俊杰,张树庭.广告概论[M].北京:中央广播电视大学出版社,1999:77-78.
④ [美]唐·舒尔茨,史丹立·田纳本,罗伯特·劳特朋.整合行销传播[M].吴怡国,钱大慧,林建宏,译.北京:中国物价出版社,2002:35.

公众对城市形象的认知过程存在"先入为主"与"既成事实"效应。公众对城市形象认知过程中的"先入为主"与"既成事实"效应，是指公众对某一城市的形象认知更倾向于接受最先被其所感知并且接受的印象，这一认识一经确立就会成为一种顽固的"既成事实"，不会轻易动摇，而且会在一定程度上拒绝或是降低其对城市形象真实状况的感知。传播赋予了公众对城市形象的先验认知，这种先验认知实际上就是符号学中所言的超真实：由传播符号所构建的真实比存在的真实还要"真实"，还要令人信服。公众更加愿意相信头脑中接受到的城市形象，而不再关心真正的城市形象本源如何。从这一点上说，公众对城市形象的认知已经不再是对真实城市形象的模拟，它甚至可以"无需原物"，而是通过传播来生产真实。

我们生活在一个事物的传播形象和实际形象分离的时代，在今天的传播实践中，能打动人们的形象往往是在原有功能基础上开发新价值点的形象，即体现附加价值的事物形象。"我们关于这个世界的心像，本应源自大千世界这个第一自然，但在当前高度发达的信息环境下，却成为了由传播所建构的第二自然的图景的产物。"[1]因此，城市形象传播的核心任务就是要建立能体现城市独特核心价值的传播形象，并促成目标受众在与城市的沟通中对这一形象产生认知进而认同。在新的媒体环境下，如何使城市形象内涵传播进一步深化，即通过策划城市活动等多种形式赋予城市形象有新意的价值点和新体验的联想，与此同时，又如何使城市形象的认同范围最大化，即通过接触点的有效管理以扩大受众面和加深对受众的影响力，对于城市形象传播者而言，同样是不可回避的巨大挑战。

第三节　整合营销传播理论在城市形象传播中的运用

一、整合营销传播理论基础

（一）整合营销传播理论溯源

整合营销传播理论(Integrated Marketing Communication, IMC)，兴起于商品经济发达的美国，是20世纪90年代以来在西方风行的营销传播理念和方法。整合营销传播领域的开山之作是由美国西北大学知名教授舒尔茨(Don E. Schultz)与田纳本(Stanley Tannenbaum)、劳特朋(Robert Lanterborn)在1993年合著的《整合营销传播》(Integrated Marketing Communications: Putting It Together and Making It Work)[2]。

---

① 杨钢元.形象传播学[M].北京：中国人民大学出版社，2012：25.
② 高萍.广告策划与整合传播[M].北京：中国传媒大学出版社，2007：13-14.

"整合营销传播"（IMC）一词最早出现于 20 世纪 80 年代中期的美国广告公司，"20 世纪 80 年代，众多公司意识到了战略性整合促销工具的必要性。它们开始尝试利用整合营销传播（IMC），即协调各种有利于沟通消费者的促销要素和营销行为"①。

美国广告代理商协会（4A）在 1989 年对整合营销传播下了一个定义，这也是第一个关于整合营销传播的正式定义，来自于美国西北大学发起的、由 4A 协会赞助的在 1989 年对全美广告代理公司所进行的"关于 IMC 的定义被理解程度和被应用程度"的一个调查。美国广告代理商协会将整合营销传播定义为：整合营销传播是一种从事营销传播计划的概念，确认一份完整透彻的传播计划，这个计划应该评估不同的传播技能，如广告、直复营销、促销活动与公共关系在策略中所扮演的角色，并将之整合，提供清晰一致的信息，以符合最大的传播效益②。

1991 年，美国西北大学的舒尔茨教授和他的同事们为整合营销传播下了一个定义：整合营销传播是对顾客或潜在顾客所能接触到的所有产品或服务信息源的处理过程，它促进顾客的购买行为并保持顾客忠诚度③。1993 年，舒尔茨又给出了一个 IMC 定义：整合营销传播是一个通过长期发展和应用对顾客和潜在顾客多种形式的说服性项目的过程④。

唐·E·舒尔茨和海蒂·舒尔茨夫妇在 1998 年修正了整合营销传播的定义：整合营销传播是一个业务战略过程，它是指制定、优化、执行并评价协调的、可测度的、有说服力的品牌传播计划，这些活动的受众包括消费者、顾客、潜在顾客、内部和外部受众及其他目标⑤。

与舒尔茨一起被誉为"整合营销传播学说的两座山头"的汤姆·邓肯也于 1992 年、1994 年和 2001 年先后三次给出过整合营销传播的定义。邓肯对整合营销传播的最新定义是："简单地说，整合营销传播是一个提高品牌价值、管理顾客关系的过程。更具体点，就是通过战略性的控制或影响相关团体所接受到的信息，鼓励数据发展导向，有目的地和它们进行对话，从而创造并培养与顾客和其

---

① [美]乔治·贝尔齐，迈克尔·贝尔齐.广告与促销——整合营销传播视角[M].张红霞，庞隽，译.北京：中国人民大学出版社，2006：10.

② 卫军英.整合营销传播：观念与方法[M].杭州：浙江大学出版社，2005：109.

③ Duncan，T.，Kaywood，C.The Concept，process，and evolution of integrated marketing communications [J]. Journal of Advertising Research，1993(3)：30~39.

④ Schultz D.，Schultz H..Integrated Marketing Communications：Maybe Definition Is in the Point of View[J]. Marketing News，1993，27(2)：17.

⑤ Schultz，D.，Schultz，H..Transitioning marketing communication into the twenty-first century [J].Journal of Marketing Communications，1998(1)：9~26.

他利益相关者之间可获利关系的一个跨职能的过程。"①

进入21世纪以来,营销环境发生了变化,从对整合营销传播理论发展做出卓越贡献的两位学者——舒尔茨和邓肯对整合营销传播的理解上看,研究者们对IMC的理解也发生了变化。舒尔茨认为,整合营销传播是发展和实施针对现有和潜在客户的各种劝说性沟通计划的长期过程,其运用与现在和潜在的客户有关并可能为其接受的一切沟通形式,整合营销传播的过程是从现有或潜在客户出发,反过来选择和界定劝说性沟通计划所采用的形式和方法。邓肯认为,整合营销传播是一个运用品牌价值管理客户关系的过程,即交叉作用过程,通过战略性的传递信息、运用数据库操作和有目的地对话来影响顾客和关系利益人,与此同时也创造和培养可获利的关系。

显而易见,舒尔茨和邓肯关注整合营销传播的角度是不尽相同的,舒尔茨更侧重于从操作层面上对整合营销传播加以界定,而邓肯最大的贡献在于将品牌关系确定为整合营销传播的核心价值追求,并在此基础上提出了关系利益人的概念,围绕着品牌关系和关系利益人提出了一系列原则和方法。

(二)整合营销传播的内涵与本质

整合营销传播是以消费者为中心,建立在对消费者的深入了解基础上的一种传播方法,它将所有的营销传播手段协调、统一起来,向目标受众传递统一的说服性信息,在企业与消费者间建立一种独特的关系,从而达到企业的目标。从本质上讲,整合营销传播就是研究如何向别人有效和高效地传递信息,以致最终改变人的认识和行为的理论。为了达到"有效",就必须了解对方想了解什么信息,什么样的信息最容易使其接受,并最终影响到其行为的产生。为了达到"高效",就必须把多种传播方式、手段整合起来,达到传播的最佳效果。具体来说,整合营销传播就是解决"对谁传播"、"传播什么"、"怎么传播"、"在何时、何处传播"以及"如何使传播更为有效"等一系列问题。

整合营销传播的中心思想是:围绕品牌,发出同一个声音,组合并协调使用各种营销传播工具来满足顾客需求,以建立、维护和发展与顾客之间的长期关系为整合营销传播的目的。其内涵具体表现在以下三个方面:

1. 以消费者为导向

整合营销传播不仅仅是做加法,如同奥美广告公司所述的"不同的乐器,必要时能够一起合奏,并且演奏出悦耳的和谐之音",整合营销传播的创新在于更

---

① [美]汤姆·邓肯.整合营销传播:利用广告和促销建树品牌[M].周洁如,译.北京:中国财政经济出版社,2004:8.

彻底地转向消费者导向①。在整合营销传播中，一切工作都要以消费者为中心，一切传播活动均是为消费者服务，这是整合营销传播与传统营销传播的本质区别所在，也是企业与顾客建立长期品牌联系的根源。舒尔茨先提出以 4Cs 替代 4Ps，之后又进一步提出 5Rs 理论，从这一进程中可以看出顾客价值越来越受重视，营销的方向出现由外到内的转变。

整合营销传播特别注重建立消费者资料库，消费者资料库被认为是整合营销传播活动的起点。借助资料库的信息充分掌握消费者、潜在消费者使用产品的历史，了解他们的价值观、生活方式、消费习惯、接触信息的时间、方式等等，分析、预测他们的需求，由此确定传播的目标、渠道、信息等，真正做到针对不同的消费群体采取相应的策略。

2. 全方位的传播整合

整合营销传播提出了接触的概念，按照舒尔茨等人对"接触"的定义：凡是能够将品牌、产品类别和任何与市场有关的信息等资讯，传输给消费者或潜在消费者的"过程与经验"，都可称为接触。在传统营销传播看来，接触更多地局限在媒介信息的接受上，但是在整合营销传播理论看来，可以给予消费者相关信息的"过程与经验"的非媒介接触方式可谓成百上千，很多情况下，这些方面的接触影响甚至要远远大于媒体接触的影响。

在整合营销传播理论提出之前，企业对外的信息传播往往是不统一的，因此各传播接触点信息难免冲突，造成信息传播的紊乱。整合营销传播以一种声音为内在支点，综合协调企业在各种活动中信息的一致性，保持用一个声音对外说话。同时，"整合营销传播优化一切可以利用的传媒资源，以整合、优化、合力、一致性、系统性、完整性的形象，对社会各界公众传播一种声音"②。整合营销传播通过各种努力对消费者的多种"经验与过程"给予信息整合，这种全方位的传播整合广泛体现在组织、内容和工具等各个方面。

3. 关系成为终极价值追求

相较于传统的营销传播，整合营销传播的创造性发展，并不在于它对营销传播信息一致性的追求，"整合营销传播的创新之处就在于，它把发展顾客和相关利益者的关系作为自己的价值核心，这种关系形态也就是所谓品牌与顾客之间的关联所在，所以有研究者认为整合营销传播的终极价值追求就是品牌资产构建"③。整合营销传播的最终目的立足于培养消费者价值，通过和客户多渠道沟

---

① [美]唐·舒尔茨,史丹立·田纳本,罗伯特·劳特朋.整合行销传播[M].吴怡国,钱大慧,林建宏,译.北京：中国物价出版社,2002:3.

② 张践.公共关系学[M].第 2 版.北京：中央广播电视大学出版社,2010:321.

③ 卫军英.关系创造价值——整合营销传播理论向度[M].北京：中国传媒大学出版社,2006:119.

通,以期与那些最有价值的消费者保持长久的紧密关系。

不论是舒尔茨还是邓肯,在他们的理论构架中建立稳定关系都被作为整合营销传播的终极追求。为了强化整合营销传播效果,邓肯建议企业在整合过程中要注意三个方面:保证定位一致;加强企业与顾客及其他利益相关者之间有意识的相互作用;在这种关系中积极采取对各方负责的态度。他把整合营销传播努力的目标,界定在加强企业与其他利益相关者之间的关系,进而培植其忠诚,最终形成品牌资产。因此,可以说,整合营销传播就是一个关系传播的过程,其不是通过一两次营销事件仅仅与顾客建立短暂的关系,而是要通过长期积累与顾客建立稳固的、双向的互动关系。

二、城市形象传播中整合营销传播理论运用

整合营销传播的出现是顺应营销传播环境变化的必然。媒体种类和数量上升导致单一媒体的受众数量日渐减少,由此造成了单一媒介传播方式的边际效益日渐下降,但与此相对,每一位受众接触的媒介却越来越多,"靠在少数媒体投放广告就可以包打天下的时代一去不复返了,企业必须充分运用所有媒体,传播有关组织形象和某一产品的信息,满足不同类型公众的需要"[①]。

与此同时,消费者的行为模式也发生了巨大变化:消费者已经没有可能去费心判别各类信息,如果传播中所使用的信息未经整合,一旦信息间发生相互矛盾,这些信息就极有可能被消费者漠视。"人类信息传达的自然特质揭示了一个不可辩驳的事实,这就是信息传播过程中为了使信息被接受方更好地理解,多种传播渠道的使用是一种必然的选择;同时在这种传递过程中,特定的信息具有自己不可更改的基本属性,正是这些构成了特定信息内在的必然性关联"[②]。故而,对信息进行有效的整合,是传播环境深刻变化下的形势所需。

(一)城市形象传播整合的必要性

从整合营销传播的角度来看,城市形象的差异化越来越难以创造,公众对于各种资讯的选择性贮存和处理已经成为一个基本的事实,城市形象传播者不得不面临着这样的选择:

首先,不论使用什么媒体工具,城市形象的信息都必须清楚一致。经由多种途径传送的城市形象信息如果相互矛盾,就一定会被公众所漠视。相互矛盾的信息不仅仅是导致传播信息的无效投放,更重要的是其对原有信息体系的冲击和干扰,将严重影响已经获得的传播效果。

① 张践.公共关系学[M].第 2 版.北京:中央广播电视大学出版社,2010:320.
② 卫军英.关系创造价值——整合营销传播理论向度[M].北京:中国传媒大学出版社,2006:44.

其次,如果在传播中所使用的信息未经整合,由于公众在信息处理中会产生矛盾,这些信息很可能就不会被处理,所以传播者必须传递整合信息。当前媒体环境下,世界信息与知识大爆炸导致了信息超载,但受众的注意力资源却是有限的,未经整合的信息已不符合受众的接受心理和解读能力。

再次,因为公众已没有可能去费心判别各类信息,其结果是使城市形象变得更难区隔,所以传播者传递的信息必须清楚、简明,并且有说服性,这也就要求把所有形式的营销传播活动整合起来。由于公众对信息不再有耐心进行细致的辨别,因此信息设计应该是高冗余和低熵值,原因在于,在极其嘈杂的传播渠道中,简单、重复、可预测的信息(冗余)有助于克服噪音的干扰,保证信息传播的畅通。但是也必须注意,当信息通过反复、广泛传播,其冗余度过高会导致所承载的信息量大大减少,受众的反应也会变得近乎麻木,那么就有必要重新设计信息,提高信息熵值以吸引受众的注意。

最后,在实施营销过程中,传播将成为维持关系不可或缺的因素。关系成为城市与公众联系的纽带,任何城市如果与公众没有达成双向沟通,双方的关系就会破裂,公众也就会拂袖而去。城市形象传播的关键,就在于发展与公众之间的互相依赖、互相满足的关系,只有在城市与公众间建立、保持并稳固一种长远关系,才能更好地实现信息及其他价值的相互交换。

如今,国内各大城市纷纷开展了城市形象与城市品牌宣传,但随着城市间形象传播竞争的与日俱增以及形象传播渠道和信息流量的大规模增加, 城市形象传播过程中来自各方面的噪音也明显增加。大流量的信息导致了公众信息接收中的零负反应,公众对城市宣传的广告信息已将信将疑,他们有更多的途径接触城市信息,如媒体报道、上网搜寻、朋友的推荐等。如何以公众感兴趣的方式去接触他们、打动他们并使之信服、记忆是当今城市形象传播面临的严峻挑战。对于城市形象传播而言,与公众的互动沟通越来越重要,但是沟通却变得比以往更加困难。城市形象整合营销传播就是应对当前城市形象传播面临的挑战的产物,其目标是在营销沟通中实现有效传播, 争取在充满干扰的信息海洋中让城市形象能够获得公众的关注,进而赢得理解和认同。

(二)城市形象传播中整合营销传播理论运用

尽管"目前整合营销传播还处于理论前范式阶段,要成为理论范式还有待此领域学者更多的建构、批评和争鸣,直至最终形成科学共同体共有的知识"[①],但实际上,随着整合营销传播理论研究的不断深化,越来越多的实务界人士开始接

---

① 黄迎新.理论建构与理论批评的互动——美国整合营销传播理论研究二十年综述[J].中国地质大学学报(社会科学版),2010(2):76-81.

受并认可这一理论。2001年,威廉姆·斯温考察了美国六大群体(全国性广告代理公司主管、全国性公关公司主管、全国性广告主的企业营销主管、全国性企业公关主管、广告公关营销学界、网络开发商)对整合营销传播的看法,结果显示美国实务界普遍接受整合营销传播这一概念,尽管对整合营销传播的内涵看法还不统一①。

凯奇和舒尔茨对美、英、澳、新、印五国进行了整合营销传播比较研究后得出结论:虽然五国整合营销传播发展成熟度不同,但都已经接受整合营销传播概念了。凯奇因此说:"这样仅仅是十年的时间,整合营销传播概念已经横扫整个星球,并成为一声号角——不仅是营销和营销传播文献,而且成为营销的内在组成部分,甚至是许多公司的传播战略。"②

因此,虽然整合营销传播这一理论公认的操作模式尚未建立,但是整合营销传播作为一种观念,是已经得到营销传播界普遍认同的。整合营销传播提出的"建立可获利的品牌关系、由外向内的传播转向、超越传统媒体时空限制的接触概念"引发了营销传播界认知的革命性变化。整合营销传播强调"传播即营销,营销即传播,二者密不可分"③。卫军英教授在《整合营销传播理论与实务》一书中对这一观点进行了深入的阐释:种种迹象揭示了一个现实,按照消费者需求形成产品、价格、通路和促销信息,这些似乎都不难完成,但是仅仅凭借这些如果没有与消费者实现良好的沟通,营销价值也无法实现。因此,营销在很大意义上取决于传播,正所谓营销即传播,传播即营销。"营销即传播,传播即营销"还意味着,以往在营销专家们看来的各种营销元素,本身也都是传播元素。最直接的就是产品、价格、渠道这些要素,它们不仅本身具有信息构成,而且也是一个传播通道。

根据整合营销传播的这一思想,可以认为,城市形象传播实际上也就是城市形象营销。用商品经营的视角审视城市形象营销,可以发现:在城市形象营销中如果固守传统的营销传播方法,毫无疑问形势将会越来越严峻,而一旦引入整合营销传播观念,城市形象营销将寻找到一片新的"蓝海"。城市形象整合营销传播就是城市通过各种媒介及其他接触方式与城市利益相关者展开对话,并在对话中传递一致的城市形象信息,以达到与之建立和加强互利关系的过程。

城市形象传播的原理和方法与企业(产品)形象传播并无二致,广泛应用于

---

① Swain, W.N.We like it, we're doing it, But do we know what it is (yet)? An exploratory study of integrated marketing communications[J].WJMCR,2001(4):122-140.

② Kitchen, P.J., Brignell, J., Li, T., Jones, G.S. The emergence of IMC:A theoretical perspective[J]. Journal of Advertising Research,2004(1):21.

③ [美]舒尔茨,田纳本,劳特朋.整合营销传播[M].吴怡国,译.呼和浩特:内蒙古人民出版社,1998:69.

企业界并取得丰硕实践成果的整合营销传播理论应用于城市形象传播上，同样可以取得超越传统营销传播模式的巨大收益。

1. 传播形象的统一化

.　　通过持续、一贯、密切、有机和整合的传播活动，不仅仅能够解决以往传播中各自为政、形象打架的问题，更能够促进利益相关者心目中形成统一的、立体的城市形象。城市形象整合营销传播活动能够让利益关系者更为容易地识别信息、理解信息和记住信息，其通过"一种声音"的传播行为，谋求城市形象的统一化。

2. 传播效果的最大化

城市形象整合营销传播通过传播整合最终实现与利害关系者更好、更有效率的沟通。在整合营销传播看来，不论使用什么媒体工具，城市形象的信息必须清楚、简明，并且有说服性，传播者必须传递整合信息以减少公众在信息处理中产生的矛盾，所有这些内在整合要求都确保了传播效果的最大化。

3. 传播费用的最小化

整合营销传播的最大效果是减少生产或流通中的交易费用(Transaction Cost)。许多企业发现，为了减少交易费用而在生产和流通领域减少费用的方法不会有持续的效果，比如即使提高了生产效率，但竞争对手很快会模仿，并且在流通和物流方面进行改良，从而又超过了你，所以减少交易费用的最合理的方法是过程的整合，使所有的利益相关者都可以减少交易费用。城市形象整合营销传播活动也是如此，通过过程整合，可以摆脱传统传播中同质化竞争所带来的成本飙升，达到传播费用的最小化。

第六章

城市形象整合营销传播战略

世界上,有一件事比所有军队都要强大,那便是一种观念的降临。

——维克托·雨果《罪恶史》

　　传播是一个互动的过程,随着计算机技术和互联网技术的发展,受众具备了信息的主动采集和发布、传播的能力,不再是传统媒介环境中的被动状态,而是有了一定的话语权,因此,"受众本位"成为必需①。在新媒体环境中,传播应采取目标受众熟悉的传播手段,传播目标受众关注的内容,才能获取更好的传播效果。"整合营销传播,既是理念又是流程"②,汤姆·邓肯指出,整合营销传播不仅是战略的,也是战术的:一项整合营销项目的成功依赖于创造性过程的两个性质迥异的部分,即战略"消费者想听到什么"和战术"怎么告诉消费者想听到的东西"。

　　以受众为中心是整合营销传播的灵魂与精髓,制定城市形象整合营销传播战略的主要问题在于两个方面:一是确定城市形象整合营销传播的对象,即界定城市形象传播的受众;二是以城市形象整合营销传播界定的受众为中心,确定城市形象传播的定位。从战略上确定对谁传播和传播什么的问题,也是下一步制定整合营销传播战术(如何传播)的前提和准备。

第一节　整合营销传播中的利益相关者

　　品牌与利益相关者的关系好坏直接影响品牌培育效果,而且要更好地创造

---

① 何辉,刘朋.新传媒环境中国家形象的构建与传播[M].北京:外文出版社,2008:143.
② [美]汤姆·邓肯.广告与整合营销传播原理[M].廖以臣,张广玲,译.北京:机械工业出版社,2006:12.

顾客价值,必须依赖其他利益相关者的积极参与、贡献和支持。

——汤姆·邓肯

如果说传统营销的 4Ps 理论体现的是产品导向而非消费者导向, 那么以 4Cs 理论为基础的整合营销则完成了从对企业到消费者的关注转变:"4Cs 强调企业一切经营活动必须以顾客满意最大化、顾客成本最小化、购物便利化,以及沟通有效性为目标,即企业必须能够经济方便地满足顾客需要,同时和顾客保持有效的沟通。"①4Cs 理论实现了营销传播从"由内而外"到"由外而内"的历史性变革,作为对 4Cs 理论的发展和补充,舒尔茨又进一步提出了 5Rs 理论,进一步突出了顾客的核心地位, 强调了创造与传递顾客价值对于股东价值及经济利润的实现具有决定性作用,以受众为中心成为整合营销传播的精髓所在。

一、利益相关者理论

利益相关者理论(Stakeholder Theory)是 20 世纪 60 年代左右在西方国家逐步发展起来的,其产生既是对传统主流企业管理理论"股东至上主义"的一种理论反思,又是对西方社会所掀起的一系列社会责任运动的理论回应。1963 年,斯坦福研究院(Stanford Research Institute)首先明确提出利益相关者概念,认为利益相关者是指那些没有其支持,组织就无法生存的群体,包括股东、雇员、顾客、供货商、债权人和社会。1965 年,美国学者安索夫(Ansoff)最早将该词引入管理学界和经济学界,认为要制定出一个理想的企业目标,必须综合平衡考虑企业的诸多利益相关者之间相互冲突的索取权,他们可能包括管理人员、工人、股东、供应商以及分销商。

利益相关者概念源于"Stake"一词,Stake 中所包含的利益(Interests)和主张(Claims),既指某种利益或份额,同时也指对某种权利的主张(法律权利和道德权利)。有关利益相关者概念的表述很多,其中弗里曼与克拉克森的表述最具代表性。弗里曼是采用利益相关者理论研究企业社会责任问题的首创者,他在《战略管理:一种利益相关者的方法》一书中提出:利益相关者是能够影响一个组织目标的实现,或者受到一个组织实现其目标过程影响的所有个体和群体。卡拉克森则是在实证研究上从利益相关者管理角度来衡量企业社会表现的第一个,他认为,利益相关者是那些已经在企业中投入了一些实物资本、人力资本、金融资本或一些有意义的价值物,并因此承担了一些形式的风险,或者说因企业活动而

---

① Robert Lauterborn.New Marketing Litany:4P's Passe;C Words Take Over ［J］.Advertising Age,1990(10):26.

承担风险的组织和个人。

利益相关者理论的研究分为三个阶段,即"影响企业生存"、"实施战略管理"和"参与所有权分配"①。利益相关者的"影响企业生存"阶段,学者们主要强调把利益相关者理解为企业生存的必要条件,研究的重点问题是利益相关者是谁、利益相关者参与的基础和合理性问题;利益相关者的"实施战略管理"观点强调利益相关者在企业战略分析、规划和实施中的作用,侧重于从相关利益主体对企业影响的角度定义利益相关者,强调企业战略管理中的利益相关者参与;利益相关者的"参与所有权分配"观点集中于管理层到底应该向股东还是所有利益相关者负责,也就是说利益相关者是否可以分享企业的所有权的问题上。不同利益相关者理论研究阶段的主要特征如表6-1所示。

表6-1 利益相关者理论研究三个阶段的主要特征

三个阶段	年代	观点	代表人物
影响企业生存	20世纪60年代至80年代	利益相关者是企业生存的必要条件,是互相依存的关系	SRI; Rhenman;Ansoff; Pfeffer,Salanci
实施战略管理	20世纪80年代至90年代	强调利益相关者在企业战略分析、规划和实施中的作用	Freeman,Bowie,Goodpaster; Alkhafaji
参与所有权分配	20世纪80年代中期至今	利益相关者应当参与对公司所有权的分配	Blair mitchell, Agle, Wood; Donaldson, preston; Jones; Wicks,Clarkson

二、利益相关者理论在整合营销传播中的应用

利益相关者理论作为一种典型的管理理论被广泛应用于经济领域,同时也在其他领域不断推广。20世纪90年代,邓肯将利益相关者理论引入到整合营销传播领域(国内翻译上有些学者称之为关系利益人或相关利益者),他认为,整合营销传播指企业或品牌通过发展与协调战略传播活动,使自己借助各种媒介或其他接触方式与员工、顾客、投资者、普通公众等关系利益人建立建设性的关系,从而建立和加强他们之间的互利关系的过程。

按照整合营销传播观点,品牌资产归根结底就是顾客和其他利益相关者与品牌之间所表现的一种关系方式。邓肯指出,品牌是客户和其他利益相关者感知一个品牌时所产生的信息和体验的综合,真正的品牌其实是存在于利益相关者的内心。来自各种相关利益者的支持程度越深、范围越广,该品牌就会越强大。品牌的股票价格由顾客而定,即以顾客忠诚度为基础;同样,品牌的价值以公司利

---

① 李洋,王辉.利益相关者理论的动态发展与启示[J].现代财经,2004(7):32-35.

益相关者来定，即以不同利益相关者的忠诚度为基础。在此意义上，利益相关者关系就是另一种形式的资本（相对于银行中的资金而言）。关于盈亏状况、销售收益和股价（假定是上市公司）的升降都取决于顾客、股东、媒体、金融界和其他相关利益者行为。①

为了强化整合营销传播效果，邓肯建议企业在整合过程中要注意三个方面：首先，保证定位一致；其次，加强企业与顾客及其他利益相关者之间有意识的相互作用；最后，在这种关系中积极采取对各方负责的态度。他把整合营销传播努力的目标，界定在加强企业与其他利益相关者之间的关系，进而培植其忠诚，最终形成品牌资产。

整合营销传播通过发展与协调战略传播活动，借助各种媒介及其他接触方式与员工、顾客、普通公众等关系利益人建立建设性的、互动的、互利的关系。营销传播过程中涉及的所有方面都可以看作是一个接触点，如企业、受众、媒体、产品、渠道以及包装、设计、广告、公关等等，在这些接触点中有的内涵较为广阔，包含或者相交于其他的接触点，但其他的接触点也是单独存在的。整合的过程，就是在这些相关接触点之间建立及时而且有效的沟通，让这个网状的营销传播环境高效存在并且不断地创造价值。从接触点的角度来理解，利益相关者就是在整合营销传播过程中控制和支配各个接触点的个人或组织。接触点之间的沟通实际上就是各个利益相关者的沟通，整合的过程就是调节利益相关者的过程。

由于每一个利益相关者都会影响到企业或品牌形象的形成，因而协调和利益相关者的关系已经成为整合营销传播活动的核心工作。组织必须强化"以利益相关者为导向"、"利益相关者价值"等理念，积极发展与利益相关者的互动关系，有效利用利益相关者的资源和能力，如消费者的购买欲望和口碑效应、合作者的资源与能力共享、员工的工作热情等等，将利益相关者知识、思想和信息内化为组织资源，促进利益相关者对品牌信任、认同度和满意度的不断提高。

第二节　城市形象传播受众图谱构建

20世纪80年代以后，利益相关者理论影响开始扩大，其促进了企业管理理念和管理方式的转变。利益相关者理论的核心思想是：任何一个企业的发展都离不开各种利益相关者的投入或参与，企业追求的是利益相关者的整体利益，而不仅仅是某个主体的利益。这些利益相关者包括企业的股东、债权人、雇员、消费者、供应商等交易伙伴，也包括政府部门、本地居民、当地社区、媒体、环境保护主

---

① [美]汤姆·邓肯.整合营销传播：利用广告和促销建树品牌[M].周洁如，译.北京：中国财政经济出版社，2004：55.

义等集团,甚至还包括自然环境、人类后代、非人物种等受到企业经营活动直接或间接影响的客体。

一、城市利益相关者

随着利益相关者理论的不断发展和完善,该理论逐渐被用到城市旅游形象研究当中。20 世纪 80 年代中后期,在一些旅游文献中开始出现利益相关者这一词汇,20 世纪 90 年代中后期,这一理论开始引起旅游学者深入的研究和思考。1999 年 10 月,利益相关者这一概念出现在世界旅游组织制定的《全球旅游伦理规范》这一旅游官方文献中。随着该理论在旅游领域应用的日益广泛和深入,旅游理论研究中衍生出了"旅游利益相关者"(Tourism Stakeholder)术语。

利益相关者理论同样能在城市形象传播战略中发挥其指导作用。城市形象是城市利益相关者(City Stakeholder)对城市的整体感知,不同的城市利益相关者比如居民、企业、游客等,由于接触城市的情形不同,对城市的感知也是各不相同的,这些利益相关者对城市的感知汇聚成为城市形象。城市形象传播是个系统工程,它要求在城市形象建设和传播的各方面,都必须充分考虑到城市利益相关者的利益,良好城市形象的创建离不开城市利益相关者整体利益的平衡与促进。

二、城市利益相关者细分

(一)利益相关者细分的多维视角

20 世纪 90 年代,经济学家普遍认识到不同类型的利益相关者对于企业决策的影响以及被企业影响的程度是不同的, 必须从利益相关者与公司关系的不同特征入手,从多个角度对利益相关者进行细分。国内外很多专家和学者采用多维细分法对利益相关者从不同角度对利益相关者进行了划分,弗里曼、弗雷德里克、查克汉姆、克拉克森、威勒等人的利益相关者细分方法较为典型。

弗里曼(Freeman,1984)认为,利益相关者由于所拥有的资源不同,对企业产生的影响也有所不同,他从三个方面对利益相关者进行了细分:一是持有公司股票的一类人,如董事会成员、经理人员等,称为所有权利益相关者;二是与公司有经济往来的相关群体,如员工、债权人、内部服务机构、雇员、消费者、供应商、竞争者、地方社区、管理机构等,称为经济依赖性利益相关者;三是与公司在社会利益上有关系的利益相关者,如政府机关、媒体以及特殊群体,称为社会利益相关者。

弗雷德里克(Frederick,1988)从利益相关者对企业产生影响的方式来划分,将其分为直接的和间接的利益相关者。直接的利益相关者就是直接与企业发生市场交易关系的利益相关者,主要包括股东、企业员工、债权人、供应商、零售商、消费商、竞争者等;间接的利益相关者是与企业发生非市场关系的利益相关者,如中央政府、地方政府、外国政府、社会活动团体、媒体、一般公众等。

查克汉姆(Charkham,1992)按照相关利益群体与企业是否存在交易性合同关系,将利益相关者分为契约型利益相关者和公众型利益相关者。前者包括股东、雇员、顾客、分销商、供应商、贷款人等;后者包括全体消费者、监管者、政府部门、压力集团、媒体、当地社区等。

克拉克森(Clatkson,1995)提出了两种有代表性的分类方法。第一种分类,根据相关群体在企业经营活动中承担的风险的种类,可以将利益相关者分为自愿的利益相关者和非自愿的利益相关者:前者是指在企业中主动进行了物质资本或人力资本投资的个人或群体,他们自愿承担企业经营活动给自己带来的风险;后者是指由于企业的活动而被动地承担了风险的个人或群体。换言之,克拉克森认为利益相关者就是“在企业中承担了某种形式的风险的个人或群体”。第二种分类,根据与企业联系的紧密程度,将利益相关者分为主要的利益相关者和次要的利益相关者:前者是指这样一些个人和群体,倘若没有他们连续性的参与,公司就不可能持续生存,包括股东、投资者、雇员、顾客、供应商等;后者是指这样一些个人和群体,他们间接地影响企业的运作或者受到企业运作的间接影响,但他们并不与企业开展交易,对企业的生存也不起根本性的作用,比如媒体和众多的特定利益集团。

卡罗(Carroll,1996)提出了两种分类方法。一种是根据利益相关者与公司关系的正式性,区分为直接利益相关者和间接利益相关者,前者是由于契约和其他法律承认的利益而能直接提出索取权的人或团体,后者是基于非正式关系的利益团体,他们对公司的影响是次要的。第二种分类是将利益相关者区分为核心利益相关者、战略利益相关者和环境利益相关者。核心利益相关者是对企业存在生死攸关的人或团体,战略利益相关者是企业在面对特定的威胁或机会时才显得重要的人或团体,而环境利益相关者则概括了企业存在的外部环境。

威勒(Wheeler,1998)则将社会性维度引入利益相关者的界定中。他认为有些利益相关者是有社会性的,即他们与企业的关系直接通过人的参与而形成;有些利益相关者却不具有社会性,即他们并不是通过“实际存在的具体的人”与企业发生联系,比如恶化的或改善的自然环境、人类的后代、非人物种等。根据社会维度的紧密型差别,将利益相关者分为四种:一级社会性利益相关者,是指与企业有直接关系的社会人,如顾客、投资者、雇员、社区、供应商等;二级社会性利益相关者,是指通过社会性活动与企业形成间接关系的社会群体,如居民、相关团体等;一级非社会性利益相关者,是指对企业有直接的影响,但不与具体的人发生联系,如自然环境、人类后代等;二级非社会性利益相关者,是指对企业有间接关系,同时也不与人联系,如非人物种等。

(二)城市利益相关者细分

在整合营销传播看来,目标受众的范围不只局限于既有或潜在的消费者,也不只限于最终用户消费者,它包含了所有被选定的定向目标受众群。城市形象传播中营销传播的目标对象过于庞杂,因此必须找到对城市形象认知和评价有较大影响力的人。对任何的营销传播策划来说,尝试去有力地影响这些人的看法都是明智的做法①。

美国杜克大学富奎商学院凯文·莱恩·凯勒(Kevin Lane Keller)教授在他所著的《战略品牌管理》一书中是这样定义城市品牌的受众:市民、游客、企业经营者、高级人才、政府官员、行业协会、投资机构等。这些受众可以划分为两类:一类是居住在本地的市民,也就是内部受众;另一类是旅客、投资人、商旅投资者,为外部受众。广义上说,具有特定意义的"受众"即利益相关者都是构成城市形象评价的主体。狭义上说,"城市品牌传播的目标受众是旅游者和商务人士。如何吸引他们到城市来,并为城市带来经济价值,是城市品牌形象传播工作的核心任务"③。

城市形象是存在于内外部公众心目中的整体评价,在城市形象传播实践中,若将受众范围界定为旅游者和商务人士,范围将过于狭隘,但如果将城市形象传播的受众界定为社会大众,则有宽泛难以把握之虞。要进行城市形象的传播,必须先对城市形象传播的受众进行整合。参考弗里曼、弗雷德里克、查克汉姆等人的细分思想,我们将城市形象传播的对象初步整合界定为核心受众和战略受众。

1. 城市形象传播的核心受众

城市形象传播的核心受众即能直接改变城市形象的受众,特指生活在城市的常住个体(通常指在某一地区连续居住六个月以上)和设立在该城市的各类组织。核心受众是城市形象传播的内部受众,可以是个人受众也可以是组织受众。核心受众有三个特点:首先,他们参与城市的建设与发展,其行动能改变城市的形象;其次,这些受众本身也是城市形象的一个组成部分;最后,这些受众也是城市形象传播的中介,能够通过人际传播、组织传播等各种渠道形式将城市形象进行传播扩散。

2. 城市形象传播的战略受众

城市形象的战略受众即间接改变城市形象的受众,特指核心受众以外能够

---

① [英]大卫·佩克顿,阿曼达·布劳德里克.整合营销传播[M].王晓辉,霍春辉,等,译.北京:经济管理出版社,2009:272.

② 范红.城市形象定位与传播[J].对外传播,2008(12):34.

对城市形象产生影响的受众。间接受众是城市形象传播的外部受众,可以是国内的也可以是国外的。这些受众或是通过旅游、商务等直接接触活动对城市施加影响,抑或是通过媒体、人际等方式了解城市后给予城市评价。战略受众的特点是,他们虽然不直接参与城市的建设和维护,但是其通过对城市展开评价、发表观点,最终成为了城市形象变革乃至重塑的重要力量。

三、城市形象传播受众图谱

(一)米切尔评分法

美国学者米切尔和伍德 (Mitchell & Wood, 1997) 提出了一种评分法 (Score-based Approach)界定利益相关者,改变了其他细分方法缺乏可操作性的弊端,能够用于判断和界定企业的利益相关者,操作起来比较简单,从而大大推进了利益相关者理论的应用与实践。

米切尔评分法将利益相关者的界定与分类结合起来。首先,企业所有的利益相关者必须具备以下三个属性中至少一种——合法性 (Legitimacy)、影响力 (Power)以及紧迫性(Urgency)。合法性即某一群体是否被赋有法律上的、道义上的或者特定的对于企业的索取权;影响力即某一群体是否拥有影响企业决策的地位、能力和相应的手段;紧迫性即某一群体的要求能否立即引起企业管理层的关注。米切尔认为如果要成为企业的一个利益相关者,就至少要符合一条属性,否则就不能成为企业的一个利益相关者。

接着,可以从三个属性上对可能的利益相关者进行评分,然后根据分值的高低来确定某一个人或者群体是不是企业的利益相关者,是哪一类型利益相关者。米切尔评分法将利益相关者细分为决定型利益相关者（Definitive Stakeholders）、预期型利益相关者(Expectant Stakeholders)和潜在型利益相关者(Latent Stakeholders),如表6-2所示。

表6-2　米切尔评分法

利益相关者细分	属性	合法性	影响力	紧迫性
决定型利益相关者		√	√	√
预期型利益相关者	主要的利益相关者	√	√	
	依靠的利益相关者	√		√
	危险的利益相关者		√	√
潜在型利益相关者	可自由对待的利益相关者	√		
	蛰伏的利益相关者		√	
	苛求的利益相关者			√

米切尔评分法的提出大大改善了利益相关者界定的可操作性，极大地推动了利益相关者理论的推广应用，并逐步成为利益相关者的界定和分类最常用的方法。但需要特别注意的是，米切尔关于利益相关者的分类是动态的，在区分了不同类型的利益相关者之后，"动态发展"就体现在利益相关者如何因为某些属性的获得或丧失而改变了利益相关者的特征，例如预期型利益相关者如果政治或经济环境的变化使他们的要求显得更加紧迫，那么他们就会转化成为决定型利益相关者。

（二）城市形象传播受众图谱

米切尔明确指出，有两个问题居于利益相关者理论的核心：一是利益相关者的确认(Stakeholder Identification)，即谁是企业的利益相关者；二是利益相关者的特征(Stakeholder Salience)，即管理层依据什么来给予特定群体以关注。按照米切尔评分法的思想，城市利益相关者的确定可以从合法性、影响力和紧迫性三个属性上对可能的利益相关者进行评分开始，然后根据分值的高低来确定某一个人或者群体是不是城市的利益相关者，是哪一类型的利益相关者。

谁是城市的利益相关者？简而言之，城市利益相关者就是与城市有一定关系的组织群体和个人，地方政府、媒体、公众利益群体、政党和宗教群体、旅游者、投资者等等都是城市利益相关者。管理层依据什么来给予特定群体以关注？菲利普·科特勒在研究地区形象的营销时，曾提出一个地区具有七类应该重视的营销对象，即新居民、观光者、工厂工人、公司总部、小企业主、投资商和产品采购员，科特勒认为这七类人员非常重要。

但实际上，"出人意料的是，多数政府都没有一个关于各类主要受众的图谱：贸易伙伴、出口市场、政治盟友、文化伙伴、游客来源地、人才来源地，以及投资来源地等等"①。为了更好地把握城市形象传播的对象，明确城市形象传播的重点，本书通过米切尔评分法对城市形象传播受众进行了细分，并在此基础上构建了城市形象传播受众图谱。

米切尔评分法从合法性、影响力和紧迫性三个属性来对相关群体和个人进行评价，从而确定其属于哪一类型的利益相关者。按照米切尔评分法的思想，像地方政府、城市居民、当地企业等都可以划入决定型受众，他们位于城市利益相关者的核心层；旅游者、商务人士、非本地媒体等都可以划入预期型受众，他们位于城市利益相关者的战略层；外地普通市民、与城市无业务往来的外地企业和社

---

① [美]西蒙·安浩.铸造国家、城市和地区的品牌：竞争优势识别系统[M].葛岩，卢佳杰，何俊涛，译.上海：上海交通大学出版社,2010:64.

会组织等都可以划入潜在型受众,他们位于城市利益相关者的延展层。基于米切尔评分法的城市形象传播受众细分如表 6-3 所示。

表 6-3　基于米切尔评分法的城市形象传播受众

受众细分	层次	特点	构成
决定型受众	核心层	既是城市形象的建设者又是城市形象的传播者,是管理和享有城市形象资产的内部公众	政府官员、专家学者、新闻记者、企业家、普通市民等个体公众;政府部门、事业单位、企业、社会组织等组织公众
预期型受众	战略层	与城市有经济、科技、文化、教育、体育、学术等往来,易对城市形象进行二次传播的外部公众	旅游者、商务人士、公务人员、外来非常住人员等个体公众;外地新闻媒体、有业务往来的企业、友好城市的政府部门等组织公众
潜在型受众	延展层	与城市无直接交易往来,主要通过大众媒体、口碑传播等形式与城市产生接触的外部受众	与城市无直接往来的个体公众;与城市无直接往来的组织公众

决定型受众是城市形象传播的核心层受众,对城市形象产生最直接影响,在城市形象传播活动中,必须充分考虑到他们的利益,他们不仅仅是城市形象的传播者,更是城市形象的建设者,其管理和享有城市形象资产。决定型受众既包括官、产、学、民、媒等个体公众,也包括政府、企业等在内的组织公众。

在核心层之外的战略层受众是预期型受众,是指那些在特定时间和空间能直接给城市形象传播带来机会和威胁的利益相关者。预期型受众并不单纯地等同于次要利益相关者,他们所具有的现实与潜在的巨大影响力,对城市形象传播有着重要影响,是与城市有经济、科技、文化、教育、体育、学术等往来,易对城市形象进行二次传播的外部公众的集合。

城市形象传播受众最外层是潜在型受众,他们是城市形象传播的延展层,这部分受众与城市无直接交易往来,缺少对城市的直接亲身感受和体验,他们对城市的印象更多地来自媒体报道、第三者转述等各种间接接触形式,因此,他们通常是城市形象传播的纯粹受众。虽然潜在型受众对城市形象传播影响较小,但其对城市形象建设而言却是不可或缺的,其为城市形象建设和传播提供了广阔的发展空间。

根据上述分析结果我们可以构建城市形象传播受众图谱,如图 6-1 所示。

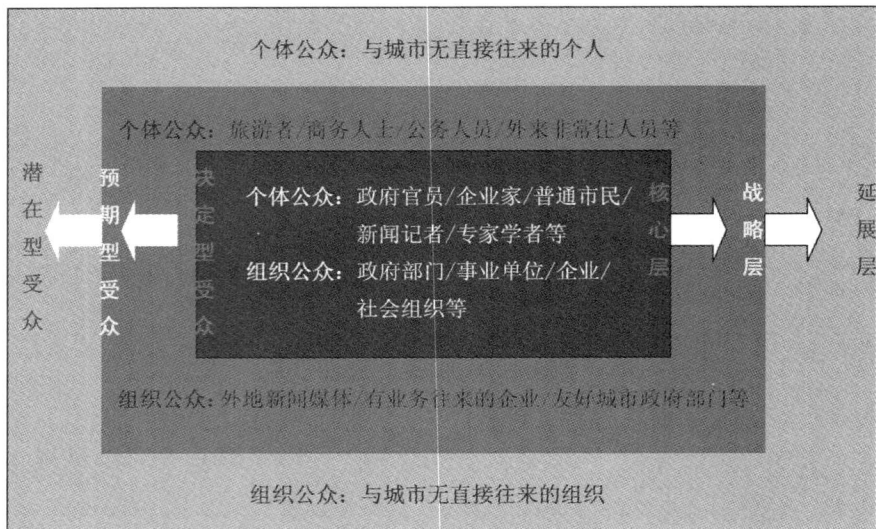

图 6-1 城市形象传播受众图谱

城市形象传播受众由核心层受众、战略层受众和延展层受众所构成,他们分别是决定型受众、预期型受众和潜在型受众,核心层受众和战略层受众是城市形象传播的重点。值得注意的是,不同层次的受众都处于一种动态变化中,如与城市无直接往来的个人通过旅游、商务等方式与城市产生直接联系后就会跃升为战略层受众,而商务人士、外地企业也可能通过定居、投资等方式成为核心层受众。

城市形象传播受众图谱只是一种范式意义上的工具图谱,在实际运用过程中,各城市必须根据自身情况将这一图谱落实细化,如针对预期型受众就需要进一步明确游客来源地、投资来源地等等。城市形象传播者只有明确目标市场所在,把握住"正确"的受众,清楚地了解不同的受众特征,并充分把握他们的当前状态和发展趋势,才能制定和实施相应的策略,以达到城市形象的有效传播。

第三节 基于受众感知的城市形象评价指标体系

当今社会有两大超级权力机构,那就是美利坚合众国和穆迪评级。美利坚合众国用炸弹摧毁你,穆迪通过降低债券评级毁灭你。

——托马斯·弗里德曼

在整合营销传播理论看来,受众是一切营销传播工作的起点。在城市形象传播中,受众同样是处于中心地位。把握好城市形象传播的受众,不仅能帮助传播者更好地认清当前城市形象面貌，更能够发现城市形象传播中存在的问题，从而为城市形象传播的效果提升奠定基础。科学的城市形象定位是城市形象传播的基础，而对受众的深入研究则是城市形象定位的前提。通过利益相关者理论，我们首先明确了城市形象传播的对象，但更为重要的是，还必须进一步了解这些受众是如何理解和评价城市形象的。也就是说，要找出城市的哪些特征在这些受众心目中占据分量，这将为城市形象定位和城市形象传播内容选择提供理论依据。

城市形象是一座城市内在历史底蕴和外在特征的综合表现，是城市总体的特征和风格。城市形象既是一种客观的社会存在，又是一种主观的社会评价。城市形象一方面是城市的内在素质和文化底蕴在外部形态上的直观表现，另一方面，城市形象又是城市内外公众对城市作出的总体的、抽象的、集中的概括和评价，公众的看法和评价直接影响着城市的形象并制约着城市的生存与发展。城市形象具有综合性、相对稳定性、可变性、长期性、时代性、特色性、多样性、标识性、公益性等特征，影响城市形象的因素包括政治、经济、社会、文化等诸多方面。要提升城市形象，首先必须明确城市形象的构成要素，原因在于，只有明确了城市形象的构成要素，我们在城市形象传播中才能够突出重点、有的放矢，取得事半功倍的效果。

一、城市形象评价和城市竞争力评价辨析

城市竞争力的概念于 20 世纪 80 年代中后期提出，现已被世人广泛关注。一般说来，城市竞争力是指在社会、经济、文化、环境等各个方面综合运用各种指标反映出来的城市吸引、促进、获取、利用各种资源而进行自身发展的能力[1]。城市竞争力强调与其他城市横向比较和城市之间相互的作用力，是相对的、动态的指标，它包含了着眼于城市自身纵向对比的静态指标——城市综合实力。

城市综合竞争力是一个综合概念，指的是一个城市多快好省地创造财富的能力。它是一个包含城市综合增长、经济规模、经济效益、发展成本、产业层次、生活质量和幸福等多个维度的综合指数。[2]城市本身是一个复杂的系统，因此城市竞争力也是一个多元性的指标体系，各分项指标间既存在着差异性，也存在着互补性。

波特在研究国家竞争优势模型时指出：一个国家的竞争优势主要源于该国的产业在国际上的竞争力。而一国的产业能否具备竞争优势主要取决于四种因

---

[1] 彭和平，侯书森.城市管理学[M].北京：高等教育出版社，2009：174.

[2] 倪鹏飞.中国城市竞争力报告 No.10——竞争力：筚路十年铸一剑[M].北京：社会科学文献出版社，2012：16.

素：生产要素、需求条件、相关产业和支持性产业的表现以及企业战略、企业结构和竞争对手。尽管国家竞争优势理论是以国家为竞争主体提出的，但波特将其视为分析国家、地区、城市竞争优势的通用理论框架。在我国，城市与竞争力研究学者倪鹏飞博士则将城市竞争力要素分为 12 大类指标 200 多个具体指标，用以评价中国城市的竞争力（运用非线性加权综合法）。

城市形象是人们通过对构成城市的各种要素的感觉和知觉而对城市产生的印象。相对于城市竞争力及其评价子系统，城市形象评价有其自身特点，主要表现为：首先，城市形象是人们的主观观念和意识，因此在评价上需要考虑更多能动性的指标；其次，城市形象通常难以用类似经济数据、人口指标和地理数据来进行定量描述，因此进行评价时往往使用定性方法；最后，"城市形象的评估并不是非此即彼的东西，而是一种带有很强的模糊性的指标"[①]。

因此，评价城市形象时不能简单套用城市竞争力评价要素（指标）和方法，必须要考虑到其特异性。如果将城市发展所达到的实际水平称为"实值形象"（布莱恩·马萨姆称之为客观的形象[②]），将公众对城市形象的主观性印象称为"虚值形象"（布莱恩·马萨姆称之为主观的形象[③]），那么可以清晰地看到，城市竞争力评估评价的是对城市发展的综合实力的评估，更多地体现的是城市发展中的"实值形象"，而城市形象评估是对公众心目中的城市印象的评估，其更多地体现在城市传播所构成的"虚值形象"（当然城市的"虚值形象"离不开"实值形象"，"实值形象"是"虚值形象"的基石）。城市的"虚值形象"并不是虚构的形象，"在人类文化传统中，虚构的形象是用来实现传递传播者信息意图的载体"[④]，而"虚值形象"是城市"实值形象"在公众大脑中的反映，具有一定的客观性。

二、城市形象评价指标体系研究述评

城市形象具有多向度、多元化的结构。按照社会活动领域，可以将城市形象区分为政治民主形象、经济发展形象、社会管理形象、环境建设形象、科学技术进步形象、文化生活质量形象、物质生活质量形象等。按照人、物、事、地的聚合形态和类型，城市形象还可以区分为景观建设形象、生态环境形象、经济发展形象、社会进步形象、政府形象、市民形象以及企业形象、学校形象、商店形象、服务形象

① 凌波，孙毅，陈志刚.城市形象竞争力的评估研究[J].城市发展研究，2008(1)：13-15.
② 布莱恩·马萨姆.规划与诗——加拿大多伦多都市圈的城市形象与创新[G]//褚云茂，黄耀诚.城市的生态形象——大都市形象文集Ⅱ.上海：东华大学出版社，2006：118.
③ 布莱恩·马萨姆.规划与诗——加拿大多伦多都市圈的城市形象与创新[G]//褚云茂，黄耀诚.城市的生态形象——大都市形象文集Ⅱ.上海：东华大学出版社，2006：118.
④ 杨钢元.形象传播学[M].北京：中国人民大学出版社，2012：230.

等。城市形象有多种结构分析法,每种分析法都有各自的作用。多种多样的城市形象结构分析,将有助于我们在城市形象的构成要素方面获得尽可能全面的认识,从而为建立科学的城市形象评价指标体系提供可能。

总体看来,比较有代表性的城市形象评价指标体系有:

1. 按照城市形象细分理论,可以从城市主体、城市功能、城市环境、城市文脉、城市识别五个层面来细分城市形象,构成体系如表6-4所示。

表6-4 城市形象细分理论中的城市形象构成体系①

城市形象构成体系	城市主体形象	城市建设主体形象:空间主体形象、建筑主体形象、绿色主体形象、生态主体形象和设施主体形象
		城市组织主体形象:政府主体形象、社区主体形象和产业主体形象
		城市市民主体形象:本市人主体形象、常住外地人主体形象和流动人主体形象
	城市功能形象	城市一般功能形象与城市核心功能形象
		城市总体形象与城市区域形象
		城市内涵形象与城市外延形象
	城市环境形象	城市自然环境形象
		城市人文环境形象
		城市经济环境形象
	城市文脉形	城市现代文化与古代文化形象
		城市主流民族文化形象与少数民族文化形象
		城市世俗文化形象与宗教文化形象
		城市本土文化形象与域外文化形象
	城市识别形象	城市理念形象
		城市行为形象
		城市视觉形象

2. 基于层次分析法的城市形象评价,将城市形象的基本构成概括为四个因素:一是由自然因素和人文因素构成的城市环境形象;二是靠规划布局、建筑设计、园林绿化和环境整治等手段塑造的城市建设形象;三是有赖于政治、经济、文化、法制共同塑造的城市组织形象;四是体现城市道德风尚的市民形象②。

3. 基于地区形象理论的城市形象评价,将城市形象的构成要素分为综合分

① 曹随.城市形象细分[M].北京:中国建筑工业出版社,2003:10.
② 杨莹.基于层次分析法的城市形象评价研究[J].西安工业大学学报,2006(4):368-371.

析与判断、城乡建设与管理、经济发展、社会进步与社会总体、政府形象、市民形象、社会环境和社会氛围、生态平衡与环境保护九大指标体系[①]。

西蒙·安浩在论及城市品牌测量时,提出了城市品牌指标六维度模型,指出城市品牌可以由知晓程度、地缘面貌、发展潜力、城市活力、市民素质、先天优势六个维度进行测量。此外,还有城市形象指标要素综合评价的方法(环境、经济、社会等3大因素13个次因素和30项因子作为评价城市形象的指标体系)[②]、顾客视角的城市形象评价方法(功能体验和象征性两个维度,自然条件、生活环境、自然景观、人文景观、城市潜力、产业状况、亲和力、城市印象和城市期望九个要素的指标体系)[③]、基于科学发展综合评价的指标体系(城市经济发展水平系统、城市社会发展水平系统、城市人居生活水平系统、定性评价系统四大系统和十四个子系统构成的指标体系)[④]等多种城市形象评价指标体系。

三、基于受众感知的城市形象综合评价指标体系框架构建

城市形象是城市所能带给公众的整体印象和联想的总和,它存在于公众的内心,是公众对城市的体验和总体评价。城市管理者只有了解城市主要目标公众对城市的感知情况,并通过分析掌握目标市场上公众形象感知和城市形象目标间的差距,才能明确行动的目标和方向。因此,对城市形象传播而言,开展传播管理的重要前提就是:明确公众是如何看待城市的、是怎么和城市发生联系的、哪些要素会对公众感知产生(不)积极的影响。

依据建立城市形象评价指标体系应遵循的科学性、整体性、动态性、可衡量性的原则要求,通过对目前研究文献中对城市竞争力指标和城市形象构成指标的筛选,本书确立了由5大一级指标、22个二级指标构成的城市形象综合评价指标体系(见表6-5)。

基于受众感知的城市形象评价指标体系构建中有以下几个特点:

第一,基于受众感知的城市形象评价指标体系中的各项指标要素尽量涵盖政治、经济、科技、文化、环境等诸多方面,兼顾了城市软硬件因素,充分体现了城市形象分析评价的系统性。

第二,基于受众感知的城市形象评价指标体系中的二级指标要素是基于受众感知的角度进行设计和表达的,符合普通受众的认知水平和实际评价线索,体

---

① 叶南客.城市形象塑造战略新论[J].学术研究,2000(12):53-58.

② 周朝霞.多维视角的城市形象定位、设计及传播[M].北京:经济科学出版社,2006:261-267.

③ 郝胜宇,白长虹.顾客视角城市品牌概念模型探析[J].城市问题,2008(5):16-22.

④ 中国城市发展研究院.2008中国城市科学发展综合评级报告[M].北京:中国社会科学出版社,2008:32-33.

表6-5 基于受众感知的城市形象评价指标体系

评价对象	一级指标	二级指标
城市形象	基础资源	基础设施
		城市规划
		市容卫生
		风景名胜
	经济发展	经济发展水平
		投资环境
		产业优势
		知名企业
	科技文化	科技实力
		教育水平
		历史文化
		民俗风情
		市民素质
	人居环境	居住环境
		消费环境
		物产美食
		社会治安
		交通出行
		社会保障
	政府行政	公务员素质
		政府管理水平
		政府形象

现了城市形象分析评价的受众导向和可操作性。

第三，基于受众感知的城市形象评价指标体系中未设置第三层级的评价指标，原因在于城市形象评价过程不同于城市竞争力评价，受众感知和评价往往都是综合性的、概括的和笼统的，指标过度细分容易造成"一叶障目"的问题，不利于从整体上把握受众的认知评价情况，因此这一指标体系设计还体现了城市形象分析评价的综合性。

四、城市形象建设与传播调查分析——以杭州为例

为了更好地了解城市形象传播受众是如何看待和评价城市形象，并对基于受众感知的城市形象评价指标进行进一步的检验，杭州市哲学社会科学规划《城市形象的整合营销传播模式构建研究——以杭州为例》课题研究小组开展了《杭州城市形象建设与传播调查》，并通过调查结果探究受众对城市形象的评价要素。

（一）调查基本情况

1. 调查背景

《杭州城市形象建设与传播调查》是 2011 年度杭州市哲学社会科学规划《城市形象的整合营销传播模式构建研究——以杭州为例》（A11XW01）课题的阶段性研究项目,区别于以往的相关调查,本次调查侧重收集公众对杭州城市形象要素的评价情况,旨在提炼受众角度的城市形象传播评价指标。

2. 调查对象

本次调查面向所有互联网用户和在杭长期居住的居民以及短期来杭的商旅人士，调查样本选择侧重于城市形象传播核心层受众和城市形象传播战略层受众。

3. 调查方法

（1）网上在线调查。通过问卷星网站进行在线问卷调查,网络问卷地址是 http://www.sojump.com/jq/1296411.aspx。主要通过论坛、微博、博客、QQ、E-mail 以及问卷星网站答卷互填等多种渠道邀请网络受访用户。

（2）线下问卷调查。组织四组调研人员分别在杭州的西湖景区、武林广场商圈、市区沿街商铺、大型购物中心、火车站、汽车站、机场、城中村等多处随机访问调查。

4. 调查时间

本次调查从 2011 年 8 月正式启动,2012 年 2 月完成全部数据收集。

5. 样本数量

共有 478 位用户参与本次网络调查,网络回收有效问卷 453 份;田野调查发放问卷 350 份,共回收有效问卷 302 份。调查共计获得有效样本数量 755 份。

6. 分析方法

数据统计和分析使用 SPSS 软件包 17.0 版本进行信度分析、频次分析、交叉分析等。

7. 信度分析

Alpha 系数是衡量信度的一种指标,越大表明信度越高。一般而言,信度系数如果在 0.9 以上,说明信度非常好;如果信度系数在 0.8 以上,说明可以接受;如果信度系数在 0.7 以上,说明该量表需进行重大修订但不失价值;如果信度系数在 0.7 以下，则说明该量表应该放弃。本次问卷数据经编码处理后录入到 SPSS 中，共设计了 43 个变量。经过软件分析，如表6-6所示，量表 Alpha 系数是 0.857，说明信度还是比较不错的。

表6-6　信度系数

可靠性统计量		
Cronbach's Alpha	基于标准化项的 Cronbachs Alpha	项数
.857	.838	43

表6-7 给出了问卷中各题目的均值、极小值、极大值、方差等统计量。可以发现各道题目之间的得分差距还是比较大的。例如，项的均值极小值为 0.053，极大值为 4.313，跨度很大；项方差范围为 4.672，差异也很大。

表6-7　方差贡献率和累计贡献率

摘要项统计量							
	均值	极小值	极大值	范围	极大值／极小值	方差	项数
项的均值	2.494	.053	4.313	4.260	81.400	2.179	43
项方差	1.094	.050	4.672	4.621	92.985	.928	43
项之间的协方差	.133	−.469	1.551	2.020	−3.308	.075	43
项之间的相关性	.107	−.253	.779	1.032	−3.074	.032	43

(二)调查样本情况

1. 样本地域来源(图6-2)

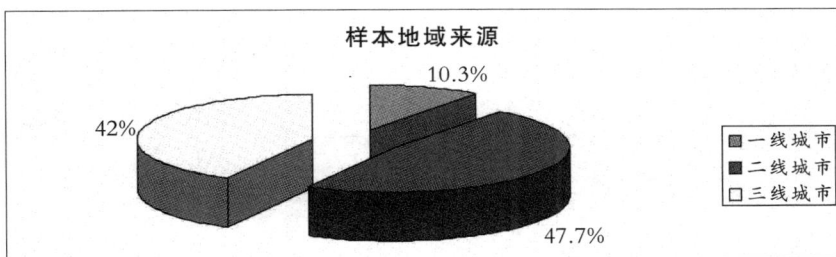

图6-2　样本地域来源

课题组将样本来源城市(表6-8)进行了归类处理,分为三类:一线城市指北京、上海、广州、香港、澳门和台北;二线城市指除广州、台北之外的省会城市及自治区首府加上天津、重庆、大连、深圳、青岛、宁波、厦门;三线城市指一二线城市以外的其他所有城市。经过统计,本次调查一线城市受访参与者占10.3%,二线城市受访参与者占47.7%,三线城市受访参与者占42%。

表6-8　样本来源城市一览表

	城市	频率	百分比	有效百分比	累积百分比
有效	安吉	1	.1	.1	.1
	安庆	3	.4	.4	.5
	安顺	1	.1	.1	.7
	白山	1	.1	.1	.8
	蚌埠	1	.1	.1	.9
	宝鸡	1	.1	.1	1.1
	保定	1	.1	.1	1.2
	北海	3	.4	.4	1.6
	北京	39	5.2	5.2	6.8
	滨州	1	.1	.1	6.9
	沧州	2	.3	.3	7.2
	长春	3	.4	.4	7.5
	长沙	4	.5	.5	8.1
	常德	1	.1	.1	8.2
	常州	1	.1	.1	8.3
	郴州	1	.1	.1	8.5
	成都	9	1.2	1.2	9.7
	慈溪	3	.4	.4	10.1
	达州	1	.1	.1	10.2
	大理	1	.1	.1	10.3
	大连	3	.4	.4	10.7
	大同	1	.1	.1	10.9
	邓州	1	.1	.1	11.0
	东莞	1	.1	.1	11.1
	东阳	4	.5	.5	11.7
	福州	4	.5	.5	12.2
	抚顺	1	.1	.1	12.3
	抚州	1	.1	.1	12.5
	富阳	4	.5	.5	13.0

（续表）

	城市	频率	百分比	有效百分比	累积百分比
有效	赣州	2	.3	.3	13.2
	广州	10	1.3	1.3	14.6
	贵溪	3	.4	.4	15.0
	贵阳	7	.9	.9	15.9
	哈尔滨	9	1.2	1.2	17.1
	海宁	1	.1	.1	17.2
	汉州	1	.1	.1	17.4
	杭州	183	24.2	24.2	41.6
	亳州	1	.1	.1	41.7
	合肥	16	2.1	2.1	43.8
	黑河	1	.1	.1	44.0
	衡阳	1	.1	.1	44.1
	呼和浩特	1	.1	.1	44.2
	湖州	17	2.3	2.3	46.5
	怀化	2	.3	.3	46.8
	淮北	1	.1	.1	46.9
	黄山	2	.3	.3	47.2
	黄石	1	.1	.1	47.3
	吉安	2	.3	.3	47.5
	吉林	4	.5	.5	48.1
	济南	7	.9	.9	49.0
	济源	1	.1	.1	49.1
	嘉兴	10	1.3	1.3	50.5
	建德	8	1.1	1.1	51.5
	江门	1	.1	.1	51.7
	江山	2	.3	.3	51.9
	焦作	1	.1	.1	52.1
	金华	18	2.4	2.4	54.4
	锦州	1	.1	.1	54.6
	荆州	2	.3	.3	54.8

（续表）

	城市	频率	百分比	有效百分比	累积百分比
有效	景德镇	1	.1	.1	55.0
	九江	3	.4	.4	55.4
	开封	2	.3	.3	55.6
	开化	1	.1	.1	55.8
	昆明	1	.1	.1	55.9
	昆山	1	.1	.1	56.0
	兰州	8	1.1	1.1	57.1
	丽水	13	1.7	1.7	58.8
	辽阳	2	.3	.3	59.1
	聊城	1	.1	.1	59.2
	临安	3	.4	.4	59.6
	临海	1	.1	.1	59.7
	柳州	1	.1	.1	59.9
	洛阳	3	.4	.4	60.3
	洛州	1	.1	.1	60.4
	马鞍山	1	.1	.1	60.5
	南昌	11	1.5	1.5	62.0
	南京	10	1.3	1.3	63.3
	南宁	3	.4	.4	63.7
	南平	1	.1	.1	63.8
	南通	1	.1	.1	64.0
	南阳	1	.1	.1	64.1
	宁波	12	1.6	1.6	65.7
	宁国	1	.1	.1	65.8
	盘锦	2	.3	.3	66.1
	平凉	1	.1	.1	66.2
	浦江	3	.4	.4	66.6
	潜江	1	.1	.1	66.8
	青岛	5	.7	.7	67.4
	衢州	9	1.2	1.2	68.6

（续表）

	城市	频率	百分比	有效百分比	累积百分比
有效	泉州	1	.1	.1	68.7
	瑞安	2	.3	.3	69.0
	三明	2	.3	.3	69.3
	三亚	1	.1	.1	69.4
	商口	1	.1	.1	69.5
	商丘	1	.1	.1	69.7
	上海	27	3.6	3.6	73.2
	绍兴	6	.8	.8	74.0
	深圳	6	.8	.8	74.8
	沈阳	4	.5	.5	75.4
	石家庄	4	.5	.5	75.9
	顺德	1	.1	.1	76.0
	苏州	12	1.6	1.6	77.6
	宿迁	1	.1	.1	77.7
	随州	1	.1	.1	77.9
	台北	1	.1	.1	78.0
	台州	13	1.7	1.7	79.7
	太原	2	.3	.3	80.0
	泰州	3	.4	.4	80.4
	唐山	3	.4	.4	80.8
	通化	1	.1	.1	80.9
	桐庐	1	.1	.1	81.1
	桐乡	2	.3	.3	81.3
	铜仁	1	.1	.1	81.5
	威海	1	.1	.1	81.6
	潍坊	6	.8	.8	82.4
	温岭	1	.1	.1	82.5
	温州	15	2.0	2.0	84.5
	文昌	1	.1	.1	84.6
	无锡	9	1.2	1.2	85.8

（续表）

	城市	频率	百分比	有效百分比	累积百分比
	芜湖	6	.8	.8	86.6
	武汉	16	2.1	2.1	88.7
	西安	14	1.9	1.9	90.6
	西宁	1	.1	.1	90.7
	厦门	3	.4	.4	91.1
	咸阳	1	.1	.1	91.3
	香港	1	.1	.1	91.4
	襄樊	1	.1	.1	91.5
	萧山	3	.4	.4	91.9
	信阳	1	.1	.1	92.1
	兴义	1	.1	.1	92.2
	徐州	1	.1	.1	92.3
	宣城	2	.3	.3	92.6
	盐城	1	.1	.1	92.7
	阳泉	1	.1	.1	92.8
有效	宜宾	1	.1	.1	93.0
	宜昌	2	.3	.3	93.2
	义乌	11	1.5	1.5	94.7
	鹰潭	2	.3	.3	95.0
	永康	1	.1	.1	95.1
	余杭	2	.3	.3	95.4
	余姚	2	.3	.3	95.6
	玉林	1	.1	.1	95.8
	云浮	1	.1	.1	95.9
	张家界	1	.1	.1	96.0
	镇江	1	.1	.1	96.2
	郑州	13	1.7	1.7	97.9
	中江	1	.1	.1	98.0
	重庆	1	.1	.1	98.1
	周口	1	.1	.1	98.3
	珠海	2	.3	.3	98.5

（续表）

	城市	频率	百分比	有效百分比	累积百分比
有效	诸暨	9	1.2	1.2	99.7
	资阳	1	.1	.1	99.9
	遵义	1	.1	.1	100.0
	合计	755	100.0	100.0	

2. 样本性别构成情况

本次调查男性受访者人数为 373 人，女性受访者人数为 382 人，男性和女性受访者占比分别为 49.4%、50.6%（图 6-3）。

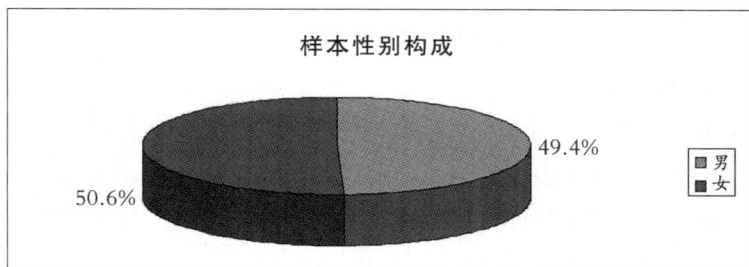

图 6-3　样本性别构成

3. 样本年龄构成情况

从样本年龄构成（图 6-4）来看，参与本次调查的受众中，20~29 岁的人群占比最高，占比为 48.74%，其次为 30~39 岁的人群，占比为 33.25%。调查对象基本覆盖了全部年龄层次的公众，其中 60 岁及以上的受众占比较少，仅为 0.93%。

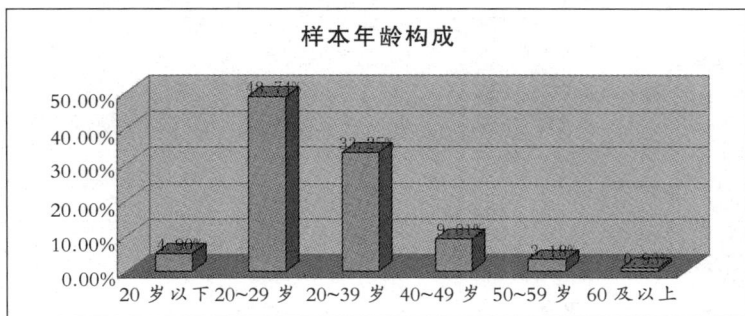

图 6-4　样本年龄构成

4. 样本学历分布构成情况

从样本学历分布（图 6-5）来看，本次调查具有大专或本科学历的受访者人数最多，共有 480 人，占比为 63.6%，初中及以下学历的占比最小，为 5.6%。受访者学历在研究生以上的占比为 17.2%,高中或中专的占比为 13.6%。

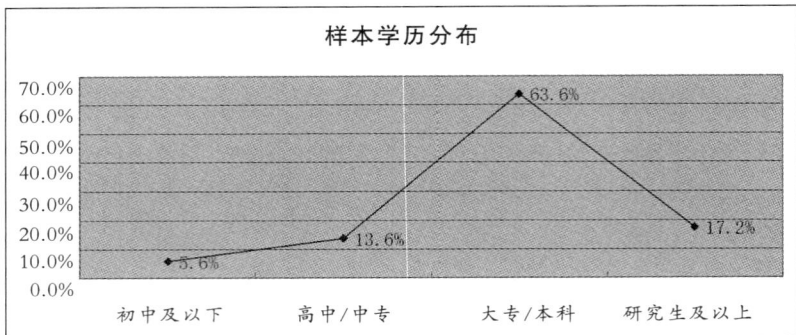

图 6-5　样本学历分布

5. 样本职业分布情况

从样本职业分布(图 6-6)来看,本次调查共有 283 位企业职工参与调查,占比最高,为 37.5%。占比较高的职业类别还有机关事业单位职工(21.3%)、学生(17.1%)、其他(13.4%)和个体经营者(8.5%),占比最小的是离退休人员(1.3%)、军人(0.7%)和待岗或下岗人员(0.3%)。

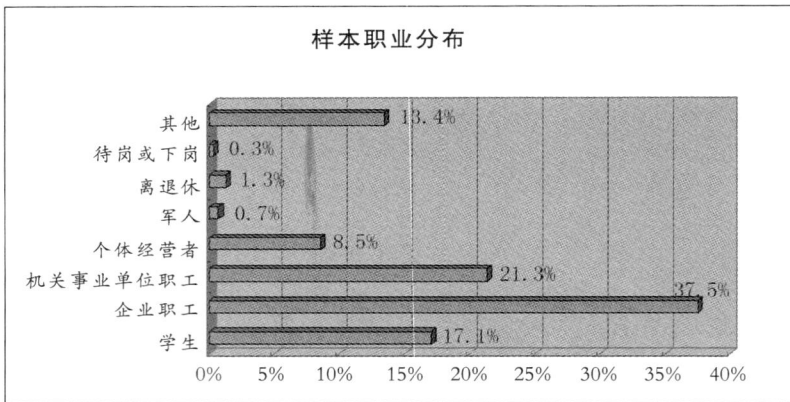

图 6-6　样本职业分布

6. 样本收入构成情况

从样本收入情况(图 6-7)来看,收入在 2000~5000 元之间的受访者共 376 位,占比最高,为 49.8%,另外收入在 5001~8000 元的受访者占比为 18.5%,收入为 8000 元以上的占比为 10.1%,收入在 2000 元以下的占比为 21.6%。

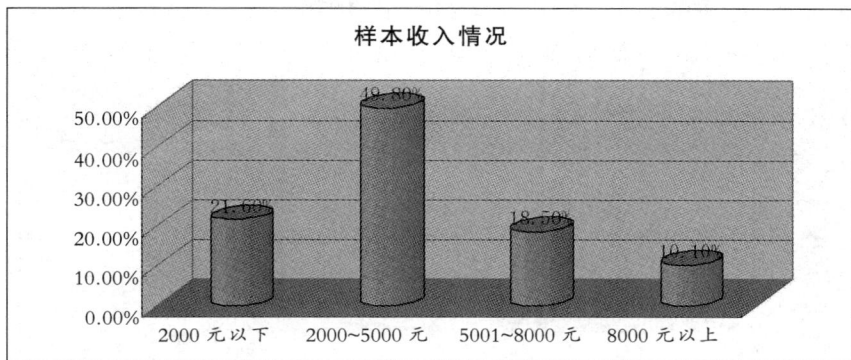

图 6-7　样本收入构成

(二)杭州城市形象的认知评价调查分析

杭州城市形象建设与传播调查问卷第一部分为杭州城市形象的认知评价,主要由五个问题组成。

1.了解杭州的途径

从图 6-8 中可以看出,调研对象对杭州的了解主要通过两种途径:生活在杭州和曾经在杭州生活、工作、学习、旅游,其中所占比例最高的为生活在杭州,占42.5%,曾经在杭州生活、工作、学习或旅游则占了 41.5%。排在第三的是通过媒体了解杭州,占总数的 11.8%,最后是亲友推荐,占 4.2%。

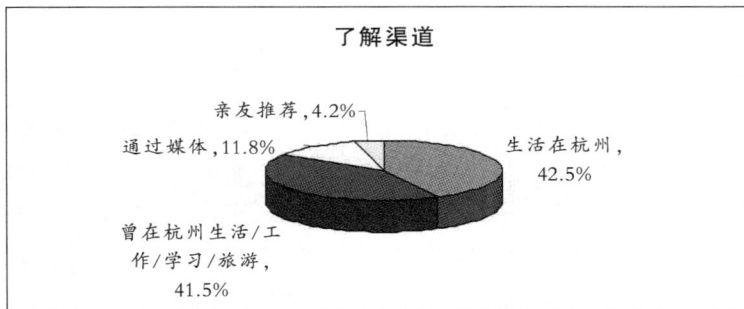

图 6-8　了解杭州的渠道

从该调研数据可以看出,本次调研对象对杭州的了解主要还是通过直接感受获得,纯粹通过媒体传播方式、亲友推荐方式来感知杭州的比例不高,也就是说,本次调研符合预先设定的以核心层受众与战略层受众为主的对象设计,通过本次调研将可以获得对杭州有较深入了解的相关受众的评价情况。

2.对杭州的第一印象

从调查数据(图 6-9)来看,绝大多数人在提到杭州时首先想到的是西湖,占

78.68%,超过总数的3/4,其次是旅游圣地,占10.07%,南宋古都、浙江大学分列第三、第四位,分别占2.65%、2.38%,爱情传说和西湖龙井并列第五,占1.99%。

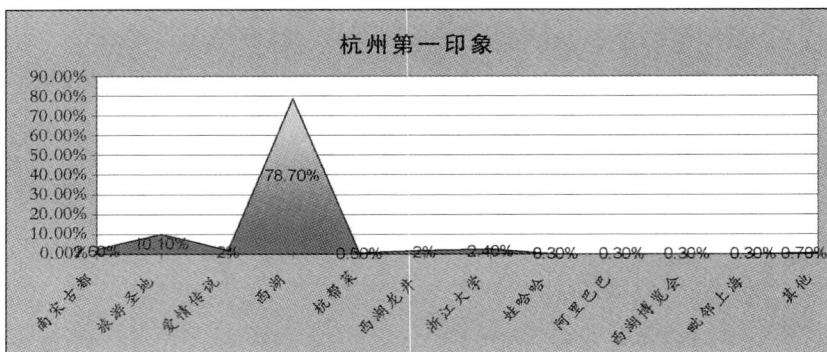

图6-9 对杭州的第一印象

杭州作为一个旅游休闲之都,旅游经济发展得如火如荼,问卷中所设计的选项都是最能代表杭州、体现杭州特色的城市名片,但所有其他选项的份额累计都远远不如西湖在人们心中的分量。由此可见,西湖作为独一无二的风景名胜已经是这座城市的灵魂所在,杭州如何把"西湖牌"打好,如何在西湖如此强势的形象影响力下发展提升其他方面的形象影响力,是城市经营者必须面对的课题。经过问卷统计,选择"其他"项的受众对杭州第一印象主要集中在六个方面:四季青、家乡、白蛇传、交通拥堵、美好环境、繁华。这些印象代表了特定受众个体对杭州特色鲜明的感知。

3. 杭州整体形象

杭州作为一座历史名城、文化古都,被赋予了很多称号,问卷所设选项均是杭州近些年来已荣获的称号。从统计量上来看,在有效的755个样本数据中,"最佳旅游城市"这一称号的认可度最高,占调查总数的55.76%;紧随其后的依次是,"东方休闲之都"占34.83%,"生活品质之城"占33.91%,"最具幸福感城市"占21.06%,再后面就是"全国文明城市"、"最值得向世界介绍的中国名城"、"最具经济活力城市"、"最具安全感的城市"、"电子商务之都"(图6-10)。

杭州市第十一次党代会上市委书记黄坤明代表中国共产党杭州市第十届委员会作报告,报告勾画了未来5年杭州的幸福蓝图:将着力建设学习型城市、创新型城市、生态型城市,着力打造安居乐业示范区、城乡统筹示范区、人文法治示范区,全力打造东方品质之城,建设幸福和谐的杭州。杭州市政协主席孙忠焕指出,报告提出"坚持科学发展,推进富民强市,为打造东方品质之城、建设幸福和谐杭州而努力奋斗"这一目标,意义重大而深远,是立足新阶段新形势对共建共

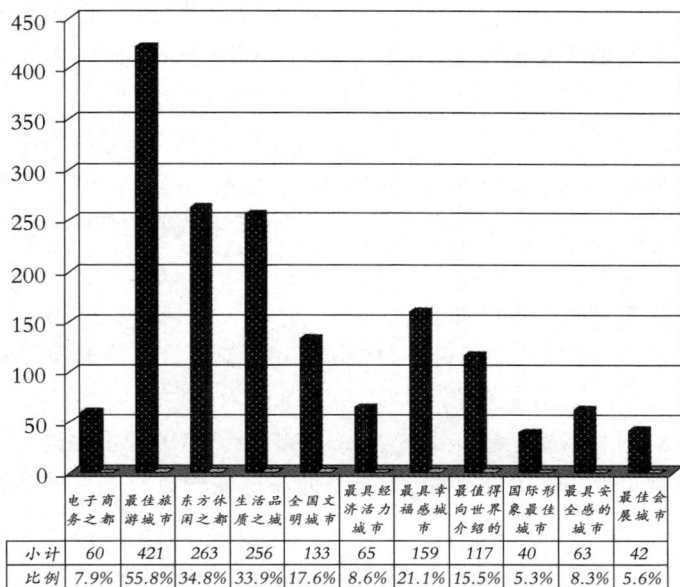

	电子商务之都	最佳旅游城市	东方休闲之都	生活品质之城	全国文明城市	最具经济活力城市	最具幸福感城市	最佳得向世界介绍的城市	国际形象最佳城市	最具安全感的城市	最佳会展城市
小计	60	421	263	256	133	65	159	117	40	63	42
比例	7.9%	55.8%	34.8%	33.9%	17.6%	8.6%	21.1%	15.5%	5.3%	8.3%	5.6%

图 6-10　杭州整体形象认知

享"生活品质之城"的传承和拓展,体现了物质追求与精神追求、富民与强市、个体与社会的有机统一。从目前公众对杭州城市整体印象的调研结果可以发现,杭州旅游、休闲、品质的形象深入人心。

4. 城市功能定位

调研数据(图 6-11)显示,认同杭州适合于居住和旅游的人数占据前两位,分别为41.59%和36.82%,排在第三位的是工作,占6.23%,然后是经商和学习,各占5.7%和4.77%,另有4.9%的人选择不知道。

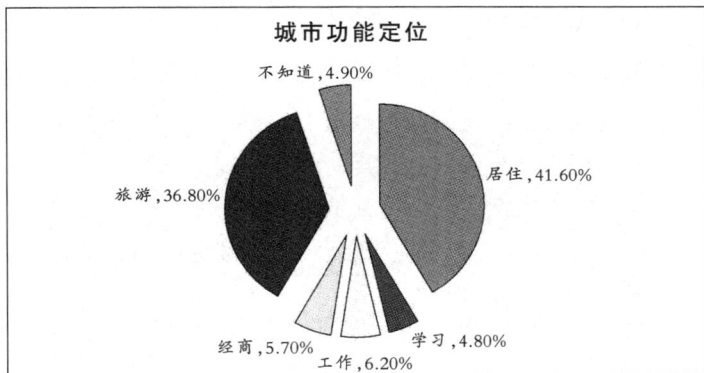

图 6-11　杭州城市功能定位认同状况

上有天堂,下有苏杭。杭州在人居和旅游方面的特色一枝独秀,近八成的被调查者认为杭州是宜居之所和旅游天堂。实际上,杭州作为民营经济最发达的省会城市之一,涌现了全国乃至世界著名的民营企业,在此创业、安家落户;世界五百强中也有近百强企业进入杭州投资,应该说杭州的经商环境也不错,但是,与人居和旅游单项近40%的支持和认同率相比,经商认同率仅有5.7%。结合上一个调研问题,可以发现,杭州这座城市在大众心目中的形象标签实际上已是相当清晰和稳固了。

5. 杭州城市形象整体评价

从问卷结果(图6-12)可见,对杭州城市形象评价选择非常差和差的人极少, 两者所占比例加起来不超过1%,20.13%的人认为杭州的整体形象一般,绝大多数人对杭州的印象还是不错的,64.64%的受访者的评价是好,还有14.44%的受访者认为非常好。也就是说,对杭州城市形象持肯定态度的受访者占比近八成。

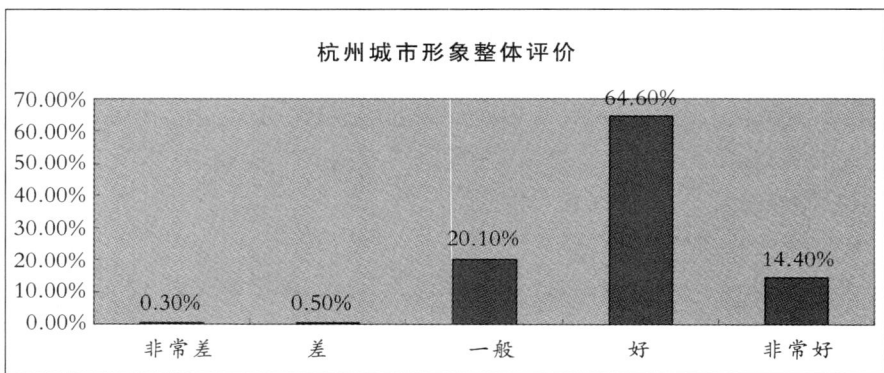

图 6-12 杭州城市形象整体评价

近八成被访者对杭州城市形象持正面评价,杭州多年来在城市形象的建设和传播上的努力功不可没。杭州如何在现有基础上,建成最高口碑的城市形象(评价为"非常好")是下一步工作的重点。

(三)杭州城市形象指标评价调查分析

杭州城市形象建设与传播调查问卷第二部分为杭州城市形象指标评价,主要由22个指标问题组成,如表6-9所示。

表6-9 杭州城市形象指标评价描述性分析结果

指标	描述统计量							
	N	和	均值		偏度		峰度	
	统计量	统计量	统计量	标准误	统计量	标准误	统计量	标准误
基础设施	755	2707	3.59	.040	−1.359	.089	2.425	.178
城市规划	755	2557	3.39	.042	−1.151	.089	1.673	.178
市容卫生	755	2936	3.89	.037	−1.470	.089	3.447	.178
风景名胜	755	3256	4.31	.031	−2.109	.089	7.170	.178
经济发展水平	755	2908	3.85	.039	−1.907	.089	4.693	.178
投资环境	755	2498	3.31	.053	−1.265	.089	.750	.178
产业优势	755	2444	3.24	.053	−1.181	.089	.634	.178
知名企业	755	2650	3.51	.047	−1.448	.089	1.876	.178
科技实力	755	2533	3.35	.049	−1.357	.089	1.420	.178
教育水平	755	2806	3.72	.043	−1.713	.089	3.263	.178
历史文化	755	3121	4.13	.036	−2.118	.089	6.356	.178
民俗风情	755	2848	3.77	.042	−1.618	.089	3.182	.178
市民素质	755	2728	3.61	.038	−1.368	.089	2.930	.178
居住环境	755	2865	3.79	.037	−1.302	.089	2.771	.178
消费环境	755	2562	3.39	.040	−.893	.089	.931	.178
物产美食	755	2794	3.70	.035	−1.384	.089	3.669	.178
社会治安	755	2800	3.71	.038	−1.501	.089	3.177	.178
交通出行	755	2314	3.06	.046	−.499	.089	−.315	.178
社会保障	755	2473	3.28	.049	−1.183	.089	.913	.178
公务员素质	755	2214	2.93	.053	−.762	.089	−.233	.178
政府管理水平	755	2345	3.11	.051	−.935	.089	.187	.178
政府形象	755	2383	3.16	.050	−1.029	.089	.483	.178
有效的 N（列表状态）	755							

调研数据(图 6-13)显示,风景名胜(和 3256,均值 4.31)、历史文化(和 3121,均值 4.13)、市容卫生(和 2936,均值 3.89)高居评价指标前三。从综合数据的均值和偏度(均为负数)看,对杭州城市形象各指标的正面评价占据大多数;从数据的峰度来看,8 项指标的峰度值高于 3,最高的三项为对风景名胜、历史文化、经济发展水平的评价。从具体的评分频次统计看,对杭州城市形象不满意和很不满意的指标集中在三项:交通出行(不满意率 16.4%,很不满意率 9.4%)、消费环境(不满意率 10.3%,很不满意率 3.8%)、公务员素质(不满意率 8.5%,很不满意率 4.6%)。从数据看,对杭州城市形象评价满意的指标前三项是经济发展水平、社会治安和教育水平,对杭州城市形象评价很满意的指标前三项是风景名胜、历史文化、市容卫生。

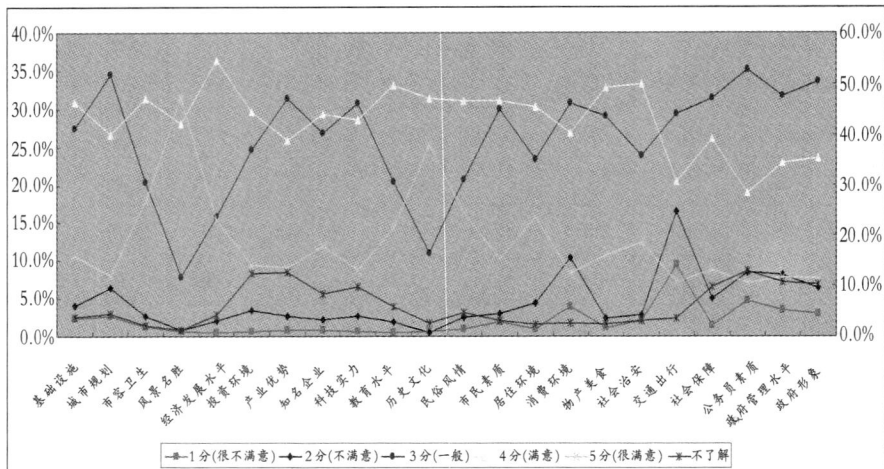

图 6-13 杭州城市形象指标评价分析图

对杭州城市形象评价为不满意和很不满意的三项指标中(交通出行、消费环境、公务员素质),有两项在很满意的指标评价中也是得分最低的,这两项是公务员素质(很满意率 10.6%)和交通出行(很满意率 10.7%)。从某种程度上说,这两项指标的提高将对杭州城市形象建设具有重要意义。从调研中还可以发现,被访问者最不了解的三项指标是公务员素质、产业优势和投资环境,说明在这方面的形象传播还存在较大提升空间。

五、基于受众感知的城市形象评价指标检验

在杭州城市形象建设与传播调查基础上,我们对基于受众感知的城市形象评价指标进行了相关检验。

(一)指标的相关性检验

从表 6-10、表 6-11 中可见,整体评价与各评价指标的相关系数均大于 0.01,最高值 0.322,表明各指标与整体评价间有显著的正相关,但是相关性均低于 0.4,表明是低度线性相关。

表 6-10 城市形象整体评价与评价指标简单相关分析(上)

		基础设施	城市规划	市容卫生	风景名胜	经济发展水平	投资环境	产业优势	知名企业	科技实力	教育水平	历史文化
整体评价	Pearson 相关性	.286**	.254**	.322**	.226**	.226**	.135**	.125**	.128**	.191**	.201**	.230**
	显著性(双侧)	.000	.000	.000	.000	.000	.000	.001	.000	.000	.000	.000
	平方与叉积的和	148.370	136.045	151.658	90.817	113.544	91.591	84.514	78.066	119.233	111.844	106.625
	协方差	.197	.180	.201	.120	.151	.121	.112	.104	.158	.148	.141
	N	755	755	755	755	755	755	755	755	755	755	755

**. 在.01 水平(双侧)上显著相关

表 6-11 城市形象整体评价与评价指标简单相关分析(下)

		民俗风情	市民素质	居住环境	消费环境	物产美食	社会治安	交通出行	社会保障	公务员素质	政府管理水平	政府形象
整体评价	Pearson 相关性	.215**	.306**	.316**	.271**	.226**	.251**	.215**	.180**	.166**	.185**	.196**
	显著性(双侧)	.000	.000	.000	.000	.000	.000	.000	.000	.000	.000	.000
	平方与叉积的和	116.015	148.955	151.298	140.423	100.938	124.391	126.699	114.703	113.150	122.040	125.909
	协方差	.154	.198	.201	.186	.134	.165	.168	.152	.150	.162	.167
	N	755	755	755	755	755	755	755	755	755	755	755

**. 在 .01 水平(双侧)上显著相关

(二)城市形象最优尺度回归分析

1. 案例处理汇总、模型汇总和方差分析

表 6-12 是案例处理汇总,数据表明参与分析的样本数据 569 个,具有缺失

值的活动案例 186 个。表 6-13 是模型汇总,修整的可决系数是 0.246,模型解释能力差强人意。表 6-14 是方差分析,P 值为 0.000,非常显著,模型具有统计学意义。

表 6-12　案例处理汇总

有效的活动案例	569
具有缺失值的活动案例 a	186
补充案例	0
总计	755
分析中使用的案例	569

a. 已排除的案例（显示前 30 个）:18、19、32、33、35、36、41、44、48、50、52、64、67、72、73、74、80、101、117、121、122、124、134、138、142、143、144、148、149、152。

表 6-13　模型汇总

	多 R	R 方	调整 R 方	明显预测误差
标准数据	.525	.275	.246	.725

因变量:整体评价
预测变量:基础设施、城市规划、市容卫生、风景名胜、经济发展水平、投资环境、产业优势、知名企业、科技实力、教育水平、历史文化、民俗风情、市民素质、居住环境、消费环境、物产美食、社会治安、交通出行、社会保障、公务员素质、政府管理水平、政府形象。

表 6-14　ANOVA

	平方和	df	均方	F	Sig.
回归	156.706	22	7.123	9.433	.000
残差	412.294	546	.755		
总计	569.000	568			

变量:整体评价
预测变量:基础设施、城市规划、市容卫生、风景名胜、经济发展水平、投资环境、产业优势、知名企业、科技实力、教育水平、历史文化、民俗风情、市民素质、居住环境、消费环境、物产美食、社会治安、交通出行、社会保障、公务员素质、政府管理水平、政府形象。

2. 模型中变量系数、变量的相关性和容差

表 6-15 是模型的系数及显著性;表 6-16 是相关分析、重要性分析和容忍度,相关分析包括三种结果,其中偏相关是控制了其他变量对所有变量影响后的估计,部分相关是只控制其他变量对自变量的影响,重要性分析表明基础设施、

历史文化、市民素质、居住环境、公务员素质、政府形象对整体形象影响大,变量容忍度表示该变量对因变量的影响中不能被其他自变量所解释的比例,越大越好,反映了自变量的共线性情况。

表 6-15　系 数

	标准系数		df	F	Sig.
	Beta	标准误差的 Bootstrap (1000) 估计			
基础设施	.152	.059	1	6.728	.010
城市规划	−.002	.049	1	.001	.974
市容卫生	.102	.056	1	3.300	.070
风景名胜	.004	.053	1	.005	.942
经济发展水平	−.004	.060	1	.005	.944
投资环境	.009	.070	1	.017	.897
产业优势	−.062	.068	1	.843	.359
知名企业	−.036	.062	1	.340	.560
科技实力	.039	.059	1	.438	.509
教育水平	−.012	.052	1	.057	.812
历史文化	.115	.047	1	5.866	.016
民俗风情	−.028	.052	1	.287	.593
市民素质	.110	.067	1	2.646	.104
居住环境	.137	.049	1	7.902	.005
消费环境	.050	.053	1	.896	.344
物产美食	−.024	.059	1	.169	.681
社会治安	.020	.058	1	.114	.736
交通出行	.000	.047	1	.000	.997
社会保障	.064	.063	1	1.030	.311
公务员素质	.143	.075	1	3.658	.056
政府管理水平	.018	.088	1	.041	.839
政府形象	−.096	.081	1	1.403	.237
因变量: 整体评价					

表 6-16　相关性和容差

	相关性			重要性	容差	
	零阶	偏	部分		转换后	转换前
基础设施	.381	.122	.104	.210	.471	.471
城市规划	.308	−.001	−.001	−.002	.488	.488
市容卫生	.362	.087	.075	.135	.533	.533
风景名胜	.284	.003	.003	.004	.562	.562
经济发展水平	.287	−.003	−.003	−.004	.440	.440
投资环境	.289	.006	.005	.010	.361	.361
产业优势	.245	−.043	−.037	−.055	.349	.349
知名企业	.246	−.026	−.023	−.032	.393	.393
科技实力	.258	.028	.024	.037	.375	.375
教育水平	.276	−.010	−.009	−.012	.513	.513
历史文化	.310	.093	.080	.129	.483	.483
民俗风情	.303	−.022	−.019	−.031	.464	.464
市民素质	.403	.082	.070	.161	.402	.402
居住环境	.401	.113	.097	.199	.502	.502
消费环境	.331	.041	.035	.061	.472	.472
物产美食	.317	−.019	−.016	−.028	.447	.447
社会治安	.348	.016	.014	.025	.500	.500
交通出行	.260	.000	.000	.000	.584	.584
社会保障	.369	.048	.041	.086	.402	.402
公务员素质	.379	.088	.075	.196	.277	.277
政府管理水平	.349	.009	.008	.023	.175	.175
政府形象	.312	−.050	−.043	−.108	.201	.201

因变量: 整体评价

3. 模型表达式

整体形象 ＝0.152×基础设施 −0.002×城市规划 ＋0.102×市容卫生 ＋0.004×风景名胜 −0.004×经济发展水平 ＋0.009×投资环境 −0.062×产业优势 −0.036×知名企业 ＋0.039×科技实力 −0.012×教育水平 ＋0.115×历史文化 −0.028×民俗风情 ＋0.110×市民素质 ＋0.137×居住环境 ＋0.050×消费环境 −0.024×物产美食

+0.020×社会治安 +0.000×交通出行 +0.064×社会保障 +0.143×公务员素质 +0.018×政府管理水平 −0.096×政府形象。

（各变量数据为标准化后的数据）

（三）城市形象评价指标体系结论

1. 城市形象评价相关分析中相关性最高的指标：市容卫生（0.322）、居住环境（0.316）、市民素质（0.306）、基础设施（0.286）、消费环境（0.271）、城市规划（0.254）、社会治安（0.251）、历史文化（0.230）、风景名胜（0.226）、物产美食（0.226）、经济发展水平（0.226）、交通出行（0.215）、民俗风情（0.215）、教育水平（0.201）。

2. 城市形象评价最优尺度分析中重要性最高的指标：基础设施（0.210）、居住环境（0.199）、公务员素质（0.196）、市民素质（0.161）、市容卫生（0.135）、历史文化（0.129）、社会保障（0.086）、消费环境（0.061）、科技实力（0.037）、社会治安（0.025）、政府管理水平（0.023）、投资环境（0.010）、风景名胜（0.004）。

3. 综合各因素表现，课题组研究后认为影响杭州城市形象评价的十大因素是：基础设施、居住环境、公务员素质、市民素质、市容卫生、历史文化、风景名胜、消费环境、城市规划和社会治安。

4. 该评价指标体系是针对特定城市特定样本的测算，反映了城市形象评价中指标的权重关系，但是由于各城市特质的不同，指标评价体系及其权重会各有差异。

第四节　城市形象定位路径与方法

营销战略专家杰克·特劳特认为：在残酷的竞争环境中，如果品牌缺乏一个独一无二的定位，将会像房子没有产权一样，令企业无立足之地。城市要在未来发展中抢得先机，同样也要首先明确自身发展定位，并围绕这一定位开展城市的各项经营活动。

一般说来，人们所有的选择行为都是由人们脑海中那份短短的清单所决定的。心理学研究指出，人们的心智容量是有限的，人的大脑里面只能记住7个品牌，就是七定律原则。这7个品牌在我们心智中存在一种呈几何分布阶梯，第一阶梯就占到40%份额，第二阶梯占到20%，第三阶梯占10%，到第四阶梯只有5%。在大多数的市场，7个最重要品牌会占据90%以上的市场份额。在心智定位阶梯里面能够排名第一当然是最好的，如果排名第二也不错，这是因为第一、第二之间随时有可能发生变化。但是，排第三就面临很多的威胁，排第四就有可能被淘汰。

因此,开展城市形象定位必须要有这种观念,尽可能去做第一或者第二,因为第一、第二之后就面临很多的困难和压力,排名后位者不仅仅会面临更为残酷的竞争局面,更有被忽视和遗忘的可能,原因就在于,信息消费快餐化导致了人们心智清单呈现日渐缩短之势。

一、城市定位与城市形象定位

总体而言,许多城市逐渐将定位作为提升城市营销水平与增强城市竞争力的核心工作来抓,凡是定位取得成功的城市,都能很好地立足于本地区的要素禀赋、产业优势以及经济发展状况,结合区位特色和人居环境,根据当地政府的公共管理能力明确城市功能定位,并细化为城市形象定位、产业定位与产品定位。[①]

每一座城市都会对城市进行总体规划,在这个总体规划中,城市性质和发展目标的描述必不可少,这就是大众意义上的城市定位理解。以杭州为例,《杭州市城市总体规划(2001年—2020年)》中这样界定杭州的城市性质与发展目标:杭州的性质是浙江省省会和经济、文化、科教中心,长江三角洲中心城市之一,国家历史文化名城和重要的风景旅游城市;杭州的发展目标是经过20年的努力,经济社会发展主要指标达到或接近发达国家水平。进一步发挥杭州在以上海为龙头的长江三角洲地区重要中心城市的辐射带动作用和在全省的政治、经济、文化、科教中心作用,强化科技创新和中心城市的综合服务功能,逐步把杭州建成经济繁荣、社会和谐、设施完善、生态良好,具有地方特色的现代化城市。

城市的复杂性决定了城市定位的复杂性,城市定位是一个复杂体系,它塑造出城市差异化的整体形象,形成多方位复合型的立体创新,可以这么去理解城市定位:城市为了让生活更美好,根据自身条件、竞争环境、发展需求等因素,科学确定自身各方面发展的目标、占据的空间、扮演的角色、竞争的位置。通俗地讲,就是建设一个什么样的城市。由于城市发展是多方面的,所以在城市定位的统领下,还包括空间定位、形象定位、产业定位、功能定位、文化定位等[②]。

从城市定位的这一理解来看,城市形象定位实际上是城市定位的一部分,城市定位包含了城市形象定位。在实际操作过程中,可以发现城市定位和城市形象定位经常发生混用,原因就在于并未真正明晰这两者之间的区别与归属关系。

城市规划一般由城市管理者所把握,因此其更多地体现的是管理如何治理城市的思想,是基于管理者视角的行为,因此可以明显看到,城市定位的理解更

---

① 倪鹏飞.中国城市竞争力报告No.10——竞争力:筚路十年铸一剑[M].北京:社会科学文献出版社,
　2012:382.
② 王国平.城市论(上册)[M].北京:人民出版社,2009:107.

多地是从城市规划的角度去理解的，其更多的是对城市性质的界定和描述。

显而易见的是，城市定位的这些描述通常并不是某座城市所特有，是无法与其他类似城市形成区隔，进而产生独特吸引力的。而且，"城市定位并不是城市认可，而只能说是为城市定一个目标，城市能不能发展成这个目标所描述的那个样子就不一定了"①。城市形象不同于城市规划，它植根于受众心中，是受众对城市的综合评价，因此城市形象天然就有受众本位的特征。于是，要真正理解城市形象定位，就必须从受众的角度出发，像艾·里斯和杰·特劳特所言，需要你对潜在顾客心智上下工夫。"定位的实质就是有的放矢的差异化传播"②，因此，可以这么理解城市形象定位：城市形象定位基于城市资源综合分析的基础上，从公众需求视角挖掘城市独特个性的过程。"对于有着悠久历史的中国大多数城市来说，个性化的特征就是保留城市的历史痕迹，并将其上升为城市的灵魂。"③

每一个百姓喜爱的城市和地区都有着显著而独特的个性特色：或是有自然独特的景观，或是有丰富的历史遗迹和名胜古迹，或是具有个性的建筑风格和人工构筑物，或是有浓浓的都市氛围、文化内涵和暖暖的人情味。城市的个性往往呈现出浓郁的地域特征或乡土特征，"一方水土养一方人"，"十里不同风，百里不同俗"正是地方性普遍存的最好说明④。

二、城市形象定位的路径与方法——以杭州为例

越来越多的城市放弃了创建国际化大都市的目标，转而将精力放到如何建设富有地方特色和文化个性的城市形象上来，当代城市形象建设正在发生新的转向⑤。可以说，"这种转向的重要表现就是开始摆脱普适性发展观，寻求适合自己特点的都市文化发展思路。城市文化建设开始从追求规模、档次和'现代性'转向寻找城市的独特性格和精神"⑥。

（一）城市形象定位路径

成功的定位取决于两个方面：一是定位信息是否与竞争的实际状态及社会公众期望相吻合，二是城市如何将定位信息有效地传达到社会公众的脑中。如果定位与竞争的实际状况及社会公众期望相吻合，那么城市形象才有留驻受众心中的可能，通过后续的传播努力，可以推动这一定位被受众认知、认同。但是，如

① 李怀亮,任锦鸾,刘志强.城市传媒形象与营销策略[M].北京:中国传媒大学出版社,2009:148.
② 黄鹂,何西军.整合营销传播:原理与实务[M].上海:复旦大学出版社,2012:46.
③ 王秀云.现代城市经营模式:理论与实践[M].北京:社会科学文献出版社,2011:179.
④ 卢世主.城市形象与城市特色研究[M].成都:西南交通大学出版社,2011:25.
⑤ 袁瑾.媒介景观与城市文化——广州城市形象研究[M].北京:中央编译出版社,2012:36.
⑥ 高小康.都市文化评论(第1卷)[M].上海:上海三联出版社,2006:20.

果定位与竞争的实际状况及社会公众期望不相吻合，这将对后期开展城市形象定位传播造成巨大困难，或者说，即便投入大量资源进行传播也可能收效甚微。

城市形象定位不仅仅是事关城市形象传播是否能顺利开展的问题，更为重要的是，城市形象定位成功与否与城市发展息息相关。在很多学者看来，城市形象定位应该从文脉定位、区位定位、资源定位、产业定位、基本功能定位等等诸多方面入手，他们建议城市管理者通过对城市各要素综合分析后提炼定位。实际上，这个出发点是有一定问题的。比如说杭州的城市形象定位，有人马上建议说，"上有天堂，下有苏杭"古往今来有口皆碑，因此可以提炼杭州的城市形象为"人间天堂"抑或"西湖明珠"。但现实是，对于要打造国际旅游目的地的杭州来说，如果采用这样的城市定位是有很大问题的：诸如"天堂"与"西湖"的表述，中国人可能喜欢并能理解，但外国人就不一定，在他们看来，"天堂"是死人去的地方，"西湖"只是城西的一个湖，丝毫也打动不了他们的心。在此之外，也有人提出用爱情之都、历史文化名城等等作为杭州的定位，问题也来了，从国际范围比较，若论爱情之都杭州难比意大利的维罗纳，若论历史文化名城杭州难比法国巴黎、意大利罗马。

城市形象定位固然要结合城市的优势，但如果简单从城市自身出发提炼定位就必然遭遇困境。唯一的出路就是，定位之前要首先看看公众是如何看待城市的，他们希望这个城市是一个怎样的城市，这个城市的什么特质会吸引他，然后回过头来审视下城市的资源是否能够支持公众的诉求，如果可以，城市形象定位大致就已经明晰了。

杭州最终确立了"生活品质之城"的城市形象定位口号，这一定位得来经过了 4620 个应征名称的重重筛选，15 位各界专家 3 个多月的研讨，几轮评审和大众评议。"生活品质之城"，这五个字高度浓缩了杭州人间天堂的宜居环境，它第一次明确提出了城市发展的实质在于提高人们日常生活的品位和质量，体现了以人为本、以民为先，具有鲜明的时代性和发展的引领性。

杭州提出建设"经济生活品质、社会生活品质、文化生活品质、环境生活品质、政治生活品质"五大内涵的"生活品质之城"，使杭州赢得了一顶顶桂冠：中国城市幸福度调查榜榜首、国际公园协会"最大贡献奖"、世界银行授予"金牌城市"、国际花园城市、全国环境综治优秀城市、国家环保模范城市、全国社会治安群众满意率最高城市、中国最佳商业城市……"生活品质"体现了杭州城市的现实特点和综合优势，环境、文化、创业有机融合，构成了杭州整体的生活品质，也构成了杭州城市的综合优势，使人们已经能够清晰地感觉到这座城市的"生活品质"形态。

（二）城市形象定位方法

西蒙·安浩在论及城市形象定位时指出，打造地方吸引力要以大家熟悉的区域特征为基点，比如瑞典的冰天雪地，墨西哥的色彩斑斓，西雅图鱼市场的熙熙攘攘，中国香港的亲水性和中国文化中的龙，然后再把其中的自然和人文资源发掘出来，包装成吸引力之源。必须明确的是，城市形象定位并不能涵盖城市的所有特点，细小但有针对性的想法也能很好地推广一个城市的形象。城市形象定位追求的不是大而全，它所崇尚的是精而特。

1.城市形象定位应突出能被受众感知的元素

以杭州为样本的调查研究结果表明，受众对城市形象评价的十大因素是：基础设施、居住环境、公务员素质、市民素质、市容卫生、历史文化、风景名胜、消费环境、城市规划和社会治安。按照日本学者上野明提出的占位理论的思想，城市形象要想在受众脑海里占据地位，就必须选择重点、缩小目标、细分市场。事实上，受众脑海中能够记住某个事物的特性的数量是有限的，能够记住同类事物的不同品牌数量也是有限的，在这些"有限"的限制下，城市必须提炼最能打动受众的城市特性以谋求占位。

2.城市形象定位前要开展充分的公众调研以获取相关形象信息

通过公众调研主要获取两个方面的信息：第一，要明确城市形象目前所处的位置，即公众是如何看待和评价城市的；第二，公众心目中希望的城市形象是如何的，也就是要了解公众对城市的诉求。只有明确了这两个方面的问题，城市形象定位才能够更加具有针对性，这也能为后续的城市形象传播指明方向。

3.根据调研结果结合城市资源状况提炼城市形象定位

"要想为城市的整体特色定位，需要分别从两个角度进行思考：一是历史角度挖掘，从历史的角度，我们可以寻找到曾经为推动城市发展起到过重要作用或产生过重大影响的人或事，以及在历史进程中贯穿其中的传统符号和文化内涵；二是从社会角度挖掘，不管城市的历史文化积淀如何深厚，都要与现代城市生活相适应。"[①]城市形象定位应该符合城市的实际情况，城市必须有能够支撑定位的资源，否则城市形象定位就是无源之水、无根之木了。即便运用传播方法取得一时成功，有名无实的城市形象在发展中也是后继无力的。因此，要充分审视城市所拥有的各项资源情况，结合公众调查结果，进行总结提炼，形成城市形象的初步定位。城市形象初步定位可以借助三维匹配模型予以阐释。

在三维匹配模型（图6-14）中，城市形象定位可以理解为核心价值识别，要

---

① 王豪.城市形象概论[M].长沙：湖南美术出版社，2008：79.

获得这一核心价值,需要考虑三个方面的问题:第一,需要知道公众的兴奋点在哪,也就是城市形象定位应该传递公众喜欢接受和乐意接受的内容;第二,城市形象定位也必须充分审视城市自身的资源状况,从城市软硬件要素中找出自身的竞争优势点;第三,城市形象定位还应当考虑竞争挑战,挖掘与其他城市间的价值差异点。城市形象定位就是在兼顾顾客兴奋点、竞争优势点、价值差异点基础上,寻找到一个能在公众心目中占据有利位置的核心价值点的过程。

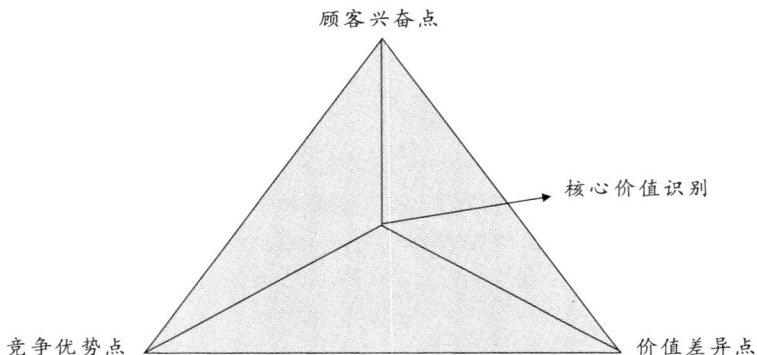

图 6-14　核心价值:三维匹配模型[①]

4. 组织公众与行业专家共同论证城市形象定位

城市形象定位初步确立后,还需要经过论证完善的过程。可以首先通过社会公众意见调查的形式予以检验,之后还需要邀请相关专家对城市形象定位进行论证、完善。

准确的城市形象定位对于树立城市良好形象,提高城市竞争力有着重要的意义。城市形象定位决定了城市形象传播的根本目标和方向,也影响着城市形象传播中传播内容的选择,因此,对任何一个城市的管理者而言,城市形象定位的工作都不容小觑,必须给予足够的关照和重视。

---

① 肖阳.品牌传播策划实验——策略、流程与工具运用[M].北京:经济科学出版社,2008:57.

第七章

城市形象整合营销传播策略

不能仅为了形象而运作，或者是为了改变形象而运作。

——西蒙·安霍尔特

整合营销传播理论虽好，但在实际操作过程中似乎与传统的营销传播并无本质区别，这是许多实践者的困惑。实际上，整合营销传播本身所采用的沟通工具与传统营销传播工具并无二致，其在营销促动和信息传达层面与传统营销传播所追求的诸如一致性、统一性等信息目标也极为相似。正是这种严格的继承性引发了两者之间表层意义上的相似性。[1]在开展城市形象整合营销传播之前，首先要对这个问题有清醒和正确的认识。美国西北大学凯洛格商学院的教授们对这一问题已有较为清晰的阐释：整合营销传播与传统营销传播的实质区别不在手段上，而是在观念上；两者主要的区别在于整合营销传播更为关注顾客、更为注重对技术的开发与使用和更为注重"一对一"的传播。

约瑟夫·奈在 2004 年出版的《软实力：世界政治的制胜之道》中指出，聪明的实力意味着更好地懂得如何将硬实力和软实力很好地结合起来。城市形象传播实际上就是在"巧实力"思路的引导下所开展的巧传播，即"传播主体善于根据具体情境，通过一定途径将软硬实力资源巧妙结合，进而提高传播效率，实现传播效果最大化"[2]。

第一节　整合营销传播操作模式

在所有学科领域，都或多或少地存在着这样那样的模式（Pattern）问题，可

---

① 黄鹂，何西军.整合营销传播：原理与实务[M].上海：复旦大学出版社，2012：17.
② 武闽.应对西方涉华舆论巧传播策略研究[J].现代传播，2011(2)：153.

以说,模式是一个领域逐渐成熟的时候出现的解决某一类问题的方法论。关于什么是模式,目前尚无一个公认的定义。丹尼斯·麦奎尔及斯文·温德尔所认为的模式是"功能性模式",它从能量、力量及方向角度来描述各系统、各部分之间的关系和相互影响,"模式是用图像形式对某一事物或实体进行的一种有意简化的描述,一个模式试图表明任何结构或过程的主要组成部分以及这些部分之间的相互关系"①。也有学者认为,模式就是深入研究设计问题,抓住问题的本质,并且找到简洁的问题解决方案②。胡正荣先生对模式的定义则是:所谓模式是指对客观事物的内外部机制的直观而简洁的描述,它是理论的简化形式,可以向人们提供客观事物的整体信息。

"模式"一词的指涉范围甚广,它标志了物件之间隐藏的规律关系,而这些物件并不必然是图像、图案,也可以是数字、抽象的关系,甚至思维的方式。模式强调的是形式上的规律,而非实质上的规律。模式是人们在生产生活实践中通过积累而得到的经验的抽象和升华,是经验与科学之间、现实与理论之间转换的中介,它能够简约性地表现事物和现象的各种关系和变化规则。简单地说,模式就是从不断重复出现的事件中发现和抽象出的规律,是解决问题的经验的总结,只要是一再重复出现的事物,就可能存在某种模式。模式作为"一种符号的结构和操作的规则,它用来将已存在的结构或过程中的相关要点联系起来",是"对真实世界理论化和简约化的一种表达方式",具有组织、测量和启发的功能③。

模式对于研究复杂的传播过程是必不可少的。通过模式借鉴,在同一类问题上人们无需再重复探求问题的解决方案,这极大地促进了任务的高效完成。一般来说,模式可以采用单纯的文字叙述、图像描述、数学公式分析等多种形式。

值得注意的是,解决一个问题可能有多个可选择的解决方案,这些解决方案各有偏重,针对不同的关切可能有不同的选择,没有哪个方案是万能的。模式中的解决方案在特定条件下是最优方案,但是,作为一种在权衡了各种利弊后的解决方案,一旦作用力间的平衡被打破,这个解决方案就可能不再成立。任何模式不可避免地具有不完整、过分简单及含有某些未被阐明的假设等缺陷,适用于一切目的和一切分析层次的模式无疑是不存在的④。

---

① [英]丹尼斯·麦奎尔,[瑞典]斯文·温德尔.大众传播模式论[M].祝建华,译.上海:上海译文出版社,1997:3.
② [美]杜月,蓝帝,宏.网站交线设计模式[M].孙昕,焦洪,译.北京:电子工业出版社,2009:12.
③ [美]沃纳·赛佛林,小詹姆斯·坦卡德.传播理论:起源、方法与应用[M].郭镇之,孟颖,赵丽芳,等,译.北京:华夏出版社,2000:44-45.
④ 戴元光,金冠军.传播学通论[M].第2版.上海:上海交通大学出版社,2007:156.

　　模式具有构造功能、解释功能、启发功能等诸多功能和优点，从整合营销传播理论构建伊始，学者们就在努力探索能将整合营销传播理论付诸实施的操作模式，如整合营销传播之父舒尔茨就曾在其三本整合营销传播著作中三度探讨了整合营销传播操作模式的问题。

一、舒尔茨的整合营销传播模式

　　1992 年，舒尔茨、田纳本、劳特朋在《整合营销传播》中提出了整合营销传播的企划模式，理想化的企划模式要素包括资料库、区隔／分类、接触管理、传播目标和策略、品牌网络、行销目标、行销工具、行销传播工具，如图 7-1 所示。整合营销传播的企划模式与传统营销沟通企划模式最主要的区别有两点，一是整合营销传播是将整个企划的焦点置于消费者、潜在消费者身上，二是整合营销传播尽可能使用消费者及潜在消费者的行为资讯作为市场区隔的工具。

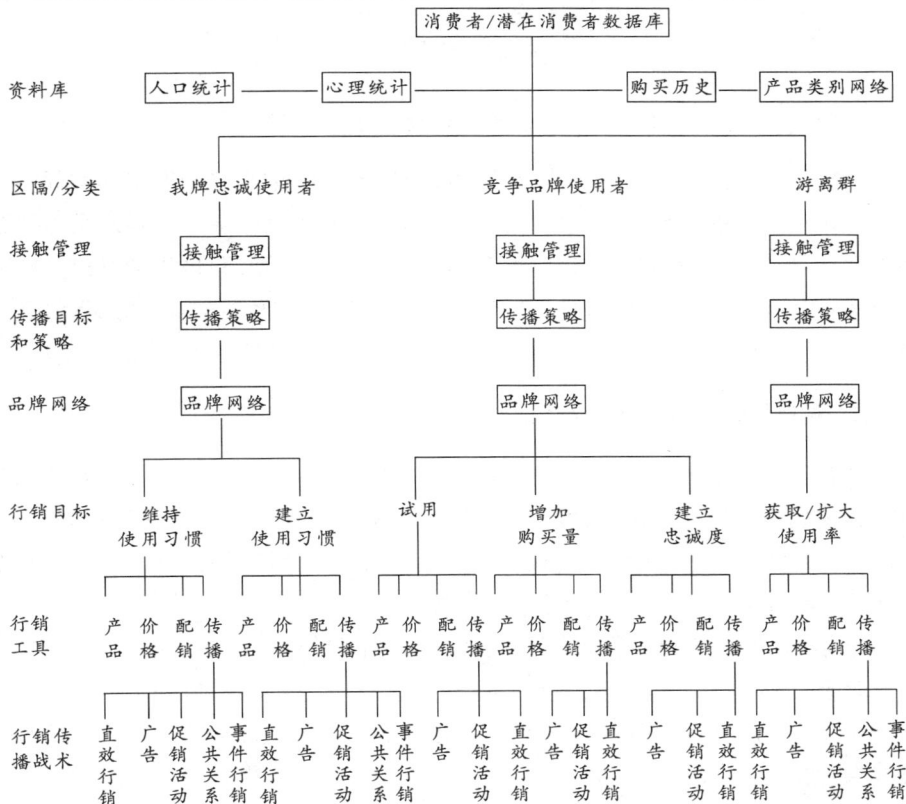

图中文字：

消费者/潜在消费者数据库

资料库：人口统计——心理统计——购买历史——产品类别网络

区隔/分类：我牌忠诚使用者　　竞争品牌使用者　　游离群

接触管理：接触管理　　接触管理　　接触管理

传播目标和策略：传播策略　　传播策略　　传播策略

品牌网络：品牌网络　　品牌网络　　品牌网络

行销目标：维持使用习惯　建立使用习惯　试用　增加购买量　建立忠诚度　获取/扩大使用率

行销工具：产品　价格　配销　传播（重复）

行销传播战术：直效行销　广告　促销活动　公共关系　事件行销（重复）

图 7-1　整合营销传播企划模式[①]

① [美]唐·舒尔茨，史丹立·田纳本，罗伯特·劳特朋.整合行销传播[M].吴怡国，钱大慧，林建宏，译.北京:中国物价出版社，2002:77.

2000 年，舒尔茨在《全球整合营销传播》中提出了整合营销传播八步模式，即全球客户数据库、客户和潜在客户评估、接触点/偏好、品牌关系、信息/激励的设计和传送、预测 ROCI、投资及其配置、市场测量。2003 年，舒尔茨在《整合营销传播——创造企业价值的五大关键步骤》中提出了整合营销传播五步规划模式，即识别客户与潜在客户、评估客户与潜在客户的价值、规划信息与激励、评估客户投资回报率、方案执行后的分析以及对未来的规划，如图 7-2 所示。

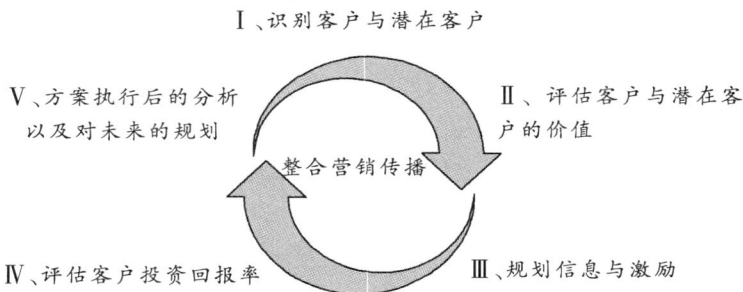

Ⅰ、识别客户与潜在客户

Ⅴ、方案执行后的分析以及对未来的规划

整合营销传播

Ⅱ、评估客户与潜在客户的价值

Ⅳ、评估客户投资回报率

Ⅲ、规划信息与激励

图 7-2　整合营销传播五步规划模式

整合营销传播的五步规划流程使营销传播历来都被当成一连串零散而不相干的工作来实施的现状得以改观，这一流程是一连串互相联系的客户至上的管理步骤，不仅有助于发展并执行全面整合的营销传播计划，而且也会通过这样的流程达到全面的整合。舒尔茨三个模型图，可以反映出他关于 IMC 的看法前后有变化，早期更多地把 IMC 看做是一种战术，晚期更多地把 IMC 看做一种战略[①]。

二、邓肯的整合营销传播层级模式

美国广告学专家威廉·阿伦斯与库特兰·博维在《当代广告学》中以大量篇幅对整合营销传播学进行论述，着重阐述整合营销传播中营销与传播之间的联系。两位专家描述了一个"倒金字塔模式"，模式中营销与传播结合由低到高、逐步推进的特征清晰可见。营销与传播结合的倒金字塔模式见图 7-3 所示。

汤姆·邓肯根据上述模式的层级设计，提出了整合营销传播的四层次模式：统一形象、一致声音、好听众、世界级公民。统一形象指所有的传播手段致力于建立统一的、强有力的品牌形象。一致声音指企业不仅关注对消费者的传播是否一致，还关注所有利益相关者之间的沟通和交流。好的听众指企业关注所有利益相关者的相互对话，注重培养一种长期的关系。世界级公民，指企业有良好的社会

① 黄迎新.整合营销传播理论批评与建构[M].北京：人民出版社，2012：121.

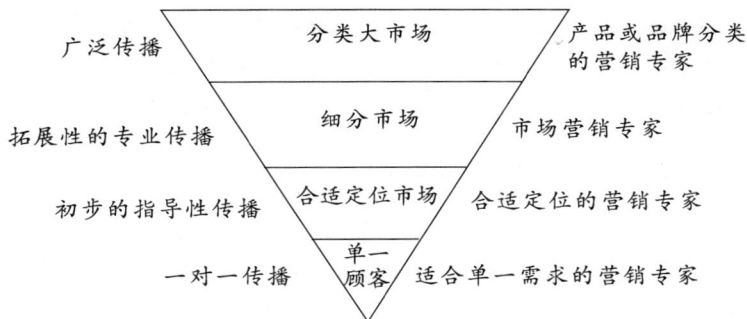

图 7-3　营销与传播结合的倒金字塔模式

意识和强烈的社会责任感。

邓肯的整合营销传播层级模式如图 7-4 所示。第一层次，首先在企业内部精心策划，设计统一形象。第二层次，企业向外传播连贯一致的信息。第三层次，传播扩大为双向传播，旨在与顾客建立长期关系（邓肯将擅长吸纳顾客意见的企业比喻为"良好倾听者"）。第四层次，通过企业文化延伸传播范围，从社区到国内社会再拓展至世界各国各地区（邓肯将传播范围向国际社会延伸的企业称为"世界公民"）。这些层次揭示了整合营销传播活动的趋势：从狭隘封闭的企业独白到开放互动的对话，最后从内到外产生了一种渗透到整个组织并驱动一切的组织文化。

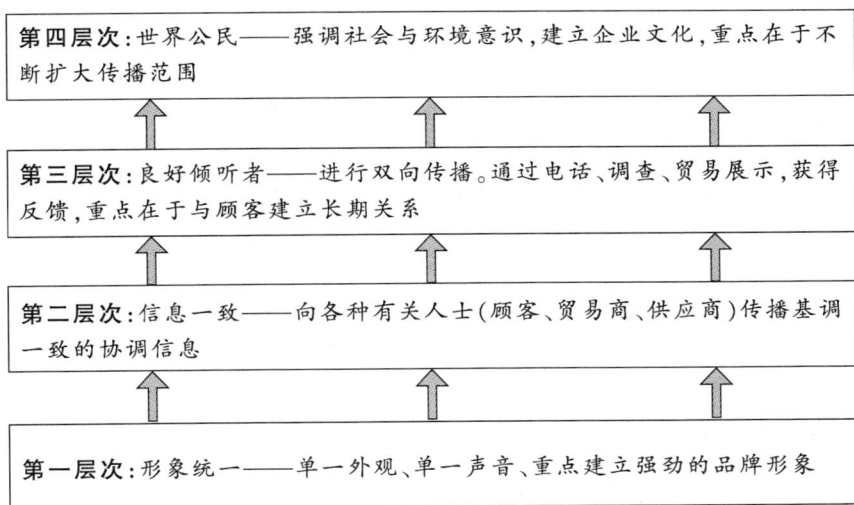

图 7-4　整合营销传播层级模式①

---

① William F. Arens, Courtland Bovee. Contemporary Advertising[M]. Chicago: Irwin, 1994:493.

邓肯从品牌资产的角度研究整合营销传播，还提出了整合营销传播的六步法，即确认目标受众、SWOT 分析、确定营销传播的目标、制定战略和战术、制定预算、评价效果。

三、贝尔齐的整合营销传播计划模式

贝尔齐在《广告与促销：整合营销传播视角》(Advertising and Promotion: An Integrated Marketing Communication Perspective) 中将整合营销传播的思想融入到对广告与促销活动的探讨中。贝尔齐以"广告与促销"为核心思想的整合营销传播计划模式的内容主要包括以下七个方面：营销计划回顾、促销方案态势分析，传播方案分析，预算决策，发展整合营销传播方案，整合与执行营销传播战略，监测、评价以及控制整合营销方案，如图 7-5 所示。

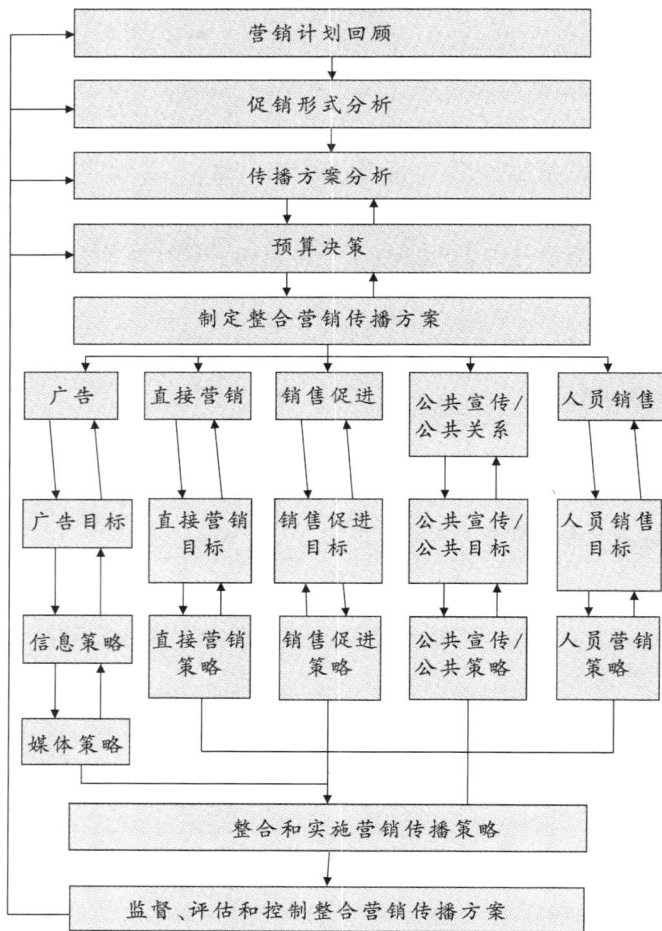

图 7-5　整合营销传播计划模式

四、莫尔和梭森、施吉、申光龙的整合营销传播模式

在舒尔茨、邓肯、贝尔齐之外，莫尔和梭森（Jeri Moore&Esther Thorson）在1996年发表的论文《整合营销传播方案的战略策划：从混乱到系统的方法》中提出了基于实现"消费者购买循环阶段"的五步模式，即确定市场、基于"购买循环阶段"细分市场、确定每个目标市场细分的传播信息和媒体计划、组合资源和评估方案的效果。

施吉运用系统论的研究方法，对整合营销传播战略及战术进行了独具特色和卓有成效的研究。施吉整合营销传播系统论的核心内容是将企业的营销传播决策分为三个层级，即企业层级的决策、营销层级的决策和营销传播层级的决策等，其重新定义了整合营销传播方案的两个基本特性，一是战术连续性，二是战略导向性①。施吉还提出了整合营销传播的发展层次理论，他认为，整合营销传播在不同的发展阶段有不同的整合要求和形式，依次可分为七个层次：认知的整合、形象的整合、功能的整合、协调整合、基于消费者的整合、基于风险共担者的整合、关系管理的整合②。

韩国学者申光龙（SHIN Kwang Yong）在研究诸多整合营销传播理论模型的基础上，构建了基于利害关系者分析的IMC理论模型体系，它非常全面而细致地将整合营销传播理论的实质和精髓体现出来，其提出的操作模型分为四个阶段：调查计划阶段、战略阶段、战术决定阶段、战略实施与评价阶段③。

关于整合营销传播操作模式的研究日渐丰富，"但遗憾的是这个具有价值的理论体系在操作上却不尽如人意，其在操作上除了信息时代与之俱来的技术进步因素之外，整合营销传播方法似乎与传统广告及营销传播手法并无二致"④。虽然整合营销传播未必就是要遵循着一种既定的操作模式，在这个过程中完全存在着多重性选择的可能性，也就是舒尔茨所言"可能为其接受的一切沟通方式"，但为了防止整合营销传播在操作上走回传统营销传播的老路，探寻能够真正体现整合营销传播思想精髓的操作流程与方法仍具有相当的现实价值，也是整合营销传播理论在实践中展现市场价值的内在要求。

---

① Donald Parente. Advertising Campaign Strategy：A Guide to Marketing Communication [M]. New York：The Dryden Press，1996.

② M. Joseph Sirgy. Integrated Marketing Communication：A Systems Approach[M]. New Jersy：Prentice Hall，1977：6.

③ SHIN Kwang Yong. Integrated Marketing Communications Strategy Management [M]. London：The June Press，2001：172.

④ 卫军英.关系创造价值——整合营销传播理论向度[M].北京：中国传媒大学出版社，2006：200.

第一节　城市形象传播的整合层次

一、城市形象传播观念的整合

卫军英教授指出,在整合营销传播过程中,由于"关系"、"接触"等一系列全新概念的引入,导致了营销传播目的、实施方向以及媒体延伸等方面的根本转变,传统营销传播观念也受到了重新审视并被赋予新的意义,从而使其表现得更加具有张力。整合营销传播对传统市场营销观念的一个重要发展,就在于它对关系的重视。关系是联结品牌与消费者的桥梁,关系的好坏直接决定企业能否盈利获得生存,并依靠消费者的品牌忠诚度获得品牌的长期发展。

施吉在其整合营销传播的发展层次理论中提出,认知的整合是整合营销传播最基础的形式,其主要内容就是要求营销人员认识或认知明了营销传播的需要。城市形象传播首要的任务就是对组织人员的观念进行整合,树立以城市利益相关者为导向的传播观念。在新的营销传播视野下,关系作为一种多维现象,较之于以往表现得更加复杂,商务人士、游客等传统城市形象传播的核心,如今已不再是唯一,城市形象传播中很多其他相关群体都会影响到城市的形象利益,这就要求城市形象传播者在创建及传播形象信息时,要充分考虑各种利益相关者的利益,树立起以受众为中心的行动理念。

二、城市形象传播组织的整合

整合营销传播组织是整合营销传播行为的主体,是执行整合营销传播功能以达到传播目的的实体,一切整合营销传播活动都是由整合营销传播组织来完成的。整合营销传播是一个连续的过程,在此过程中有很多相互关联又彼此独立的部门或独立的实体的参与,因此,广义而言,整合营销传播组织是参与整合营销传播过程的部门和实体,既包括传播主体的整合营销传播部门,也包括外部营销传播代理组织和配套服务组织。狭义的整合营销传播组织的范围仅仅是直接参与传播过程的部门或实体。

城市形象作为一种公共物品,从公共管理的角度上来说政府毫无疑问应当承担起城市形象建设与传播的主体责任。"但事实上,城市形象和品牌的传播单单靠政府是不够的,从社会参与的角度而言,城市的企事业单位和市民都应该是传播的主体。"[①]不仅如此,"一个多世纪以来,每逢遇到要说服大众,美国当局就

---

① 李怀亮,任锦鸾,刘志强.城市传媒形象与营销策略[M].北京:中国传媒大学出版社,2009:211.

会召集广告人、公关大腕和媒体炒家"①。要使如此众多的传播参与主体协同一致地向外界传递信息，对组织进行全面、有机的整合必然不可或缺。构建一个职责清楚、分工明确、相互配合、协调一致、运转高效的城市形象传播组织体系必须着力做好两个方面的整合工作：一是如何整合宣传、旅游、外事、经贸等政府自身部门；二是如何整合企业、专业机构、市民等社会组织与个人。在"市场失灵"和"政府失灵"的双重背景下，合理的趋势和正确的选择应该是走向共生，形成一种城市营销与城市治理的共生机制，即走向"城市营销治理（City Marketing Governance）"②。

三、城市形象传播受众的整合

施吉在其整合营销传播的发展层次理论中提出了基于消费者的整合和基于风险共担者的整合的思想。所谓基于消费者的整合，指的是营销策略必须在了解消费者的需要和欲求的基础上锁定目标消费者，在给产品以明确的定位以后才能开始营销策划，换句话说，营销策略的整合使得战略定位的信息直接到达目标消费者的心中；基于风险共担者的整合指的是营销人员认识到目标消费者不是本机构应该传播的唯一群体，其他共担风险的经营者也应该包含在整体的整合营销传播战术之内，例如本机构的员工、供应商、配销商以及股东等。

城市形象传播受众的整合过程实际上就是对城市形象传播对象进行市场细分后选择目标市场的过程，是整合具有同质需求的受众为目标市场的过程。要对城市形象传播对象进行市场细分，前提有两个，一是要明确整体市场，二是要明确细分的依据（标准）。城市形象传播的整体对象界定可以借用邓肯引入到整合营销传播中的利益相关者概念，即一切城市利益相关者都是城市形象传播的对象。而对用何标准去细分这个整体市场，传统的细分理论主要是用地理细分、人口细分、心理细分和行为细分等变量作为细分标准，而舒尔茨等人研究后进一步提出了整合营销传播尽可能使用消费者及潜在消费者的行为信息作为市场细分的依据。但是城市和一般的商品还是有很大的区别，由于缺乏显性的消费性质，因此很难用我牌使用者、竞争品牌使用者的标准去识别和细分市场。因此，城市形象传播受众整合中利用米切尔的三分法进行细分是比较可行的。市场细分是目标市场选择的前提，在对城市形象传播受众细分的基础上，我们可以确定由决

---

① [美]西蒙·安浩.铸造国家、城市和地区的品牌：竞争优势识别系统[M].葛岩，卢佳杰，何俊涛，译.上海：上海交通大学出版社，2010：16.

② 倪鹏飞.中国城市竞争力报告 No.10——竞争力：筚路十年铸一剑[M].北京：社会科学文献出版社，2012：392.

定型受众和预期型受众为主体的城市形象传播方向,但在实际操作中,有必要对这两类受众进行进一步细分以确认可获利的目标市场(组合)。

四、城市形象传播接触的整合

自舒尔茨提出接触的概念后,信息传播的方式就完全跳出了媒体的束缚,展现出一幅无比广阔的画卷。在舒尔茨看来,一切"过程与经验"都可以成为接触,这也就意味着只要与对象有联系的介质抑或行为都可以成为信息传播的渠道。施吉在整合营销传播的发展层次理论中提出了协调地整合的思想,其核心就是要将人员推销功能与其他营销传播要素(广告、公关、促销和直销)等整合在一起,让各种手段都用来确保人际营销传播与非人际形式的营销传播的高度一致。

从接触传播的角度来看,城市及其所属个体的每个行为都在对外界传递一定的信息,因此有必要对各种接触方式(不仅仅是媒体)的接触行为进行整合以保证形象的一致性,这也是"品牌传播长尾化"[①]时代的内在要求。各种不同的接触途径都有其自身的优劣势。以广告而论,它可以迅速建立城市知名度,树立城市形象,但其说服效果有限,"任何广告项目中最大的问题就是可信度,对普通人来说一条广告信息并不具有多少可信度"[②];就公关而言,它可以很好地引起受众的关注并有效取得受众的信赖,为城市赢得美誉度和忠诚度,为建立长期而稳定的受众关系打下坚实基础,但公关传播的影响较为间接;促销活动可以提供给受众强烈的行动刺激,但对于树立品牌形象作用有限;人际传播对受众的影响力比较大,也是受众最信赖的信息来源,可以加速信息的扩散效应,但对传播者而言却是一个不可控的传播途径,只能通过对其他要素的控制来加以引导。实际上,在整合营销传播视野中可供传播之用的接触方式远多于此,城市形象传播者应该根据各种接触途径的特点进行整合利用,以获取一种协同优势,以便最有效地触及城市形象传播的目标受众。

五、城市形象传播内容的整合

邓肯在其整合营销传播层级模式中提出了形象统一和信息一致两个层级概念,都与内容的整合密切相关:形象统一指所有的传播手段致力于建立统一的、强有力的品牌形象,强调单一外观,单一声音;信息一致指不仅关注对消费者的传播是否一致,还关注所有利益相关者之间的沟通和交流,即"持续的一个声音"。施吉在整合营销传播的发展层次理论中提出了形象的整合的思想,其指出:

① 舒咏平.品牌传播论[M].武汉:华中科技大学出版社,2010:211.
② [美]艾·里斯,劳拉·里斯.广告的没落,公关的崛起[M].寿雯,译.太原:山西人民出版社,2009:5.

形象的整合牵涉到确保信息与媒体一致性的决策，信息与媒体一致性一是指广告的文字与其他视觉要素之间要达到的一致性，二是指在不同媒体上投放广告的一致性。

城市形象传播内容的整合涉及两个层面的整合：第一个层面是形式一致的内容整合，即在不同的传播场合使用统一的城市标准字、城市标志、城市吉祥物、城市口号等，这是最外层也是最基础最容易达到的整合；第二层面是内涵一致的内容整合，传播内容整合从深层次上讲，不应该局限在形式一致的整合，应该在体现城市定位的基础上根据媒体形态的不同和传播对象的不同设计差异化的表现形式和表现内容，使得传播更加具有针对性和实效性。城市形象传播内容的整合关键不在于形式的整合，而在于内涵的整合，在于面对不同的利益相关人和不同的传播平台传递内容或形式迥异但内涵一致的城市形象信息，这也是城市形象传播内容的深层整合。

六、城市形象传播关系管理的整合

整合营销传播十分注重通过传播沟通来建立和维护品牌与顾客、利益相关者之间的关系。舒尔茨认为，现有或潜在客户与产品或服务之间发生的一切有关品牌或公司的接触，都是进行信息双向沟通的渠道。邓肯则进一步提出企业营销传播的根本目的即在于获得、保持或者提升顾客与公司或者品牌的关系，并确立整合营销传播将建立关系作为其核心价值，将品牌资产作为关系的终极追求。施吉也认为关系管理的整合是整合营销的最高阶段。可以说，整合营销传播的核心问题就是关系管理。

城市形象传播中涉及与市民、游客、投资者等诸多利益相关者建立建设性关系的任务，关系数量可谓异常繁多，而每一条关系的建立都面临着如何处理大量关系接触点的问题。然而，在不同关系之间和各个关系接触点之间存在冲突抑或疏漏在所难免，城市形象传播的关系管理难度由此可见一斑。但问题不仅于此，以政府不同部门各自开展的关系管理为例，由于部门之间业务的差异与利益的不完全相关性，各个部门与利益相关者的关系信息经常是散落在政府的各个部门中，几乎很少共享抑或充分利用，也就是说城市形象传播关系管理的问题不仅仅是传受关系的整合问题，在传播者内部之间也存在着关系协同的问题。城市形象传播关系管理的整合就是要求将不同位置的信息与知识集成起来，着力解决信息孤岛和知识孤岛的问题，以集中力量提升关系管理的水平，促进城市形象传播立体关系网的完善。

第三节 城市形象整合营销传播模式构建

一、城市形象整合营销传播战略过程

城市形象是城市在公众脑海里留下的印象及公众对组织的评价。城市形象包括一系列联想、记忆、期待和其他感受，其可能与城市的硬实力、软实力身份匹配，也可能不匹配。与企业形象一样，城市形象也是实值形象与虚值形象的统一。城市实值形象是城市发展所达到的实际水平，而公众对城市形象的某些主观性印象则可称为城市虚值形象，由此可以构建城市形象象限图，如图7-6所示。

在城市形象象限图中，城市形象的实值部分在一定时期内应该是相对稳定的，其要素集中表现为城市竞争力水平，但城市形象的虚值部分则具有较大的认知弹性，具有较强的可塑性。城市形象传播研究的假设前提是，有效的传播活动能够在城市实值形象不发生大的改变的前提下改变公众对城市的认知印象，即改变城市的虚值形象。因此，对于城市形象传播而言，其主要的任务不在于改变城市的实值形象，其关注的重点应该是在一定的实值形象基础上，如何更好地构建城市的虚值形象。将城市形象传播活动聚焦在城市虚值形象的构建上，可以使研究的重点从城市规划、城市设计、城市建设等实值形象问题中脱身，使研究的针对性增强。

图 7-6 城市形象象限图

城市形象传播正面临信息社会的冲击：随着信息渠道和信息流量的迅猛增长，信息传播中的噪音日渐增加，对于城市形象传播者而言，沟通与传播的地位越来越重要，但难度也越来越大。整合营销传播之父舒尔茨指出消费者在做购买决定时，愈来愈依赖认知而非事实，他们作出购买决策的根据往往是他们自以为重要、真实、正确无误的认知，而不是具体的、理性的思考或斤斤计较后的结果。

在这一传播背景下,显而易见,公众对城市形象的认知与城市实值形象的表现有可能并不完全相符。

实际上,公众对城市形象的认知,与其头脑中的有关城市的信息(经验)直接相关,这些信息(经验)也就是整合营销传播中的接触。受众对城市形象的认知一定是受到某些可控或不可控接触的影响,那么该如何管理这些接触? 在这些接触上又该预设哪些信息? 城市形象传播正面临着信息传播立体战时代的来临,引入整合营销传播理论开展城市形象传播活动或是城市面对这一严峻挑战的应对之道。

战略管理过程(图7-7)一般可以分为确定企业使命、战略分析、战略选择及评价、战略实施及控制四个阶段。确定企业使命阶段的核心内容是进行企业使命定位,战略分析则包含了内外部因素的分析,战略制定由总体战略选择和业务单位战略选择所构成,战略实施的主要内容是组织调整、调动资源和管理变革。

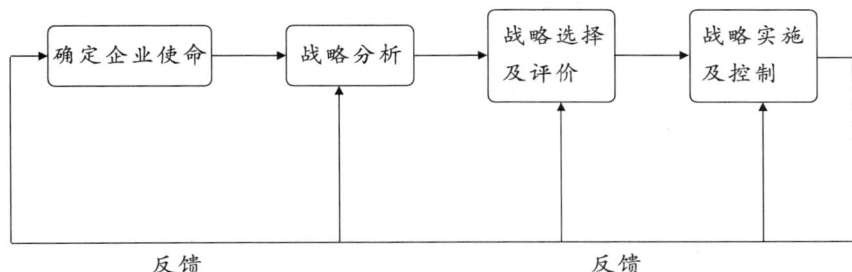

图7-7　战略管理过程

城市形象传播管理与一般企业的战略管理略有不同。如图7-8所示,城市形象传播管理的第一步应当明确推动城市形象传播的主体,也就是首先建立城市形象传播组织机构,这个机构可以由多个部门和人员所组成。第二步是开展城市利益相关者调查与分析,也就是战略分析阶段,要深入了解不同的利益群体的利益诉求及其信息接触方式。第三个阶段是城市形象整合营销传播战略制定阶段。战略制定包含哪些内容,是一个有争议的话题,但是从大的方面来说,还是有一些共同性的东西存在,根据战略所要完成任务的不同,可以把战略内容划分为三个层次:产品–市场的确定、价值链的优化和核心竞争力的培养①。城市形象传播战略的核心也是要完成传播受众确定、传播价值链优化和城市形象定位三大问题。第四步是制定城市形象整合营销传播计划,即通过具体的接触管理策略方案实现传播战略。第五步是对城市形象整合营销传播计划的实施和过程控制,正确

① 李玉刚.企业战略内容解析[J].科研管理,2002(2):104-109.

的传播战略和好的传播方案必须要靠有效的执行才能产生效果。第六步是城市形象整合营销传播计划的评价与反馈,城市形象整合营销传播是一个循环过程,而不是一次性工作,需要不断监控和评价战略的实施过程,修正原来的分析,调整战略选择和实施策略方案。

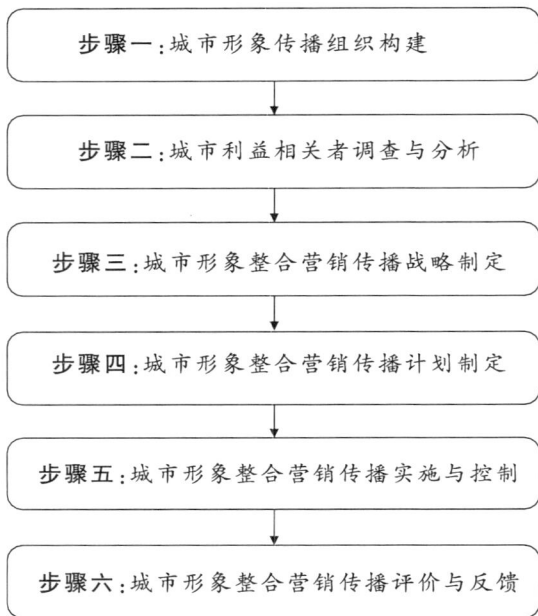

> **步骤一**：城市形象传播组织构建

> **步骤二**：城市利益相关者调查与分析

> **步骤三**：城市形象整合营销传播战略制定

> **步骤四**：城市形象整合营销传播计划制定

> **步骤五**：城市形象整合营销传播实施与控制

> **步骤六**：城市形象整合营销传播评价与反馈

图7-8　城市形象整合营销传播战略过程

二、城市形象整合营销传播模式

在对城市形象整合营销传播战略步骤与层次进行系统梳理的基础上，并充分借鉴舒尔茨、邓肯、卫军英等整合营销传播专家对操作模式的理解与概括,本书提出了城市形象整合营销传播模式,如图7-9所示。

三、城市形象整合营销传播模式特点

(一)以城市形象传播受众(利益关系者)为导向开展营销传播活动

在城市形象的整合营销传播模式中,无论是战略层面的传播目标设定、城市形象定位、传播价值链优化,还是策略层面的传播内容、接触渠道的选择均是在受众需求利益分析与接触清单分析的基础上决定，充分契合由外到内的营销传播转向。米切尔评分法是一种具有鲜明受众导向的细分方法,城市形象整合营销传播模式中就利用这一细分方法将城市形象传播的受众分为决定型受众、预期

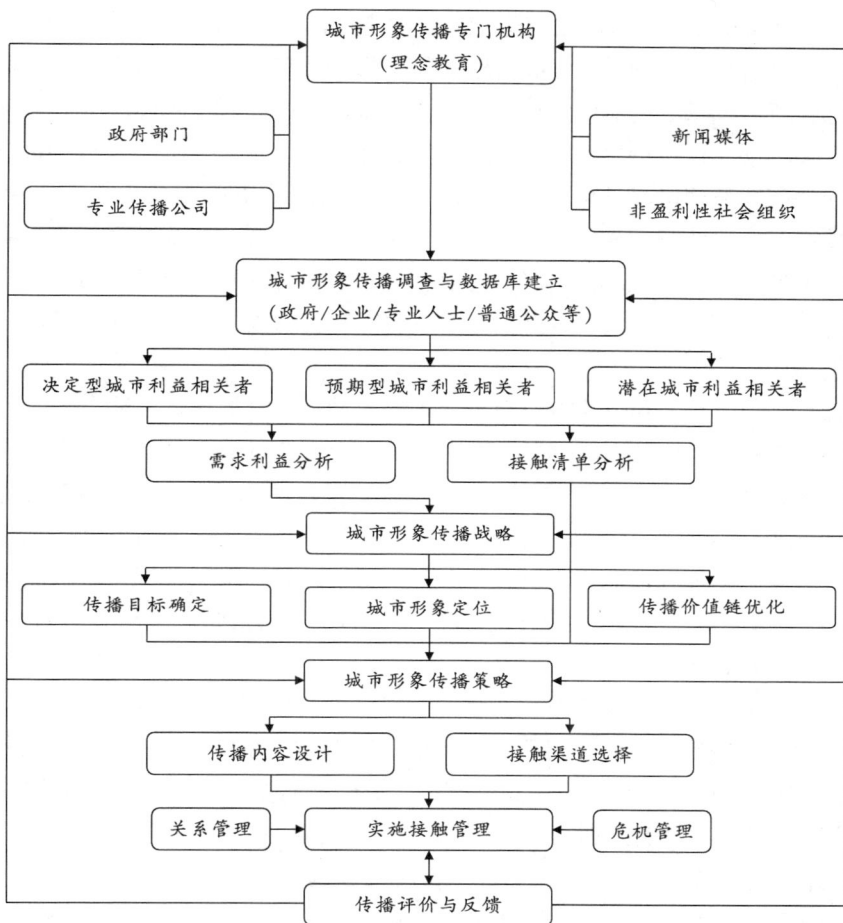

图 7-9　城市形象整合营销传播模式

型受众和潜在型受众,这种细分方法较之以往更加符合以受众为中心的操作思路。

(二)突出城市形象传播组织机构在营销传播过程中的核心地位

城市形象传播组织机构是城市形象传播调研、战略制定和战略实施成败的关键。在城市形象整合营销传播模式中,政府通过建立专门机构来承担战略任务,这个专门机构通过整合政府相关部门、新闻媒体、专业传播公司、非盈利性社会组织等多方力量形成城市形象整合营销传播组织体系。在完善组织构架的同时,城市形象整合营销传播模式还强调开展对成员的整合营销传播理念教育用以保障营销传播执行的效力与效率。

(三)制定城市形象传播战略时充分考虑传播价值链的优化

迈克尔·波特于 1985 年提出的价值链学说认为,企业的价值创造是通过一系列活动构成的,这些互不相同但又相互关联的生产经营活动,构成了一个创造价值的动态过程,即价值链。用波特的话来说,消费者心目中的价值由一连串企业内部物质与技术上的具体活动与利润所构成,当你和其他企业竞争时,其实是内部多项活动在进行竞争,而不是某一项活动的竞争。如果企业价值链中每一项增值活动都能管理得好且相互支持和协调,企业就可以获得竞争优势①。城市形象传播活动可以使城市形象资产获得价值增值,因此城市形象传播的过程毫无疑问也是价值创造、价值增值和价值实现的过程。城市形象整合营销传播活动可以通过强化内部协同、制造权衡等方法进行价值链的优化,塑造一个竞争者难以模仿的竞争优势。

(四)采用了统一形象定位与差异化内容设计相结合的信息策略

协调各种接触中信息传达的一致性,保持用一个声音对外说话是整合营销传播的内在要求。在城市形象的整合营销传播模式中,强调面对内外部受众采用统一的城市形象定位的方法(城市形象定位决定了未来传播内容的取舍),以保证对社会公众传播的一致性,保证城市形象构建中方向和目标的唯一性。但与此同时,针对传播对象的差异性和接触点的不同,模式提出了差异化内容设计作为支撑的信息传递策略。

(五)将危机管理与关系管理在接触管理过程中置于重要位置

从信息传播层面上看,整合营销传播很重要的一个任务就是对信息进行整合管理,邓肯和莫里亚蒂针对这些提出了一个整合不同品牌信息的整合三角。在这个三角中,"言"代表计划内信息,"行"代表产品和服务信息,"肯定"代表计划外信息。在现实的信息接触中,可控的接触只是其中一部分,仍有大量的信息接触具有不可控的属性。不可控接触往往突破正常工作程序和既定轨迹,具有某种突发性和不可预测性,在大多数情况下对其来源、发生方式和影响趋向难以进行前置判断②。因此,城市形象整合营销传播中离不开对危机的有效应对与管理。城市形象传播的接触管理实际上就是基于关系的管理,如何处理好与不同利益相关者的关系、管理好不同接触渠道上产生的关系,是接触管理中的核心所在。当然,这需要城市各个部门和人员在各个不同的接触点上恪尽职守和精诚配合,以确保各个层面的城市形象信息都能以"同一个形象、同一种声音"传达给利益相关者。

(六)建立了传播反馈系统以保证整合营销传播的科学实施

事实上,城市形象整合营销传播模式正是为了达成新的营销价值而形成的。

---

① [美]迈克尔·波特.竞争优势[M].陈小悦,译.北京:华夏出版社,1997:60.
② 卫军英.关系创造价值——整合营销传播理论向度[M].北京:中国传媒大学出版社,2006:221.

城市形象整合营销传播的核心任务不在于满足简单的促销和信息传递，而是要使营销与传播完美地达成一致，并在一种互动过程中努力与城市利益相关者构建稳定的关系，以此来最终实现城市品牌价值。因此，城市形象整合营销传播模式提出了建立良好的反馈和沟通机制的要求，需要传播者聆听并且发掘城市利益相关者的需求和行为动因，据此设计有价值的信息并以最具效益的途径加以传播。城市形象整合营销传播通过建立特定利益相关者的资料库、储存利益相关者的反馈信息，对利益相关者的反馈信息做出应答，从而消除利益相关者的疑虑，引导利益相关者做出积极思考。不仅如此，城市形象整合营销传播模式还鼓励利益相关者对城市的应答再次做出反应，形成良性循环的信息交流模式。相对于传统城市营销传播而言，城市形象整合营销传播的创新价值就在于强调通过反馈机制最终建立和强化顾客忠诚度。

第四节　城市形象整合营销传播实施策略

城市形象整合营销传播模式是一种操作性的理论模式，其核心价值在城市形象传播实践中才能体现。城市形象整合营销传播模式提出了新的城市形象传播工作思路、流程和方法，为城市形象传播实施提供了理论指导。但必须注意的是，这一模式只是从理论上提出了操作框架，在实际应用过程中各城市还应该结合城市的具体情况进行演绎、丰富和完善，以最终实现城市形象在日益激烈的竞争环境中的有效传播。

一、城市形象整合营销传播的理念同化

出于城市经营发展的需要，越来越多的城市管理者致力于城市形象建设，这一点从媒体上汗牛充栋的城市形象广告便可见一斑。但是，在当前这一过度信息市场环境下开展城市形象传播并不容易：媒体种类和数量的变化，公众接受心理和行为的变化，都给城市形象传播工作带来了严峻的挑战。整合营销传播理论为城市形象传播在新的市场环境下变革发展提供了有力指导，其中最为重要的一点就是对城市形象传播理念的启示。

城市形象传播理念是指传播者在城市形象传播过程中对自己的角色定位和理想的角色预期，其内容包括城市形象传播的传播原则、传播价值、传播方式、传播对象和传播效果等。随着传播环境的不断变化，城市形象传播理念也在日渐变革。如今的城市形象传播活动不再是简单地投放城市形象广告抑或制造城市公关事件那么简单，越来越多的研究表明，城市形象传播的成败在于对城市形象传播各个接触的有效管理——公众对城市形象的评价很可能因为某个接触的影响

而发生改变。

在一个文明的现代社会中,教育的力量、文化的敏感度比所谓的方法和技巧更为重要,其潜移默化的影响有时恰恰是适应日新月异变化的应对之策。城市形象整合营销传播应树立三大理念①:

一是要从以往的战术型传播变成战略型传播。战略型传播,要求围绕城市形象建构这一核心目标,整合城市各种资源,有计划、有步骤地开展各项传播活动。如较早运用整合营销传播的昆明,就将昆明作为一个整体进行营销,内容不仅仅局限在具体的企业产品、工艺、技术、品牌,还包括人文、历史、自然资源、地理气候、民俗、产业与投资环境等代表一个城市整体形象的资源要素,把城市的知名度、历史文化遗产、自然和人文景观等无形资产转化为有形资产,极大地提升了城市形象。

二是要确立从交易型传播到关系型传播的理念。传统的交易型传播的目的是促进销售,交易达成也就是传播活动大功告成之时。关系型传播则视交易为双方合作关系的开端。对城市形象传播来说,关系型传播要求注重与意见领袖、商务人士、游客等建立长期的互动关系,及时了解他们的想法和需求,不断调整传播计划。

三是要确立从政府传播到全员传播的理念。以往的传播主体,基本由政府承担,整合营销传播要求与城市形象建构有关的方方面面都应该成为传播的主体。要树立传播的公民意识和主人翁意识。一方面,市民文化素质、思想意识和精神状态直接决定和影响着城市形象,另一方面,城市形象的形成必须紧紧依靠市民。宁波市千名市民进北京活动就是全员传播的一个成功案例。他们穿着印有"请您去宁波"、"浪漫宁波欢迎您"的 T 恤,在北京街头向北京市民发放推介材料,通过这个活动,宁波在北京市民中树立了良好的形象,使北京成为宁波在长三角外的最大客源地。

在已有的整合营销传播实践中,经常出现的问题是将整合营销传播的观念指导和操作模式分而论之,整合营销传播的操作模式极少涉及理念的教育与指导环节,这直接导致了整合营销传播实践操作中极易出现由于认识偏差而引发的行为偏差,致使整合营销传播沦为营销传播工具的简单拼接。因此,要加强整合营销传播理论对城市形象传播的指导,首要步骤应该是开展对城市形象传播者的理念教育。必须使肩负城市形象传播工作的相关组织和个人认识、领会和贯

①陶建杰.城市形象传播的误区突破与策略选择[J].城市问题,2011(2):25-29.

彻执行以受众为中心的营销传播理念，从受众的视角出发设计传播内容，管理传播接触，最终构建城市与公众的和谐关系。

二、城市形象整合营销传播的组织构建

组织结构本身即是整合营销传播的障碍[1]。习惯于传统营销传播思维模式和行为模式的组织是整合营销传播最大的障碍。城市形象传播工作无论是从方案设计与执行还是经费的筹集与落实上，都离不开一个高效的组织保障，问题就在于，按照现行的城市形象管理组织构架（地方政府是城市形象的直接管理者），多头管理现象非常严重，如在《深圳市人民政府印发深圳市城市形象工程实施方案的通知》（深府〔2001〕21 号）[2]中将几乎所有的政府部门都纳入了城市现象工程的牵头单位、责任单位或协办单位，条块分割成 10 个项目 45 个工作组，不难想象，要让数十个各自为政的工作组统一协调地构建城市形象，难度何其巨大。邓肯在分析整合营销传播无法普遍运用的原因时指出，问题的根源就在于组织没有彻底改变它的体制和优先顺序，因此难以建立一个全面的资料管理系统和完成一个跨职能的整合过程。

舒尔茨在组织结构解决方案中指出，在现有组织不做大改变的情况下，传播活动可以借助设立一个传播独裁者而进行中央控制的方式，也就是说将传播功能统整到一个人或一个群组上。实际上，除了中央集权式城市形象整合营销传播组织模式以外，城市形象整合营销传播机构还有分权式整合营销传播组织模式。

在集权体系下，整合营销传播部门在层级上比其他部门要高，这使其能够更加有效地整合协同其他部门（但这不表明整合营销传播部门对其他部门有直接的控制职能）。整合营销传播组织控制着整个营销传播活动，它与城市形象传播所有部门维持双向传播关系，在实际运行中，它既可控制其结构层级下的相关部门，又可调整、协同、支援其他部门的个别传播，使其与城市的整合营销传播方向相一致。分权式整合营销传播组织模式则有所不同，城市形象整合营销传播部门分设在政府的旅游、外事、宣传、经贸等多个部门，各部门在自己业务范围内开展城市形象传播活动。这些利益相关者追求自己的部门利益，各自传播自己版本的城市形象，其结果是城市没有一个清晰完整的外部形象，有的只是一类复杂的、杂乱无章的、自我矛盾的形象。

---

① [美]唐·舒尔茨，史丹立·田纳本，罗伯特·劳特朋.整合行销传播[M].吴怡国，钱大慧，林建宏，译.北京：中国物价出版社，2002：218.

② 深圳市人民政府. 深圳市人民政府印发深圳市城市形象工程实施方案的通知 [EB/OL].[2011-3-16].http://www.fsou.com/html/text/lar/167991/16799197.html.

考虑到城市形象传播管理复杂性、系统性和长期性的特点,城市形象整合营销传播中应当建立中央集权式组织机构,成立"城市形象工作委员会"或"城市品牌推广委员会"等类似的专门部门,建立一个以"市长挂帅,专门机构牵头,部门联动,全员参与"的四位一体组织体系,以有效推进城市形象的传播活动。在整合营销传播理论看来,整合营销传播必须由高层往下开展,"由上而下的方向和领导是非常重要的,首席执行官必须主动支持整合营销传播的计划,扫除障碍。这意味着不仅要有财务上的支持,而且要积极地以一种指导、提醒,甚至鼓励的方式加以支援,让公司的每个员工均清楚了解整合营销传播的重要性"①。

在企业形象传播管理领域,半数世界五百强的高管选择用 45% 以上的时间处理与企业形象有关的工作,因为企业形象对企业发展的重要性不言而喻。那么,在城市形象传播问题上,作为"城市 CEO"的市长也必须舍得花更多的精力关注城市形象,只有市长亲身参与并指导城市形象工作委员会工作,中央控制的组织才可能有高瞻远瞩的传播计划,才可能协调开展抑或强力执行传播活动,最终构建理想的城市形象。城市形象传播是一项系统工程,除了城市领导者要重视和参与城市形象传播工作以外,建立一个专门机构(城市形象工作委员会)也是极其必要的,同时还要动员政府各部门鼎立支持,鼓励社会组织和个人积极参与,构建"市长挂帅,专门部门牵头,部门联动,全员参与"的四位一体组织整合体系。

三、城市形象整合营销传播的受众选择

在整合营销传播看来,目标受众的范围不只是限于既有或潜在的消费者,也不只限于最终消费者,它包含了所有被选定的定向目标受众群。城市形象传播的目标对象过于庞杂,我们必须找到对城市形象认知和评价有较大影响力的人,然后才能尝试与他们建立沟通并谋求形象传播与认同。

城市形象是城市在内外部公众中的整体评价,在城市形象传播实践中,若将受众范围界定为旅游者和商务人士,范围将过于狭隘,但如果将城市形象传播的受众界定为所有利益相关者,则有宽泛难以把握之虞。针对这一问题,爱德华·马尔索斯(Edward C. Malthouse)提出了整合营销传播受众"数据库细分"②的思想。按照这一思想,城市形象传播目标受众的确定路径就可以描述为:对城市传播数据库进行细分,而后再对城市形象传播的受众进行必要整合(用以解决不同子市场的跨界组合抑或过度细分等问题)。舒尔茨在整合营销传播企划流程的

① [美]唐·舒尔茨,史丹立·田纳本,罗伯特·劳特朋.整合行销传播[M].吴怡国,钱大慧,林建宏,译.北京:中国物价出版社,2002:237.
② [美]道恩·亚科布奇,博比·卡尔德.凯洛格论整合营销[M].邱琼,刘辉锋,译.海口:海南出版社,2007:146.

"区隔与分类"阶段，将消费者分为三类，如"本牌采用者、竞争品牌采用者、新进来的可能采用者"[1]、"无意见群、抱怨群、查询群"[2]等，但在城市形象传播领域，城市形象传播的对象区隔借鉴米切尔的三分法更有利于传播实践操作。对城市形象传播受众进行有效细分，可以帮助我们更好地把握重点目标市场。

首先，在决定型受众、预期型受众和潜在型受众中，应当将决定型受众的传播沟通放在首位，将预期型受众沟通放在重要位置，相对而言，潜在型受众应置于城市形象传播沟通的次要位置。从这一点来分析，目前许多城市形象传播中受众整合存在的问题主要是两个：一是对决定型受众关照不够，传播者把更多的精力放在与预期型受众和潜在型受众的传播沟通中；二是大量使用大众传播接触工具造成对潜在型受众过度覆盖而对真正关键的城市形象传播对象关照不足。

其次，决定型受众和预期型受众毫无疑问是城市形象传播的主要目标对象，在这两个目标群体中也存在着相对更为重要抑或更为急迫的城市形象传播受众对象，也就是说受众还可以依据重要性等指标进行二次细分。众所周知，不同的组织或个人在城市形象评价和传播中发挥的作用各不相同，以决定型受众对象为例，个体受众中媒体记者的重要性要大于普通市民，组织受众中全国性的著名企业的重要性要大于一般性本地企业。因此，虽然从理论上讲每一个组织或个人对城市形象传播而言都很重要，任何一个组织或个人的接触行为都会影响到城市形象，但在实际操作中还是可以作重点的传播设计，比如对媒体记者、知名人士、公众人物、舆论领袖、著名企业、知名社会组织、旅游者、投资者、商务人士、舆论热点中涉及的组织与个人等。

最后，对于特定城市的特定阶段而言，城市形象传播有其特定的重点传播目标，不同的城市情况各不相同。一个以旅游为支柱性产业的城市，其对游客这个群体的传播必然是不遗余力的，一个以商贸立市的城市，其对商务人士这个群体必然给予更多的关注。不仅如此，每座城市形象建设所处的阶段和遇到的问题都不一样，某座城市在某些受众群体的传播上已经非常成功，但另一座城市在对这个群体的传播上却可能大有问题，在这样两座城市开展形象传播其关注的对象和传播的重点必然是有所不同的。也就是说，城市在某一阶段选定何种受众群体作为传播的目标市场，需要结合自身情况而定，需要对传播现状和问题进行深入调查后决定。

城市形象整合营销传播不仅仅要明确传播的重点群体所在，更为重要的是

---

① [美]道恩·亚科布奇，博比·卡尔德.凯洛格论整合营销[M].邱琼，刘辉锋，译.海口：海南出版社，2007：146.

② [美]唐·舒尔茨，史丹立·田纳本，罗伯特·劳特朋.整合行销传播[M].吴怡国，钱大慧，林建宏，译.北京：中国物价出版社，2002：86.

要通过各种渠道建立城市利益相关者数据库。通过受众数据库,我们可以进一步明确城市形象传播中的关键人士,对其进行更进一步的分类整合并开展富有针对性的传播接触,从而大大提高城市形象传播的有效性。城市利益相关者数据库是城市形象整合营销传播中实现"一对一"互动传播的前提和保障。

四、城市形象整合营销传播的接触整合

整合营销传播理论提出了一个全新的接触(Contact)的概念。在传播与文化中对接触的理解是"两个或更多进行互动者(Interaction)的相会"①,但在整合营销传播中,接触却具有全新的意义:按照舒尔茨的看法,"凡是能够将品牌、产品类别和任何与市场有关的讯息等资讯传输给消费者或潜在消费者的'过程与经验',都可称之为接触"②;汤姆·邓肯则认为,"每一个与品牌有关的、消费者或潜在消费者与一个品牌之间的承载信息的互动都可以被称为品牌接触点"③。

随着受众所处的信息空间越来越复杂,注意力的驻留时间越来越短,传播者不得不将城市信息融入受众的每一个接触上,以"润物细无声"的方式对其受众心理和行为产生影响,正如马克斯·萨瑟兰所言,"应该探究那些微小的效应,亦即羽毛效应"④。与传播中的光环效应相对,马克斯·萨瑟兰所关注的"羽毛效应",更多的是探讨小众传播时代呈现相对弱势的媒体广告传播效果,解析各媒体广告是如何通过各种元素作用于消费者心理的⑤。

在整合营销传播理论看来,如今创意或营销人员说了什么,还不如他们怎么说和在哪里说更加重要。从这一点上说,传统的营销传播规划流程甚至需要彻底改变:整合营销传播的第一件事是要了解客户或潜在客户可能在哪里听到、看到或者得知产品及服务,然后营销传播人员才能确定创意或信息的内容。

日本电通公司指出,接触点是品牌与消费者产生信息接触的地方,即运送营销信息的载体,它不局限于广播、电视、杂志、报纸、户外、因特网等媒体,还包括直邮、产品包装、销售人员、店面布置、企业网站等,只要能成为传播营销信息的载体,就可以视为接触点。在汤姆·邓肯看来,每一个与品牌有关的、消费者或潜在消费者与一个品牌之间的承载信息人、物、活动都是接触点⑥。如果以邓肯的理

① [美]费斯克,奥沙利文,哈特利,等.关键概念——传播与文化研究词典[M].李彬,译.北京:新华出版社,2004:95.
② [美]舒尔茨,田纳本,劳特朋.整合营销传播[M].吴怡国,译.呼和浩特:内蒙古人民出版社,1998:75.
③ [美]汤姆·邓肯.整合营销传播:利用广告和促销建树品牌[M].周洁如,译.北京:中国财政经济出版社,2004:129.
④ [澳]马克斯·萨瑟兰.广告与消费心理[M].瞿秀芳,鹿建光,译.北京:世界知识出版社,2002:7.
⑤ 舒咏平.品牌传播论[M].武汉:华中科技大学出版社,2010:12.
⑥ [美]汤姆·邓肯.整合营销传播:利用广告和促销建树品牌[M].周洁如,译.北京:中国财政经济出版社,2004:129.

解来看城市形象传播中的接触点,其涵盖的范围将异常广泛:城市形象传播的接触点既可以是人,比如政要商贾、亲朋好友等,也可以是物,如地方特产、媒介产品等,还可以是活动,如公关活动、促销活动、会展活动等,种类繁多,不一而论。

　　菲利普·科特勒在其关于地方营销的开山之作中提出了战略性地方营销的主要要素(图7-10)。地方营销的层级思想中提出了存在于每个社区的四大营销要点:一是必须确保提供基本的服务、维护好基础设施以使居民、商界和游客满意;二是需要新的吸引物来提高生活水平以延续当前商界和公众的支持,吸引新的投资、商务活动和居民;三是需要透过一个生动的地区形象和宣传项目来传达其改善了的状况和生活品质;四是必须取得居民、领导人和现有各机构的支持,以使当地能友善而热情地吸引新公司、投资者和游客。地方营销的层级思想为我们寻找接触点提供了有力参考。

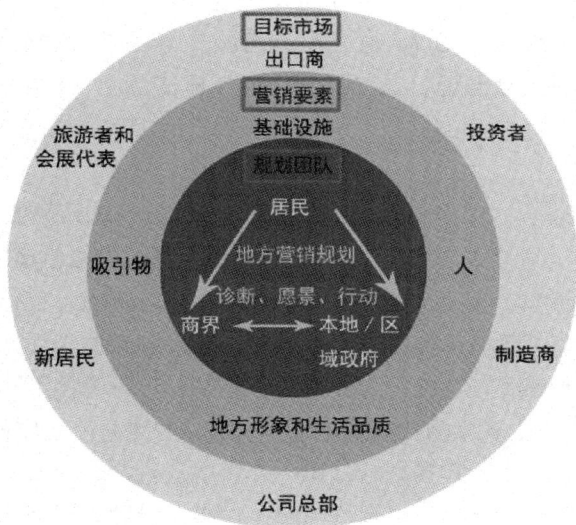

图7-10　地方营销的层级①

　　西蒙·安浩用六维度模型(图7-11)来表示国家/城市/地区行为和传播的"自然"渠道。西蒙·安浩指出,无论是刻意地或是意外地,国家/城市/地区通过六个渠道创造其声誉:一是通过旅游业层面,包括行业协会、企业、旅游胜地和其他组织,旅游业者常常是拥有最大推广预算和最有能耐的营销员;二是通过工商

① [美]菲利普·科特勒,唐纳德·海德,欧文·雷恩.地方营销[M].翁瑾,张惠俊,译.上海:上海财经大学出版社,2008:17.

业层面,各种公司组织、产品和服
务能够成为形象强而有力的大使;
三是通过政府层面,包括政府本
身、政策、外派机构、公关外交活
动以及政府的政策等,无论是直接
影响外部的对外政策还是获得外
部媒体报道的对内政策都较大地
影响着形象的形成;四是通过推广
层面,包括专门的投资、贸易和教

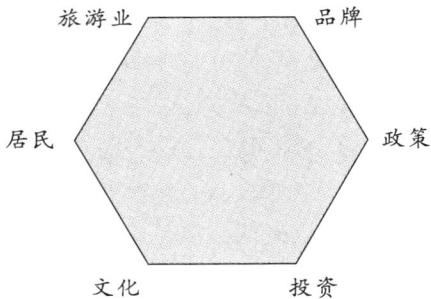

图7-11　竞争优势识别系统六维度模型①

育推广组织,以及相关的公司、代
理商、中介等等,通过吸引投资,提高商务人士、外部人才和学生对投资环境的认
知来促进形象提升;五是通过文化层面,包括文化组织、公司、文化创新活动和体
育赛事活动等等,以及诗人、作家、电影人、音乐人的作品等都能在形象建立方面
发生作用;六是通过公众层面,包括受教育水平、日常活动、境外侨民、名人乃至
普通老百姓,当地居民在外地的行为和在本地如何对待来访者也对形象传播有
重要影响。

　　显而易见,任何一个城市形象传播者都无法控制所有的接触点。寻找利益相
关者与城市之间所有可能的接触点,进而确认最具营销传播价值的接触点是接
触点管理首先需要完成的工作,亦即筛选接触点。要对接触点进行筛选,掌握接
触清单是前提,只有明确城市利益相关者与城市的接触点位于何处,才能够谈得
上对所谓关键接触点的管理。对于如何制定接触清单,有两种不同的思考路径,
一种是基于受众为中心的接触点模型②(图7-12),这种清单制作模型基于生活
者视点理论从人生观、生活方式、个人喜好、价值观及各方面深入了解、全方位分
析接触体验过程;另一种是基于企业或品牌为中心的接触点模型③(图7-13),这
种接触清单制作模型基于传播管理者的视角解析包括人、物、活动在内的各种接
触形式。

① [美]西蒙·安浩.铸造国家、城市和地区的品牌:竞争优势识别系统[M].葛岩,卢佳杰,何俊涛,译.上海:
　　上海交通大学出版社,2010:25.
② 张斌.整合营销传播[EB/OL].[2010-12-29].http://wenku.baidu.com/view/2b2db843336c1eb91a375d5a.
　　html.
③ 张斌.整合营销传播[EB/OL].[2010-12-29].http://wenku.baidu.com/view/2b2db843336c1eb91a375d5a.
　　html.

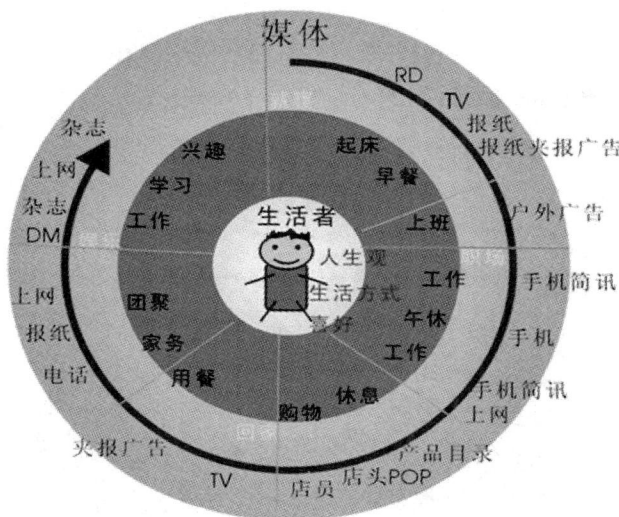

图 7-12　以受众为中心的接触点模型

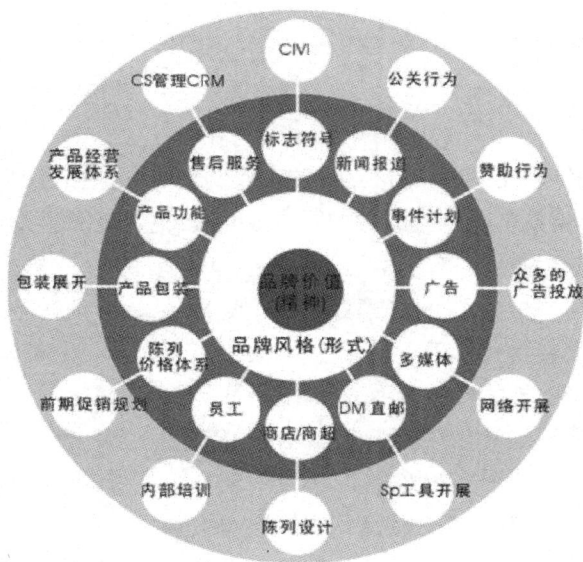

图 7-13　以品牌为中心的接触点模型

实际上，无论是采用以受众为中心的接触点模型还是采用以品牌为中心的接触点模型来制作城市形象传播的接触清单，都难以保证其完整性，而且也是极其困难的，其原因就在于城市形象传播接触的异常复杂性。在实际操作过程中，可以通过模拟利益相关者与城市的接触全过程来制作城市形象传播"接触线"的方式来检验和完善这一清单。吕尚彬等人在研究武汉城市形象传播过程中,进一步丰富和完善了城市形象传播的接触清单,他们根据城市形象传播的环境要素,提出了城市品牌传播的渠道整合平台(如图7-14所示)。

图 7-14　城市品牌传播的渠道整合示意图[①]

通过对接触清单的分析,接下来的工作便是筛选出那些能够直接影响城市形象、能给受众带来美好体验的"关键"的接触点,也就是确认关键接触点。"通常在两种情况下,品牌接触点对客户和潜在客户才有意义:一是必须具有相关性,即产品必须与客户相关;二是必须具有接受度,也就是必须在客户可以接受的时候传递信息。两者缺一不可。"[②]

在对城市形象传播接触清单的审视中,可以通过深度访谈的方式找出那些对城市形象传播而言具有显著影响力的接触点:通过深度访谈找出城市利益相关者中大部分个体所记得的接触点,或不同利益相关者群体所确认的、共同的重要接触点。此外,还要对受众生活习惯和媒体接触习惯进行认真分析,找出受众喜爱和经常使用的接触方式,充分利用这些接触形式进行有针对性的沟通,围绕城市形象形成一个完善的接触网络,以实现有效的传播。城市形象传播关键接触点清单如图7-15所示。

---

① 吕尚彬,钱广贵,兰霞,等.中国城市形象定位与传播策略实战解析:策划大武汉[M].北京:红旗出版社,2012:236.
② 黄鹂,何西军.整合营销传播:原理与实务[M].上海:复旦大学出版社,2012:98.

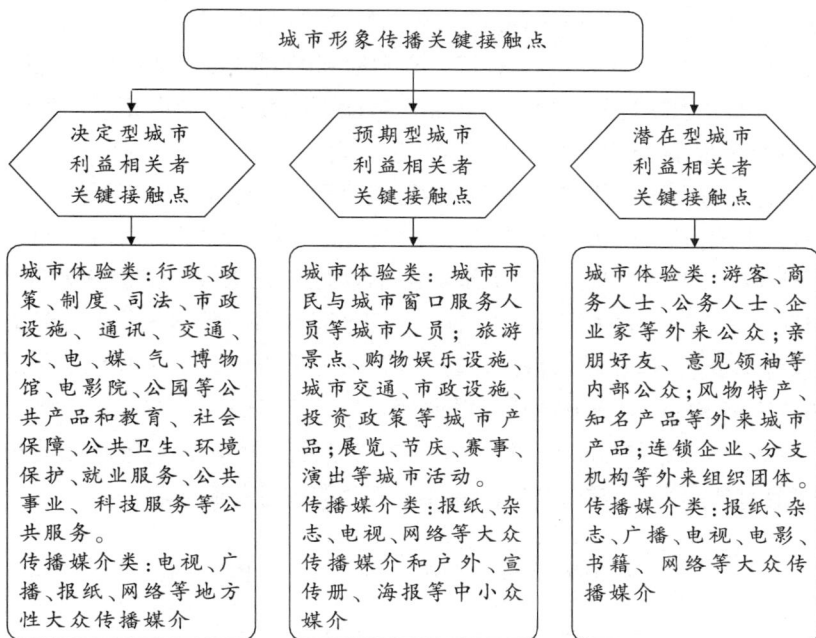

图 7-15 城市形象传播关键接触点清单

总而言之,城市形象传播的接触整合从空间上要研究目标受众的信息接触习惯,画出接触清单,找出关键接触点并加以整合,让城市形象信息在受众的信息空间中随处可见,形成"无孔不入"的传播力度;从时间上,在目标受众对城市形象认知的每一个阶段(知晓—兴趣—需求—记忆—行动)中都进行城市形象信息的渗透,让受众在传播接触的整个过程中都拥有美好的感受。这两点也即城市形象传播接触整合的本质所在。塑造和提升城市品牌形象是一项长期的系统工程,不可能一蹴而就。必须在抓好城市品牌形象的内部规划建设的同时,整合运用各种传播资源和手段,使传播工作富有成效,从而提升城市品牌形象的影响力和城市的竞争力①。

五、城市形象整合营销传播的内容设计

任何一种城市形象定位的确立,都需要一定的内容作为城市形象感知的载体。城市形象传播的内容关乎城市形象定位在公众心目中的形成。

丽莎·弗蒂妮-坎贝尔(Lisa Fortini. Campbell)提出了"创造客户需求"(Creating Customer Insights)这一术语,用来说明营销传播规划者如何利用对

---

① 李怀亮,任锦鸾,刘志强.城市传媒形象与营销策略[M].北京:中国传媒大学出版社,2009:208.

品牌接触与品牌网络的了解来拟定营销传播计划①。创造客户需求意在找出客户或潜在客户心中最强的动机力量,客户心中最强的动机力量就是"最有效的点"(Sweet Spot),也就是从营销人员想要传达什么以及客户或潜在客户想要获得什么的角度出发,将营销人员和客户完美地结合在一起。

规划有说服力的传播内容就是要找到能打动并说服受众的"最有效的点",这些"最有效的点"不由传播者决定,而是由信息传播的受众决定,可以通过客户需求测试获得(图7-16)。很多负责宣传的政府部门在罗列城市成就和特色时,都会包括地方名人、地方在国家事务中扮演的角色、重大历史事件、建筑及自然风光、当地美食、语言及民俗风情等等,他们认为只要将这些元素都融入到城市宣传的口号和资料中就能获得良好的传播效果,但实际上这不过是一厢情愿罢了。对受众而言,城市管理者引以为豪的未必是公众所关心的,能够打动并说服受众的"最有效的点"时常会与传播者津津乐道的内容背道而驰。

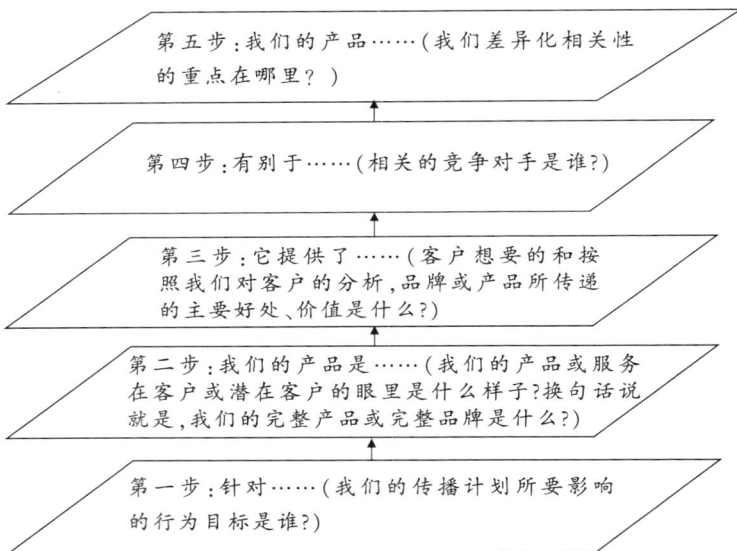

图7-16 整合营销传播中的客户需求测试②

因此,在城市形象整合营销传播中,有必要对城市形象评价要素进行调查以确定特定城市能够被受众感知的城市形象要素构成,从而明确传播受众的关心

---

① [美]唐·E.舒尔茨,海蒂·舒尔茨.整合营销传播——创造企业价值的五大关键步骤[M].何西军,黄鹏,朱彩虹,等,译.北京:中国财政经济出版社,2005:134.
② [英]大卫·佩克顿,阿曼达·布劳德里克.整合营销传播[M].王晓辉,霍春辉,译.北京:经济管理出版社,2009:135.

点(菲利普·科特勒提出了目标市场普遍关心点,如表7-1所示,但对每座城市而言这个关心点清单会有所差异),再通过客户需求测试(图7-16)来确定"最有效的点",如此制定的传播内容才是具有说服力和富有成效的。城市形象传播的内容整合流程如图7-17所示。

表7-1　城市形象传播目标市场普遍关心点[1]

需求类型	目标市场关心点(属性)
度假地	气候、休闲、吸引物、开支
居住地	就业机会、教育制度、交通、生活成本、生活质量
厂址	地价、劳动者技能、能源成本、税收
会展城市	设施、接待容量、可达性、服务、成本

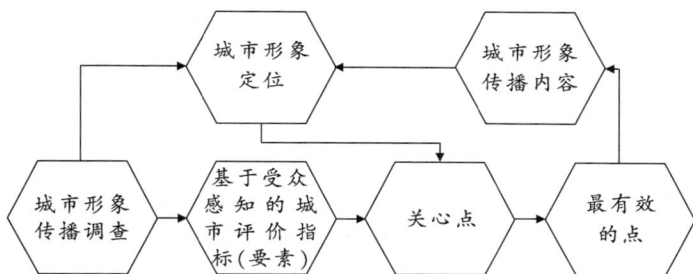

图7-17　城市形象传播的内容整合流程图

城市形象整合营销传播的内容应该是系统化的,要与城市形象定位相一致,所有信息都必须能支持、强化城市形象定位,受众接收到这些信息后,能够产生接近预期的认知反应与情感反应,并对城市产生好感,留下美好的印象。必须明确的是,无论何时何地在何种媒体上进行城市形象传播,都要注意保持信息的一致性,主要诉求点和信息点要与城市形象定位和信息策略相符合,主要诉求点一定要能突出城市的比较竞争优势,反映城市的优势与个性特征,且要简单、明了[2]。

六、城市形象整合营销传播的关系协同

西蒙·安浩在论及国家形象传播管理中指出,"如果品牌管理被当作一个与国家治理分离的领域,放在与整体管理分离的'传播'、'公共事务'或'推广'的储藏室里,品牌管理就会一事无成。在另一方面,当它包含在国家管理的方方面面

① [美]菲利普·科特勒,唐纳德·海德,欧文·雷恩.地方营销[M].翁瑾,张惠俊,译.上海:上海财经大学出版社,2008:48.
② 李怀亮,任锦鸾,刘志强.城市传媒形象与营销策略[M].北京:中国传媒大学出版社,2009:212.

之中——成为政策制定的一种风格而非孤立的方法——品牌管理就可以迅速带来生机勃勃的变化"①。在西蒙·安浩看来，没有什么行为应该被仅仅看作，或仅仅是为了形象管理或形象的改变，每一项计划或行动首先应该来自真实世界，有着真实企图，否则，就面临缺少真诚和低效率的风险，就会被看作是忽悠。这也就是说，城市形象传播管理应该融入和渗透到城市日常的政治、经济、文化生活中去，城市形象传播应该成为一种常态的关系管理。

关系管理从源头上来看，起源于20世纪80年代的接触管理的思想。在整合营销传播范畴中探讨关系管理，实际上也就是探讨信息与传播管理②。整合营销传播是一个持续的过程，是在不同接触渠道用同一个声音传递统一形象的过程，是通过接触管理以建立与受众良好关系和实现受众对品牌忠诚的过程。城市形象传播的关系管理可以看作城市形象传播的接触管理，其核心是城市如何在正确的接触点以正确的方式向正确的客户提供正确的城市产品和服务。

但现实的挑战是，如今的受众接触点管理变得比以往任何时候都更复杂。城市利益相关者与城市间的各种接触，除了大众传播媒体的接触形式以外，更多情况下是通过一些平常并不十分引人注目的形式进行的，毫不夸张地说，影响城市利益相关者的接触点无所不在。因此，多接触点策略是城市深入推进营销传播的理想选择，但在多个接触渠道中保持形象传递的一致性却是一项巨大的管理挑战。

接触管理的目的就是要减少不同传播系统间的信息冲突（如大众传播系统与人际传播系统的信息冲突），并通过接触来影响受众大脑中的关系网络。在进行城市形象传播时，首先要明晰受众希望以什么方式（时间和地点）接收城市形象信息，要多创设让受众主导的形象接触，只有使传递系统符合受众的喜好，才有机会强化受众的反应并减少传播干扰。之后，要将城市识别内容有意识地落实到相应的接触点上，让受众在接受和体验城市相关信息时，清晰、一致地感受到城市的核心内涵，使城市形象信息持续不断地在各个接触点上传播形象识别，演绎城市核心价值及相关识别，最终在受众的心智中留下丰富的形象联想和鲜明、独特的形象个性，从而提高传播效率，降低传播成本。

城市形象传播中既要做好不同城市利益相关者的关系整合，又要做好不同接触渠道上的关系整合，还要做好传播组织内不同传播主体间的关系整合，关系管理的难度可想而知。从实际操作上来看，关键是要做好两方面的工作：一是关键接触点的传播管理，二是接触危机的预防与应对。

---

① [美]西蒙·安浩.铸造国家、城市和地区的品牌：竞争优势识别系统[M].葛岩，卢佳杰，何俊涛，译.上海：上海交通大学出版社，2010：31.
② 张小磊.基于整合营销传播视角的关系管理[D].杭州：浙江大学，2007：5.

　　峰终定律给城市形象传播的关键接触点管理提供了有益启示。诺贝尔经济学奖获得者、心理学家丹尼尔·卡纳曼（Daniel Kahneman）经过深入研究，发现人们对体验的记忆由两个因素决定——高峰（无论是正向的还是负向的）时与结束时的感觉，这就是峰终定律（Peak-End Rule）。这条定律基于我们潜意识总结体验的特点：我们对一项事物进行体验之后，所能记住的就只是在峰与终时的体验，而在过程中好与不好体验的比重、好与不好体验的时间长短，对记忆差不多没有影响。这里的"峰"与"终"其实就是所谓的"关键时刻"（Moment of Truth，MOT）。举例而言，在某商场有很多不愉快的体验，比如只买一件家具也需要走完整个商场，比如店员很少，比如要自己在货架上找货物并且搬下来，等等。但是，顾客的"峰终体验"却是好的。一位客户关系管理顾问（也是该商场的老顾客）说：对我来说，峰就是物有所值的产品，实用高效的展区，随意试用的体验，美味便捷的食品。什么是终呢？可能就是出口处那1元的冰淇淋！

　　峰终定律与丽莎·弗蒂妮－坎贝尔提出的"关键时刻"可谓异曲同工。在城市形象传播关系管理过程中，如果能够通过接触点审核找出接触的"关键时刻"，关系管理的强度和难度便可得到迅速下降，而关系管理的质量却能获得显著提高。

　　在城市形象传播的关系接触中，那些以计划内信息为主体的可控接触点比较容易管理（峰终定律给可控的接触点管理指明了方向），但问题在于，这种可控接触点在接触管理中只占很小一部分，大量的接触点管理面对的是以计划外信息为主体的不可控因素。在新传媒环境中，由于新的传播工具大量出现，并且成本迅速降低，谣言的产生变得非常容易[①]。信息整合和信息传播很重要的一个任务就是对这些不可控接触点进行有效管理，以使信息影响可以有效地发生正向作用，这就需要城市形象传播中建立形象危机的反应机制，以有效处理日常和紧急状况下的危机预防及应对。

　　美国教育心理学家杰考白·库宁（Jacob Kounit）提出了所谓的涟漪效应，指的是一群人看到有人破坏规则，而未见对这种不良行为的及时处理，就会模仿破坏规则的行为。在涟漪效应看来，由一个出发点引发周围的点持续性震动，震动会慢慢减退，但如果没有任何阻力，震动会波及很远距离的点。涟漪效应对应对危机有很大的启示价值。城市形象传播接触中发生的"小故障"如果不予以及时应对处理，就很有可能演化成为大的危机，即一种危机会引发多种危机，这将会波及很远的人群，甚至造成不可收拾的局面。危机的传播犹如投入水中的石子所激起的水纹一样，由危机中心一层层地扩散开来，危机严重程度越大激起的涟漪

① 何辉,刘朋.新传媒环境中国家形象的构建与传播[M].北京:外文出版社,2008:163.

效应也就越明显。"危机事件通常都是首先在较小的范围内传播,只会被直接受害者和间接受害者所感知到;接着,政府、传媒以及团体等介入危机事件,危机信息传播的范围开始逐渐扩大;最后,影响面波及整个城市、国家乃至全球。"①

事实上,城市形象传播中出现与传播意图不一致的噪音是很正常的现象,负面信息和事件对城市形象传播而言也并非洪水猛兽,只要城市管理者事先设计好针对噪音信息的应对预案,并能够及时采取正确的危机管理措施,运用恰当的干预手段,就有可能将噪音带来的危害降至最低,甚至还有可能将城市形象危机转化成一次塑造和传播城市良好形象的契机。

① 胡道宁.南京城市形象定位与传播策略研究[D].南京:南京理工大学,2012:32.

第八章

城市形象整合营销传播的实践与探索

——以杭州为例

> 东南形胜,三吴都会,钱塘自古繁华。烟柳画桥,风帘翠幕,参差十万人家。云树绕堤沙,怒涛卷霜雪,天堑无涯。市列珠玑,户盈罗绮,竞豪奢。
>
> 重湖叠𪩘清嘉,有三秋桂子,十里荷花。羌管弄晴,菱歌泛夜,嬉嬉钓叟莲娃。千骑拥高牙,乘醉听箫鼓,吟赏烟霞。异日图将好景,归去凤池夸。
>
> ——柳永《望海潮》

改革开放 30 多年来,我国的城市发展取得了举世瞩目的成就,但也仍存在着一些问题,同时也正面临着新的挑战。城市在社会主义和谐社会建设过程中处于主战场地位,化解城市形象建设与发展中存在的矛盾与冲突,需要贯彻和谐城市的新理念。人是城市的主体,其生活环境、生存质量、生命价值的优劣,是城市和谐与否的直接体现。古往今来,人类向往和谐、祈盼和谐、建设幸福家园的追求从来就没有停止过。城市形象当今已是城市参与竞争的核心力量所在,它帮助城市获得更丰富的资源,捕捉更多的发展机会,获得更有力的竞争位势,是城市综合竞争力的重要组成部分。

第一节 杭州城市形象整合营销传播实践

一、杭州城市形象传播现状

杭州,西子湖畔的美丽古城,自古以来就被誉为"人间天堂",她的魅力和美丽是华夏子孙都引为骄傲的。杭州历史源远流长,自秦设县治以来,已有 2234 年的历史。"上有天堂,下有苏杭"表达了古往今来人们对于这座美丽城市的由衷赞美,元朝时期杭州更被意大利旅行家马可·波罗盛赞为"世界上最美丽华贵之天城"。

杭州在打造城市形象上的成绩有目共睹:近十年来,杭州荣获了包括最值得向世界介绍的中国名城、中国(大陆)国际形象最佳城市、东方休闲之都、中国十大最具经济活力城市、中国电子商务之都、中国最佳旅游城市、中国最具安全感的城市、中国最具幸福感城市、中国最美幸福城市、中国十大休闲城市、中国十大最佳会展城市、中国十大协调发展城市、中国城市总体投资环境最佳城市、国际花园城市、全国文明城市等在内的诸多殊荣。在国内城市形象竞技场上,杭州可谓风光无限。

《杭州城市形象建设与传播调查》结果显示(图6-12):对杭州城市形象评价非常差和差的人极少,两者所占比例加起来不超过1%;近八成被访者对杭州城市形象持正面评价。足以可见,杭州多年来在城市形象建设和传播上成效十分显著。杭州如何在现有基础上,建成最高口碑的城市形象(评价为"非常好")是下一步城市形象传播工作的重点。

杭州城市形象传播的巨大成功也极大地促进了杭州城市经济、文化和社会的发展。2012年,杭州在全国35个主要城市总部经济发展能力排行榜(2012)上名列第五名,仅次于北京、上海、深圳和广州[1]。亚太文化创意产业协会2013年在北京大学发表《2013年两岸城市文化创意产业竞争调查报告》,公布了两岸42个城市的文化创意竞争力排行榜,杭州排名第4[2]。中国社科院发布的《2012年中国城市竞争力蓝皮书:中国城市竞争力报告》也显示,杭州2011年城市综合竞争力进入了前10名,排名第8[3]。

杭州旅游业的快速发展从某种程度上也印证了杭州城市形象传播历年来所取得的成绩。根据《2012杭州统计年鉴》显示,近6年来杭州旅游事业发展形势良好,无论是旅游总收入还是旅游总人数,都呈现出显著增长的态势(表8-1)。

二、杭州城市形象整合营销传播经验

作为历史文化名城,杭州在立足城市文化的情况下,找准城市的目标市场,进行准确的城市形象定位,组建专门机构负责城市形象传播,运用多种形式开展

---

① 王庆丽.2012全国总部经济排行发布,杭州宁波位居前十 [EB/OL].[2012-09-21].http://news.zj.com/detail/1410857.shtml.

② 汪江军.两岸城市文化创意产业竞争排名 42个城市中杭州排第4 [EB/OL].[2013-01-22].http://hznews.hangzhou.com.cn/chengshi/content/2013-01/22/content_4574157.htm.

③ 李瑞英.2012城市竞争力蓝皮书发布中国城市竞争力前十名单 [EB/OL].[2012-05-22].http://politics.gmw.cn/2012-05/22/content_4194782.htm.

表 8-1 杭州市主要年份旅游事业发展情况①

年份	旅游总收入（亿元）			旅游总人数（万人次）	
	总计（亿元）	国内旅游总收入（亿元）	旅游外汇收入（亿美元）	总计（万人次）	国内游客人数（万人次）
2006	543.7	471.2	9.09	3864	3682
2007	630.1	548.6	11.19	4320	4112
2008	707.2	617.2	12.96	4773	4552
2009	803.1	708.9	13.80	5324	5094
2010	1025.7	910.9	16.90	6581	6305
2011	1191.0	1063.8	19.60	7487	7181

整合营销传播,促进了城市形象的全面提升。

（一）建立了多元主体参与的组织机构

为了统筹城市品牌建设,加强对城市品牌研究、推广和管理工作的指导、规划、协调,杭州市在政府层面成立了杭州市城市品牌工作指导委员会,在其指导下,城市形象传播充分整合了政府部门、媒体机构、协会组织和社会企业的力量,形成了党政界、知识界、企业界、媒体界四界联动。

1. 杭州城市形象传播的领导机构

在领导层面,杭州成立了杭州市城市品牌工作指导委员会,由市委、市政府主要领导担任主任、第一副主任,市有关部门和各区、县(市)党委主要负责人为成员,委员会下设办公室(具体设立于市委政研室),具体负责研究、推广和管理工作的统筹策划、组织推进和协调督查。

2. 杭州城市形象传播的执行机构

在执行层面,杭州市发展研究中心和杭州生活品质研究与评价中心具体承担杭州市城市品牌工作指导委员会办公室的工作职能,推进各项工作有序高效运作。杭州市发展研究中心下设文化建设研究处,主要承担杭州文化形象、城市软实力和城市品牌等方面的调查研究及政策意见起草工作。杭州生活品质研究与评价中心的主要职能是开展生活品质评价、展示、宣传、推广活动,开展生活品质城市品牌、城市标志使用的研究和推广等。

3. 杭州城市形象传播的支持机构

在支持层面,由杭州市城市品牌促进会、杭州国际城市学研究中心、杭州发展研究会、《杭州》杂志社、城市学研究专业机构、杭商研究会等机构组成。其中,

---

① 杭州统计信息网.2012 年杭州统计年鉴[EB/OL].[2012−11−20].http://www.hzstats.gov.cn/web/tjnj/nj2012/09/nj12.htm.

杭州市城市品牌促进会围绕"让我们生活得更好"核心理念,对杭州城市品牌进行整体建设、推广、管理和维护,承担与城市品牌推广相关的各类高层论坛、大型项目、重大课题、重要展示、国际交流等活动,坚持"四界联动"集聚社会各界力量促进杭州城市品牌、区域品牌、行业品牌、产品品牌、服务品牌之间的良性互动和有效提升。杭州发展研究会是研究杭州城市发展的社团组织,侧重于生活品质发展理念研讨,城市和行业生活品质调查、评价、发布等。杭州国际城市学研究中心主要开展城市学和杭州学理论研究、丛书编纂、学术交流、信息发布等工作,《杭州》杂志社主要承担城市品牌的媒体传播运作,杭商研究会则通过整合政府、企业、媒体资源,研究与推广杭商品牌。此外,还有包括浙江大学杭州国际城市学研究中心等在内的多个城市学研究专门机构和包括杭州学习生活促进会、杭州市西湖影像促进会、杭州市美食文化品牌促进会等在内的多个社会团体也都为杭州城市形象传播提供了有力支持。

4. 杭州城市形象传播的参与机构

在参与层面,杭州充分吸纳社会力量参与城市形象传播,包括杭州市城市品牌促进会、杭州发展研究会下属实体杭州生活品质传媒有限公司、杭州生活品质调查咨询有限公司以及媒介集团、社会专业营销传播公司等,他们是杭州市打造城市形象的重要载体,是传播和推广杭州城市品牌、调查研究和引领生活品质理念的重要平台。

5. "四界联动"的杭州城市品牌网群

杭州城市品牌网群是杭州市针对建立"生活品质之城"而进行整体建设、研究、宣传、推广和管理的综合性机构,是由党政界、知识界、媒体界、行业界"四界联动"构建的"多层复合"的城市品牌建设和城市形象传播管理主体。

杭州城市品牌网群由杭州市城市品牌工作委员会办公室、杭州市发展研究中心、杭州市城市品牌促进会、杭州发展研究会、杭州生活品质研究与评价中心、杭州创业研究与交流中心等主体复合组成,通过"研究院 + 研究社团 + 展览 + 推广 + 制作机构"的组织模式形成党政界、知识界、行业界、媒体界四界联动,设有生活品质期刊、生活品质网站、生活品质视厅三大传播平台,建立了生活品质城市纪念品服务中心、展示展览中心、城市标志服务中心、调查中心等服务单位。杭州城市品牌网群中各机构平时各有分工,彼此独立开展工作,但实际运作中又经常进行资源整合、整体运作,形成了既多层复合又各自发挥主动性与创造性的态势,如图8-1所示。

	领导层	

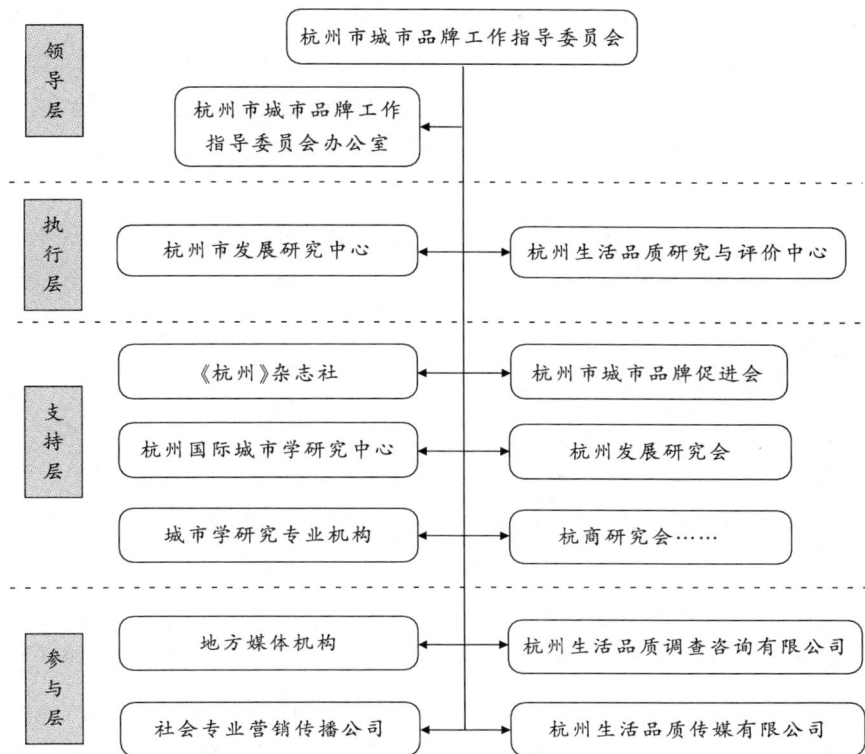

图 8-1 杭州城市品牌网群

(二)树立了特色鲜明的城市形象定位

1. 杭州城市形象定位沿革

城市形象定位是城市形象的集中体现,反映了一个城市的特色和内涵。准确的城市形象定位能够为公众提供差别化利益,使城市的个性清晰、易于识别。据《宋会要》记载,北宋时期,杭州"邑屋华丽,盖十余万家",当时全国的商税、酒曲税额度杭州居第一,首都汴梁则次之,杭州拥有"东南第一州"之称。公元1138年南宋定都杭州后,易其名曰"临安",杭州以南跨吴山、北临运河、东南依钱塘江、西濒西湖的宏伟都城形象闻名于世。元朝定都北京时,杭州的经济仍为全国乃至世界的第一大都市,意大利的世界著名的旅行家马可·波罗在闻名于世的《马克·波罗游记》中把杭州称为"天堂之城"、"世界上最美丽华贵之天城"。

新中国成立以来,历届杭州市政府在对杭州城市性质的认识和理解不断变化和发展,前后多次对杭州城市定位进行了总结(表8-2)。2007年国务院关于杭州市城市总体规划的批复(国函〔2007〕19号)中指出杭州的城市定位是浙江

省省会和经济、文化、科教中心,长江三角洲中心城市之一,国家历史文化名城和
重要的风景旅游城市。这一定位,从三个层面对杭州的城市性质进行了界定:对
浙江而言,杭州是省会城市,是浙江的政治、经济和文化中心;对中国而言,杭州
是国家历史文化名城、长三角重要中心城市;对世界而言,杭州是重要的国际风
景旅游城市。

表 8-2 杭州城市定位历年表

序号	年份	城市定位
1	1953 年	以风景休疗养为主的城市
2	1956 年	以重工业为主的综合性城市
3	1960 年	中外闻名的风景城市
4	1979 年	全国重点风景旅游城市
5	1983 年	国家历史文化名城和全国重点风景旅游城市
6	1993 年	国际风景旅游城市和国家级历史文化名城
7	2001 年	国际性风景、文化旅游城市;国家级历史文化名城
8	2007 年	国际风景旅游城市;全国历史文化名城;长江三角洲重要中心城市

　　如果说城市定位更多的是从城市管理者和城市规划角度出发对城市功能的
界定,那么从 1999 年以来杭州提出的一系列城市口号则反映了杭州城市形象定
位(表 8-3)。城市形象定位通过形象口号予以表达,其体现的是基于受众视角对
城市特色的凝练。

表 8-3 杭州城市形象定位历年表

序号	年份	城市形象定位
1	1999 年	游在杭州、学在杭州、住在杭州、创业在杭州;天堂硅谷
2	2001 年	休闲之都;中国女装之都;爱情之都
3	2002 年	会展之都
4	2004 年	东方休闲之都
5	2005 年	中国茶都;动漫之都
6	2006 年	生活品质之城
7	2012 年	东方品质之城

2. 以休闲为内核的杭州城市形象定位

　　如果说 2006 年以前杭州太多的城市形象口号让人无所适从的话,那么自
2006 年以后杭州就逐步在城市形象定位口号上形成一致:2007 年,杭州市第十

次党代会决定把"生活品质之城"作为杭州的城市定位和城市品牌,提出了"经济生活品质、社会生活品质、文化生活品质、环境生活品质、政治生活品质"五大生活品质内涵;2012 年,杭州市第十一次党代会在生活品质之城的基础上确立了东方品质之城的城市形象定位口号,提出了"厚重文化、高端产业、精致空间、人性交通、品质生活"五大内涵。

　　杭州城市形象定位有两个方面值得肯定。第一,杭州早期城市形象定位侧重于对某些单项优势进行宣传,如天堂硅谷、爱情之都、会展之都、中国茶都等,2006 年起杭州提出的城市形象定位较之以往有了显著的系统优化,由注重单项性指标转向了更加注重集束性指标,大大丰富了城市形象定位的内涵。第二,无论是以前基于单项优势的城市形象定位还是后期基于系统优化的城市形象定位,杭州城市形象定位始终坚持将休闲作为城市形象定位的内核,可以说"休闲"是杭州的 DNA,它贯穿于杭州城市形象定位的整个发展历程。从这个视角上说,杭州城市形象定位虽然一直也在不断调整和完善,但是有其灵魂和主线的,不同的形象定位表达后面有着内核特质的一脉相承,所谓形散而神不散。

　　(三)完成了城市公共标识的系统设计

　　1. 杭州城标设计及一体化应用

　　2007 年 5 月杭州开始面向全球征集杭州城市标志,对最终成为杭州城市标志的作品,奖励人民币 20 万元。短短 3 个月时间就收到来自全世界的 2568 件作品,从数量上已经超过了 2008 年北京奥运会会徽设计大赛收到的参赛作品数量(1994 件)。2008 年 3 月,历经 10 个多月的全球征集、市民投票和专家评议,杭州城市标志最终得以确定,自此杭州人终于有了属于自己的城市形象统一识别符号,如图 8-2 所示。

图 8-2　杭州市城市标志

　　"一舟一户"杭州城市标志以"杭州"为主造型,整个图案造型紧凑,简洁大方,杭州城市标志以汉字"杭"的篆书演变,巧妙地将航船、城廓、建筑、园林、拱桥等诸多要素融入其中,标志整体似航船,"杭"字古义即为"方舟"、"船","杭"又通

"航",反映了杭州取名自"大禹舍舟登岸"的历史典故,体现了杭州作为历史文化名城的底蕴;同时,标志又象征着今天的杭州正扬帆起航,展现出积极进取、意气风发的精神面貌。标志运用江南建筑中具有标志性的翘屋角与圆拱门作为表现形式,有中国传统文化和江南地域特征,标志右半部分隐含了杭州著名景点"三潭印月"的形象,标志下方的笔触微妙地传达了城市、航船、建筑、园林、拱桥与水的亲近感,凸现了杭州独有的"五水共导"的城市特征。标志运用了中英文字体体现杭州的城市名称,字体的笔画也是从标志图形中提取,方中带圆,和谐精致,凸现了大气开放的气质,也体现了杭州的城市人文精神。

杭州城标诞生后,杭州立即将城标递交国家工商总局进行商标注册,并出台了《杭州市城市标志使用管理办法》,并设立杭州市城市标志使用管理服务中心负责城市标志使用管理及宣传推广的具体工作。随后杭州又举行了城标应用设计大赛,并将城标广泛运用在重大活动、公共建筑、城市窗口、特色区块、城市家具、公共设施、城市宣传、公务系统、荣誉证书、行业企业等十大领域,统一了杭州"生活品质之城"的对外识别。

2.窗口单位和服务行业标志识别设计

为了便于市民和游客识别,杭州在文化、旅游、交通、会展等多个窗口单位和服务行业采用行业统一标识,提升服务品质,塑造服务品牌形象(图8-3、图8-4、图8-5、图8-6、图8-7)。这些标志与杭州的城市标志、媒体品牌标志、企业品牌标志等一起共同构建了杭州的标志符号识别体系。

图8-3 杭州公共自行车服务标志

图8-4 杭州快速公交标志

图8-5 杭州地铁标志

图8-6 杭州西湖博览会标志

图 8-7　中国国际动漫节标志

"城市形象的视觉秩序原则对于建立整个城市的形象特色将会起到重要的作用,可避免由于局部区域未能建立良好秩序所导致的整个规划的失败。"①除了对窗口单位和服务行业进行标志识别之外,为了提高城市文明和现代化程度,美化城市环境,推动城市旅游业的发展,《杭州市公共信息标志标准化管理办法》还规定在宾馆、饭店、娱乐场所、影剧院、商场、建筑工地、医院、体育场(馆)、会议中心、展览馆、市场、机场、车站、码头、风景旅游区、博物馆以及城市道路、公共厕所等场所还必须按规定设置相应的公共信息标志。杭州城市标志、窗口单位和服务行业标志和公共信息标志等城市公共标识的设计与完善,不仅使杭州城市外在形象得到一定程度上的统一,从某种程度上来说,城市公共标识的设计也丰富和完善了杭州城市形象的内涵。通过整合户外广告系统与公共设施和基础设施系统,杭州通过标识统一化率先在全国打造无视觉污染城市,彰显了城市美学,推动了杭州城市形象的传播与发展。

(四)开展了多渠道渗透式的接触管理

杭州市在城市形象传播过程中,整合了多种传播工具和传播手段,运用形象代言人、展会、广告、公共关系、事件营销等多种手段来实现整合营销传播。

1. 以城市建设与教育传播为核心开展决定型受众的接触管理

(1)以城市建设为抓手

杭州市委、市政府对实施"形象工程"非常重视,成立了领导小组,并扎扎实实地实施了一批工程项目,"里子"工程和"面子"工程并举,从城市体验的角度提升了决定型受众对杭州城市新形象认知与评价。

杭州在城市建设方面可谓不遗余力,在前期雷峰塔重建和南线、西线改造,湖滨新景区建设,北山街历史文化街区改造,西溪湿地国家公园建设,大运河杭

---

① 王豪.城市形象概论[M].长沙:湖南美术出版社,2008:180.

州段核心景区建设,钱江新城及四大综合体建设,"十纵十横"道路综合整治基础上,2011年杭州市政府出台的《杭州"十二五"重大建设项目规划》显示,杭州还将有409个重点项目上马,总投资约7000亿元,涉及8家市属三甲医院、13大综合体、3大名校新校区、奥体中心、杭州国际博览中心、海创园、地铁等多个项目。

在城市管理方面,杭州创新城市管理新模式,走出了一条资源整合、机制创新、管理创新、功能创新特色道路。杭州在国内首试由1个大体系、4个分体系、31个子体系,300余个职能标准化项目和800余项法律法规及政策组成的行政管理与公共服务标准化体系,使杭州经济、社会、生活的方方面面得到了全方位覆盖。

杭州在城市建设与管理上除了做足"里子"工程打基础强实力之外,还适时开展行之有效的"面子"工程,如沿街立面整治工程、四边三化工程(公路边、铁路边、河边、山边等区域开展洁化、绿化、美化行动)、亮灯工程等。围绕"精致和谐、大气开放"的城市形象目标,杭州组织实施了一系列城市形象建设系统工程,总体上达到"风景区温馨秀丽静态美、商业区繁荣亮丽动感美、城市风貌柔和幽雅形象美"的预设目标。

(2)以市民教育为突破口

杭州把以改善民生为重点的社会建设摆在最重要的位置,确保三分之二以上新增财力用于民生,实施"交通便民、百姓安居、就业促进、社保提升、教育强基、文化惠民、医卫利民、体育健身、食品放心、平安创建"等十大重点民生工程,在推进城乡基本公共服务均等化、加大生态文明建设力度、加强和创新社会管理等方面取得实质性进展,让人民群众生活得更好。市民作为杭州城市形象传播庞大的信息源和接触点,杭州在做好市民体验性接触点(城市公共产品与公共服务)管理之外,还注重利用各种渠道和媒介平台加强对这一群体的传播教育。

一是把实施杭州城市形象工程作为全市的一项战略任务,广泛向市民及各部门、各系统、各单位进行宣传教育,通过报刊、广播电视等新闻媒体进行专门的报道,做到家喻户晓,变为自觉行动。市属新闻媒体如杭州电视台综合频道、西湖明珠频道、生活频道,杭州电台新闻广播、西湖之声、交通经济广播等媒体加大新闻报道力度,强化正面宣传,挖掘典型报道,营造浓厚氛围,形成全方位、多层次、宽领域的大宣传格局。

二是以电视讲坛"市民大学堂"栏目为平台,结合生活品质之城建设、迎奥运讲文明树新风、大运河综合保护、背街小巷改善等主题,推出市民文明素质提升系列讲座。

三是编辑了《和谐文化，品质杭州》市民教材发到全市各社区市民学校，加大对商贸学校、的士学校和民工学校的指导力度，推进各类市民学校分校在全市各区、县(市)、各行业的延伸拓展，进一步扩大教育覆盖面，并组织开展了"八小"行业经营业主教育培训活动。

四是组织市人大代表、政协委员、劳模、侨胞、残疾人、民营企业、大中学生、新杭州人和市民群众等社会各界代表参观钱江新城核心区等重大城市建设项目，宣传杭城新变化，展示城市建设新成果，增强广大市民的自豪感和主人翁意识，弘扬"精致和谐、大气开放"的杭州新人文精神。

五是在城市入城口、主要道路和广场设置了大型城市形象广告，并通过电子荧屏滚动播出"公民道德基本规范"、杭州市市民守则和市民"六不"行为规范，促进市民公德意识、环境卫生意识的不断提高和良好风气的形成。

六是开展杭州市文化大篷车乡风文明千里行活动，以文化大篷车的形式，深入全市各地村镇演出，让市民群众在笑声中接受教育，在欢乐中感受文明，在潜移默化中感受和认同城市形象。

通过形式多样的教育传播活动，不仅仅使杭州市民理解和领会了"生活品质之城"的理念精髓，更为重要的是让市民将城市形象意识内化为自觉的行动，形成了人人珍惜城市形象、人人爱护城市形象、人人传播城市形象的良好传播格局。

2. 采用形式多样的创新传播深入影响非决定型受众

(1)以城市形象宣传片为引擎发动整合营销传播

广告作为城市宣传的方式，"其最为明显的特征就是宣传的坦率，直接告知受众'宣传'目的，虽然有浓厚的宣传味，但因其目的性明确透明而不致引起伦理的指责"[1]。

当大部分的国内城市还在花重金抢夺央视的时间版位的时候，杭州已经抽身将城市形象广告投放的视野转向了国外。2011年起，杭州市大力开发北美、欧洲、澳新旅游市场，通过投放旅游形象广告推动杭州城市形象在海外的传播。2011年1月17日起在美国Fox News福克斯新闻频道、CNN新闻频道、ESPN职业体育频道、DISCOVERY探索发现频道、CNBC国家广播公司财经频道、MSMBC国家广播公司专题栏目频道六大电视台播出杭州旅游形象宣传片《心中的神秘》；2月21日，由英国BBC原班人马拍摄制作的三条杭州旅游形象广告中的两条也在BBC黄金时段滚动播出。在2011年媒体投放计划表中，粗略估

---

① 刘朋.中国形象传播:历史与变革[M].北京:经济科学出版社,2012:17.

算杭州旅游形象片的播放次数，光北美、欧洲地区电视媒体的投放次数就达到9907次[①]。

在形象宣传片的制作上，杭州通过聘请国外媒体来拍摄，用欧美人的眼光展示杭州，用受众喜欢的表现内容和表现手法来引起目标市场的共鸣。

以下为BBC为杭州创作的城市旅游形象片脚本。

第一则：广告故事之休闲片段人物篇

他们是一对新婚的华人夫妇。

他们一起发现新的旅游地，然后去那里。从大自然风光，到现代城市生活，但凡美好的景与物，都让他们迷醉。而杭州，几乎满足了他们所有对美的追求。不论是时尚购物，还是丰富的夜间娱乐生活；不论是西湖美景，还是人文熏陶，他们沉醉在杭州这座城市中。

在西湖，他们泛舟湖上，他们骑行在湖边如画卷般的街道上，他们享受着杭州带给他们的种种休闲体验。

第二则：广告故事之观光片段人物篇

她是一位美丽的白人女摄影师。

她来到杭州，只是用镜头记录下杭州每一个绝美的画面。

因为摄影，她去过很多地方，摄录过许多旅途中的精美画面，这些画面除了自然风光，也不乏反映一个城市或地区的底蕴和文化的细节，尤其是后者。

在杭州，她总是为城市的文化艺术和城市建筑而钦慕不已。她欣赏《宋城千古情》的壮丽演出，她买了一条丝绸围巾，在她用镜头记录杭州这座城市的时候，这条围巾，一直飘扬在她的颈上……

第三则：广告故事之商务片段人物篇

来杭州，他是为了寻找商业机会。他是白人，是一位商人，有着丰富的商业考察经验。

对他来说，杭州是个不可多得的拥有大量商业机会，并且有着良好发展基础和商业环境的城市。他喜欢杭州友好善良的人们，喜欢这里有品位、有质量的餐饮住宿环境。

在杭州考察期间，他还参加了一个当地的业务谈判，并最终达成合作协议。

在杭州之行的最后，他把时间和心情交给了西湖国际高尔夫俱乐部，那一扬杆，他知道，在杭州，会有成功。

在宣传片的投放上，杭州非常善于抓住投放时机——杭州旅游形象片投放

---

① 张蓉蓉.杭州旅游形象片在外国媒体上热播[N].每日商报,2011-02-17(6).

恰逢胡锦涛主席访美,这时启动欧美市场整合营销传播,无疑是展示杭州形象的良机。更为重要的是,杭州城市形象广告投放中非常注重将电视媒体广告与平面媒体广告、网络营销、大型公关活动、主流旅行商合作等其他渠道协同传播,形成整合传播之势。

(2)借助媒体事件推动城市形象的整合营销传播

2011年1月7日,美国《纽约时报》网络版推出41个2011年最值得旅游的世界城市,中国有浙江杭州和山西平遥两座城市入选,杭州排在第33位。国际著名女旅行家奥丹·科汉为杭州撰写了入选理由,她在推荐词中说:杭州是一个五星级、历史悠久的"宝石之城",离上海1小时左右车程……作为旅游城市,杭州才刚刚进入世界瞩目的焦点……

外国媒体经常发布榜单,比如《时代》周刊年度人物,《福布斯》富豪榜,《纽约时报》《卫报》的旅游胜地榜等等,因为公立、权威、可信,这些榜单往往对外国读者有"致命吸引力"。《纽约时报》推出的"2011年最值得旅游的41个世界城市"榜单也不例外,公布后仅8天就有超过1330万的超高转载。得知上榜后,杭州的《都市快报》迅速做了相关报道,并通过电子邮件采访了奥丹·科汉,学界也立马发出声音建议杭州紧抓时机、跟进营销。

杭州随即开展了一系列的整合营销传播活动:首先推动"杭州入选2011年最值得旅游的41个世界城市"这一信息在国内各大媒体和网站广泛传播;其次是在一个月以后(2月7日)由《都市快报》记者陪同奥丹·科汉游览杭州后再次制造媒体事件开展了又一轮的媒体营销,4月10日,《纽约时报》刊发了科汉的杭州游记《杭州,如诗如歌的城市》;再次,借助这一事件杭州及时在国际著名媒体CNN(美国全国有线新闻网)、BBC WORLD(英国广播公司国际频道)、Eurosport Asia Pacific(欧洲体育频道)等媒体及时跟进投放了杭州旅游形象广告。除此以外,这一事件还推动了杭州开展事件营销的步伐,杭州市相关部门随即筹划引进包括澳大利亚的Sapient公司(策划了"全世界最好的工作"的营销活动)在内的著名策划公司参与杭州城市形象宣传策划,此外还谋划与孤独星球出版社(孤独星球出版社是世界最大的私人旅游指南出版社,其在全世界的背包客中具有绝对的影响力)合作,希望能为杭州打造一本主题图书。

(3)借助影视剧开展植入式的整合营销传播

相比传统的标志标语设计、宣传片展播等形象宣传手法,城市形象在影视作品中的植入是最新形式的城市形象传播策略。"由于对他人的实际生活缺乏直接的体验,这种形象大部分都是通过媒体获得。人类有史以来最大的形象放映机当然非好莱坞莫属。美国人对世界的了解,以及世界对美国的了解大体上都是从银幕上获得的。"①

众所周知,影视是一个讲故事的媒体,它有明确需要表达的主旨,城市作为背景植入有利于把城市特色寓于情节的构建中,让影视剧中的情节和城市的气质融合起来。此外,影视艺术自带渲染的功能,这种功能比单纯宣传片的正面形象宣传功能来得更自然,避免了受众对硬性广告推销的抵触心理,更加不动声色,更易让人接受,这种讲故事的方法让城市形象更加鲜活。在国外,城市形象影视植入式营销的成功案例非常多,如一部《罗马假日》使得罗马城成为世人向往的传奇美丽爱情之都,一部《西雅图夜未眠》让全世界记住了美国西部这个美丽的翡翠雨城,诸如此类,不胜枚举。

相较于国内其他城市,杭州较早地意识到影视是城市形象传播的最佳载体之一,因此杭州通过争取让《非诚勿扰》《唐山大地震》等多部电影把其作为主要外景城市之一,而在杭州拍摄的电视剧就更加数不胜数,《千山暮雪》《海派甜心》《就想赖着你》《我的亿万面包》《恋爱兵法》《命运交响曲》《微笑在我心》《华容道》《上海潮》《OL 日本》《步步惊心》《蓝色佳期》《那小子真帅》《和爱一起飞》《男才女貌》《80 后》等等,杭州几乎成为现代言情剧不二的外景城市。

"很多证据表明,观影行为的基础是电影所展现出的某些特征和观众在现实生活中的视觉和社会体验之间的对应关系。"②以电影《非诚勿扰》为例来看杭州城市形象植入式传播的效果,《非诚勿扰》从开机到首映,整个拍摄过程中产生的无数话题,使得杭州一次又一次借助娱乐圈话题提高了城市知名度,通过影片各类造势活动以及杭州首映式等活动载体使得杭州成为媒体版面的常客。不仅如此,杭州城市形象与植入电影之间的契合度也大大提升了城市的美誉度:《非诚勿扰》是一部喜剧爱情片,这与杭州风景优美、休闲浪漫、富有文化品位和爱情之都、休闲之都的城市定位琴瑟相合。跟随片中男女主人公的踪迹,观众们在不知不觉中领略了西溪湿地和西湖美景,领略了玉玲珑餐厅和心源茶楼的美食,领略了掩映于西湖山水间的幽静会所以及著名的杭州武林路时尚女装街的繁华,尤其是对于"西溪湿地"的外景植入,更是起到了良好的效果。《非诚勿扰》最终票房超过 3.4 亿元,影片取得巨大成功的同时也带动了杭城整体的旅游消费:据统计,2009 年上半年,西溪湿地同比多进账了 3000 多万元,入园游客已超 170 万人次,景区总收入 5800 万元,与几年同期相比,两者的增长幅度全都超过

① [美]奈森·嘉戴尔斯,迈克·麦德沃.全球媒体时代的软实力之争[M].何明智,译.北京:中信出版社, 2010:4.
② [英]格雷姆·伯顿.媒体与社会:批判的视角[M].史安斌,译.北京:清华大学出版社,2007:202.

360%[①]。更为重要的是,影片的放映加深了海内外观众对杭州"生活品质之城"美好城市形象的认知,有力地推动了杭州城市形象的传播。

（4）以会展活动促进城市形象的整合营销传播

包括文化、艺术、体育等在内的大型活动是一种很好的城市形象传播载体,其"不仅可以直接交流、增加亲近感,而且可以形成媒体事件,低成本进行宣传"[②]。近些年来,杭州成功举办了两届世界休闲博览会、十四届西湖国际博览会、八届中国国际动漫节以及第28届世界航空业公路马拉松赛、第五届世界旅游目的地管理大会、2009亚太旅游协会旅游交易会、第56届国际金钥匙组织年会、2012世界屋顶绿化大会、全球网商大会等重要会展活动,2013年又要举办包括世界文化大会在内的具有国际影响力的会展活动。杭州借助丰富多彩的大型会展活动,极大地提高了国际知名度和美誉度。

以2012年第十四届中国杭州西湖国际博览会为例,130个项目中有36个新项目和35个国际项目,整个博览会吸引观众1487万人次,实现贸易成交额221.34亿元人民币,引进外资10.55亿美元,引进内资202.04亿人民币,有力地拉动了杭州的经济增长。第十四届中国杭州西湖国际博览会延续开放办会的形式,在海宁、上虞、诸暨、德清、安吉、武义、龙泉、南浔、枫泾、江山、朱家尖、昆山、徽州、铁岭等地设立十四个分会场,结合当地的休闲、旅游、文化等资源特色,组织丰富多彩的节庆活动,各分会场共吸引450万人参与本届盛会,促进了互利共赢,把西博会真正办成了"没有围墙的博览会"。

通过举办大型展览、会议、节庆、体育比赛、文化交流和文娱演出等活动,不仅仅增强了杭州市民的荣誉感和自豪感,更让中外游客和商务人士借助会展活动之机亲身体验杭州。通过会展活动前期推广、参会人士邀请、展会全程新闻报道和每年超过3000万的商务会展人士的口碑传播等多种接触渠道,杭州不断稳固了城市形象传播的成果。除了自己举办有影响力的会展活动之外,杭州政府还注重参与国际国内各类高端论坛和知名展会,利用成熟的会展平台推荐杭州形象,如特别关注博鳌亚洲论坛、天津达沃斯经济论坛、北京国际金融论坛、上海陆家嘴论坛四个高端论坛的宣传机遇。

（5）与专业中介组织合作开展整合营销传播

在城市形象整合营销传播中,杭州善于借助各种专业机构的渠道。2012年,杭州成功与美国运通国际公司（AE）、德国途易旅游公司（TUI）、日本交通公社

---

① 唐斌.《非诚勿扰》几分钟西溪湿地半年多赚进几千万,西湖区将打造更多"美丽传说"[N].每日商报,
　　2009-07-20(4).

② 刘朋.中国形象传播:历史与变革[M].北京:经济科学出版社,2012:21.

(JTB)这三大全球重要旅游企业开展合作,全面构架了未来杭州国际市场营销战略格局。通过借助这些旅游企业的营销传播渠道,杭州将进一步提升城市形象在全球传播的广度和深度。同年,杭州联合毕马威会计师事务所编制杭州十大产业发展报告书,并通过毕马威发送给其全球客户。据毕马威跟踪统计测算,通过其官方网站下载、阅读的年点击率超万余次。

杭州还非常善于借助媒体的力量开展城市形象传播。杭州与美国CNBC财经电视频道合作,制作了六集系列专题城市宣传片(分别是杭州概况、金融、现代信息技术、节能环保、生物医药及文化创意),于2012年5月7日起在CNBC亚洲频道、韩国频道、欧洲频道及美国频道播出,合计播出505次,总时长505分钟。同时,CNBC还制作了约4分钟的合集宣传片供杭州市开展国际营销宣传活动使用。根据独立第三方在线调查机构GMI"亚洲收视调研"显示,在CNBC上投放了6周的广告宣传后,杭州的城市品牌知名度绝对值提高了7%,提高率为50%。

与此同时,杭州还与CNBC创意团队合作创立了"洞见中国未来"的品牌(由杭州主办,CNBC创意团队联合呈现),以早餐会形式在重大国际活动或会议举办期间开展主题活动合作,包括首尔数字论坛早餐会(2012年5月,韩国首尔)、杭州-硅谷节能环保产业合作交流会(2012年6月,美国旧金山)、天津达沃斯论坛早餐会(2012年9月,天津)、亚洲私募股权与创业投资论坛早餐会(2012年11月,香港)等。活动主题围绕国际活动的主要议题来设计,既吻合整个国际活动的大背景、大主题,又紧密结合杭州在该领域的独特优势,活动反响热烈,均取得了良好成效。每场活动结束后,CNBC还制作了活动回顾短片并在相关频道上播出。此外,杭州还开展了与道道网(TripAdvisor,全球最大旅游垂直媒体)等国际知名旅游媒体的营销合作。[1]

不仅如此,杭州还创新中介组织合作模式,将杭州的旅游产品置于全美最大仓储零售商好市多(Costco)里,并连续上架10个月,好市多网站还在其首页专门开辟中国专页,放置杭州旅游形象片,每月一次向5500万名会员发送杭州旅游广告。

(6)充分利用各界名人带动整合营销传播

为了提升杭州国际知名度,杭州也采用了名人助推城市形象传播的做法。比如在日本,杭州聘请在日本极具人气的"女子十二乐坊"担任杭州旅游形象大使,加上投放杭州旅游形象宣传片、邀请日本媒体和旅行商到杭州实地采访和考察、

---

[1] 杭州市对外贸易经济合作局.强化城市国际营销 充分展示杭城形象——"5412"产业招商活动开展情况回顾[EB/OL].[2013-01-31].http://www.hzwjm.gov.cn/Item/6163.aspx.

与日本大旅行社合作推广杭州旅游产品等活动，三年时间的整合营销传播成效十分显著：在最受日本游客喜爱的中国旅游目的地调查中，杭州由第19位迅速上升到第3位，仅次于九寨沟和西安。

在杭州，社会各界名人都能和谐融入到这座城市的形象中，并不断充实和丰富着这座城市的形象。以杭州文艺界为例，从书法家到作家，从越剧新星到动漫名人，这座天生丽质、底蕴浓厚的城市吸引了越来越多文化名人的聚集，他们在构建杭州的文化品质，锻造城市的品性，在引领潮流、引领思想、引领文化、塑造心灵方面，在杭州打造与世界名城相媲美的"生活品质之城"的道路上，都发挥着独特作用。如潘公凯、吴山明、余华、麦家、邹静之、朱德庸、蔡志忠等一批名家的入驻，大大提升了杭州动漫产业的竞争力，在历届少儿精品发展专项资金及国产动画发展专项资金项目评审中杭州几乎都是最大赢家，这使得杭州动漫之都的形象日渐深入人心，难以动摇。

杭州还有包括宗庆后、马云、鲁冠球等在内的国内甚至是国际著名的标杆型名人，他们带领各自企业为杭州在产业上树立了极具优势的形象，同时，这些名人主动承担社会责任又为杭州在全国作出了表率，可以说，这些名人及其企业为杭州良好的产业形象和企业家形象作出了非常巨大的贡献。

以宗庆后为例，多次荣登内地首富的他，在慈善事业上也不遗余力，而且有着独到的慈善观：如果我们能够下定决心、克服困难，到这些条件艰苦、基础薄弱的地方去投资，同时带去新技术、新设备、新观念，让当地的经济逐步发展起来，让更多的群众通过自己的劳动脱贫、更有尊严地获得财富，我认为这是作为企业家最大的慈善。

宗庆后拓宽了慈善事业的概念，钟情于"造血式"的慈善事业。多年来，娃哈哈在他的执掌下也一直坚持着这种理念，只要稍加留意便会发现，娃哈哈在外地投资建厂的地方，如重庆涪陵、四川广元、湖北红安等，不是三峡库区、国家级贫困区，就是革命老区等欠发达地方。恰恰是在这些地区，依靠输入娃哈哈产品、技术和品牌优势，建一个富一片，都取得了较好的经济效益，同时带动了包装、运输、农业等相关行业的发展。娃哈哈先后在这些地区建了57家分公司，解决了上万人的就业问题，累计实现销售收入300多亿元，上缴税金将近20亿元。这种"造血"式的扶贫，不仅使地方财政收入增加，当地人民生活得到实惠，相关产业受到拉动，更重要的是带去娃哈哈的管理思想、观念和技术，促使贫困地区传统落后观念的转变，从根本上提升自我发展的能力。①

① 李方.解读宗庆后慈善观：企业家做慈善应该更多承担社会责任[EB/OL].[2011-07-15].http://www.ce.cn/cysc/sp/info/201107/15/t20110715_21005942.shtml.

通过投资建厂和各种形式的慈善义举,娃哈哈赢得了最佳企业公众形象奖,通过"凝聚小家、发展大家、报效国家"的企业文化传承及员工收入倍增计划等各种手段,宗庆后及其企业获得了员工的高度认可。良好的企业家形象和企业形象不仅仅丰富了杭州城市形象,更为重要的是,娃哈哈在其全球范围内的经营活动中,通过广告、产品、员工、销售商、供应商等多种接触渠道潜移默化地传递了杭州城市形象。

(7)利用舆论热点跟进开展城市形象整合营销传播

"某个国家奢谈自己如何如何应该更有名气,消费者和媒体通常对此兴味索然。然而,当震撼的,与其相关的,可能构成一个更大的,引人入胜的故事之一部分的真实事件出现时,消费者和媒体必然趋之若鹜。"①杭州非常善于抓住舆论热点开展城市形象传播,在一个理由十分充分的局势下开展营销传播。

2011年7月2日的杭州滨江区白金海岸小区,2岁女童妞妞翻出阳台,在10楼高空悬挂了一会儿后突然坠落,正在楼下的年轻妈妈吴菊萍甩掉高跟鞋,奋不顾身地冲过去,用双臂接住了孩子,当时手臂骨头断成三截,之后两人均陷入昏迷。杭州这位平凡母亲接抱坠楼女孩的义举给人们带来了强烈的情感冲击,被网友称为"最美妈妈"。

杭州"最美妈妈"一夜间占据了国内所有媒体的重要版面。吴菊萍徒手救人的故事也感动了海外网友。美联社是第一家发布此消息的外国媒体,许多西方媒体也纷纷转载。不少美国网民提议,建议美国母亲节委员会将当年的"杰出母亲奖"授予杭州的这位中国妈妈。事迹发生后,杭州市随即组织学习吴菊萍见义勇为事迹座谈会和"我们的价值观"城市精神大讨论,积极提炼杭州城市人文精神并大力推动其传播。"最美妈妈"事件在得到中央、省、市,甚至国外新闻媒体的大幅宣传报道的同时,杭州塑造的城市精神和城市品格也引起了全社会的广泛关注和认同。

吴菊萍事件后,杭州还出现了像最美司机吴斌、最美爸爸黄小荣等在内的具有广泛影响力的舆论热点事件。这些舆论热点事件出现后,杭州市在大力推动舆论传播的同时,紧抓良机向全社会树立了精神文明高地、社会正能量聚集地的杭州城市形象,将杭州城市形象传播带入了新的更高境界。

杭州除了非常擅于抓住舆论热点开展城市形象传播,还擅于创造公众热点话题和热点事件推动城市形象传播。2002年的西湖景区免费开放、2008年的公

---

① [美]西蒙·安浩.铸造国家、城市和地区的品牌:竞争优势识别系统[M].葛岩,卢佳杰,何俊涛,译.上海:上海交通大学出版社,2010:32.

共自行车(免费单车)工程、2009 年的公交让行行动、2013 年初的中国式过马路整治等等事件,都大大推动了杭州亲民、惠民、勇于创新、敢当人先的城市形象的树立。以西湖景区免费开放为例,免费开放不仅仅体现了对游客和市民的人文关怀,更增加了城市的亲和力、吸引力,显示了城市宽广的胸怀。国务院发展研究中心更是给了"免费西湖"高度评价:没有围墙、不收门票的完整西湖,将自己的每一寸绿地和每一处景观,奉献给了广大游客,在经济效益、社会效益、环境效益等方面均实现了"不设门票的和谐发展"。

杭州不仅仅善于把握热点事件和热点时机开展整合营销传播活动,更为重要的是,杭州创设的这些热点事件本身对城市形象传播也越来越展现出巨大的价值:国家旅游局在 2012 年中国旅游日前夕发布的中国旅游景区发展报告显示,杭州西湖风景名胜区年接待游客已经超过 2000 万人次,西湖免费开放所影响到的人群面越来越广,对城市形象传播也产生了越来越深远的影响。

(8)综合利用各种中小媒介开展整合营销传播

在媒介市场领域,长尾效应也日渐显现。如今,大众新闻媒介传播费用越来越高,宣传投放的边际效用日渐下降,在这一背景下,一些中小媒介价值日渐凸显,在城市形象传播中发挥出越来越重要的作用。从纽约时代广场的荧屏,到伦敦街头的出租车,再到以 Youtube、Twitter 等为代表的社交网站,杭州不断挖掘城市形象宣传的有效载体,与大众媒介广告、公关活动等一起推动城市形象的整合营销传播。

2012 年 10 月 1 日,《中国名片》之《杭州》篇继《上海》篇之后第二个亮相纽约时报广场大屏幕。《杭州》篇以自然、人文和宗教三个章节在纽约时报大屏滚动播出,每章节时长约一分钟,短小精悍,清新自然,画面里的城市清丽而惊艳,粉墙黛瓦、晨钟暮鼓、画舫悠悠,向全世界展示杭州的自然风光、历史文化、风土人情和独特魅力,让中外观众神往。《杭州》篇完整版时长 10 分钟,此前已在《中国名片》官方微博和各大主流网站上播出。短片在纽约时代广场播出后,10 分钟完整版的《杭州》篇视频在网上被疯狂转发,引来无数惊叹。

在伦敦,杭州城市形象宣传利用了另一种形式:伦敦街头 150 辆出租车和 3 辆巴士喷绘上了"Wellcome to Hangzhou(杭州欢迎你)"和杭州西湖美景,穿梭在大街小巷中。如果说纽约时代广场是美国乃至世界的焦点,那么伦敦的出租车、双层巴士和伦敦的大本钟一样也是这个古老城市的代表和象征,将其作为杭州旅游广告的活动载体,显得匠心独具。

与此同时,由杭州市副市长张建庭带队的赴欧旅游促销团在英国首都伦敦举行了首场杭州旅游推介会。推广活动由旅游推介会、合作意向签约、世界文化景观——西湖图片展、茶艺表演、民乐表演、中国书法表演等板块内容组成。伦敦市前市长利文斯通先生以及当地旅游界、新闻界 150 余人应邀参会,现场达成多项合作协议。

杭州还以全球最大的社交网站 Facebook 为平台,建立长期粉丝专页,同时针对国际游客和当地市民推出"Go to Hangzhou(去杭州)"的线上游戏,并将伦敦杭州车体广告形象融入游戏中,让国外游客通过网络游戏轻松体验杭州风光。在综合利用各种中小媒介开展城市形象传播的同时,杭州还始终注重电视、杂志、网络、大型公关活动、全球重要旅行商合作等平台的协同传播,极大地提升了杭州城市形象传播的效果。

第二节 杭州城市形象传播诊断

一、杭州城市形象国内传播诊断

《杭州城市形象建设与传播调查》显示了国内公众在 22 个指标要素上对杭州的评价,从中可以发现杭州城市形象传播取得巨大成功背后,也仍存在着一定的隐忧。

《杭州城市形象建设与传播调查》结果(表 8-4)显示:公众对杭州交通出行、消费环境、公务员素质三项指标满意度最低(基于"很不满意"和"不满意"数据的综合统计)。从某种程度上说,这三项指标的提高将对杭州城市形象建设具有重要意义。此外,调研结果还显示,被访公众对杭州最不了解的三项指标是公务员素质、产业优势和投资环境,说明未来杭州在这几方面的形象传播还存在较大提升空间。

表 8-4 杭州城市形象指标评价频数统计表

题目／选项	1 分(很不满意)	2 分(不满意)	3 分(一般)	4 分(满意)	5 分(很满意)	不了解
基础设施	2.3%	4.1%	27.5%	46.5%	15.9%	3.7%
城市规划	2.6%	6.4%	34.6%	40.0%	11.9%	4.5%
市容卫生	1.2%	2.6%	20.4%	47.0%	26.6%	2.1%
风景名胜	0.7%	0.8%	7.8%	42.1%	47.4%	1.2%
经济发展水平	0.5%	2.0%	15.8%	54.7%	22.9%	4.1%
投资环境	0.7%	3.4%	24.6%	44.6%	14.2%	12.5%
产业优势	0.8%	2.6%	31.4%	38.8%	13.6%	12.7%
知名企业	0.8%	2.1%	26.9%	44.0%	17.9%	8.3%

（续表）

题目／选项	1分(很不满意)	2分(不满意)	3分(一般)	4分(满意)	5分(很满意)	不了解
科技实力	0.7%	2.6%	30.7%	42.8%	13.2%	9.9%
教育水平	0.5%	1.9%	20.5%	49.8%	21.3%	6.0%
历史文化	0.7%	0.5%	11.0%	47.2%	38.0%	2.6%
民俗风情	0.9%	2.5%	20.8%	46.8%	24.4%	4.6%
市民素质	1.9%	3.0%	30.1%	46.8%	15.2%	3.0%
居住环境	0.9%	4.4%	23.4%	45.6%	23.4%	2.3%
消费环境	3.8%	10.3%	30.7%	40.3%	12.3%	2.5%
物产美食	1.1%	2.4%	29.0%	49.3%	16.0%	2.3%
社会治安	2.0%	2.8%	23.8%	49.9%	18.4%	3.0%
交通出行	9.4%	16.4%	29.4%	30.6%	10.7%	3.4%
社会保障	1.5%	5.0%	31.4%	39.1%	13.1%	9.9%
公务员素质	4.6%	8.5%	35.1%	28.3%	10.6%	12.8%
政府管理水平	3.4%	8.1%	31.7%	34.4%	11.7%	10.7%
政府形象	2.9%	6.4%	33.6%	35.4%	11.5%	10.2%

二、杭州城市形象国际传播诊断

近年来杭州在国际市场上开展了广泛的城市宣传,取得了显著成效,但有两组数据仍值得杭州反思:

第一,2010年4月,新华社《瞭望东方周刊》、中国市长协会《中国城市发展报告》工作委员会、复旦大学国际公共关系研究中心、旅游卫视共同主办的中国城市国际形象调查启动,其中对外籍人士的主观调查由盖洛普(中国)咨询公司展开,历时2个多月,参与调查的被访者覆盖全球6大洲100多个国家,总人数约7980人。调查结果显示:杭州城市的国际形象排在上海、北京、成都、南京四城市之后,各单项调查中,杭州在"城市个性"方面排第一,但在外国人眼中,"工作生活向往度""城市市民素质""城市国际化程度"这3个方面,杭州都未能排入前十,"城市总体印象""城市投资价值"也仅排第八,"城市文化"仅排第六[①]。

第二,2011年,杭州市接待海外游客306.3万人次,同比增长11.1%,同期全

---

① 刘焜.中国城市首次国际形象调查排名出炉:杭州最有个性,宁波最具潜力[N].钱江晚报,2010-08-31(A5).

国接待海外游客 5962.7 万人次,同比增长 7.0%,杭州市接待海外游客人数增幅跑赢全国平均水平。但从全国 28 个主要城市来看,杭州市接待海外游客人数增幅落后于 16 个大中城市。从杭州市接待海外游客的绝对数量上看,杭州 2011 年接待海外游客 306.3 万人次,落后于北京(520.4 万人次)、上海(668.6 万人次)、广州(778.7 万人次)、深圳(1104.6 万人次)和珠海(320.8 万人次)。受到杭州海外宣传加码、世界休闲博览会召开等因素的拉动,2011 年杭州市接待海外游客增幅较为明显,但接待海外游客总数仍落后于上述五个城市(详见表 8-5)。

表 8-5　2011 年 1-12 月主要城市接待入境游客情况①

城市	接待人数(人次)	同比增长(%)	接待人数构成(人次)			
			外国人	香港同胞	澳门同胞	台湾同胞
总计	59 626 615	7.01	32 584 906	18 093 217	1 599 532	7 348 960
北京	5 204 021	6.19	4 474 101	434 223	12 946	282 751
天津	730 615	21.98	635 795	44 092	2 439	48 289
沈阳	604 895	9.92	498 878	46 578	2 898	56 541
大连	1 170 035	0.34	1 038 050	60 305	1 737	69 943
长春	301 639	20.74	248 034	27 619	1 190	24 796
哈尔滨	277 215	5.16	235 861	21 388	932	19 034
上海	6 686 144	-8.87	5 549 900	479 536	24 244	632 464
南京	1 506 642	15.12	999 239	197 387	12 605	297 411
无锡	908 324	14.75	662 611	109 076	3 941	132 696
苏州	2 326 318	12.10	1 670 290	151 130	9 291	495 607
杭州	3 063 140	11.10	2 108 263	360 291	30 742	563 844
宁波	1 073 872	12.84	608 675	170 676	54 717	239 804
黄山	1 313 609	25.07	763 107	193 303	15 588	341 611
厦门	1 799 205	15.94	618 108	166 273	6 234	1 008 590
济南	289 903	25.51	193 737	55 107	1 113	39 946
青岛	1 156 391	7.02	807 448	173 594	39 001	136 348
武汉	1 159 135	24.92	886 986	129 854	1 925	140 370
广州	7 786 889	-4.43	2 762 730	4 026 892	462 133	535 134
深圳	11 045 512	8.23	1 712 002	8 818 300	50 458	464 752

---

① 国家旅游局政策法规司.2011 年 1-12 月主要城市接待情况 [EB/OL].[2012-2-28].http://www.cnta.gov.cn/html/2012-2/2012-2-28-15-47-85992.html.

（续表）

城市	接待人数（人次）	同比增长（%）	接待人数构成（人次）			
			外国人	香港同胞	澳门同胞	台湾同胞
珠　海	3 208 447	−1.32	581 651	1 216 347	717 621	692 828
中　山	608 161	26.57	114 500	337 943	101 923	53 795
桂　林	1 643 935	10.61	1 037 220	201 110	7 466	398 139
海　口	146 808	10.48	76 708	28 485	1 137	40 478
三　亚	528 942	27.17	421 201	75 266	4 614	27 861
重　庆	1 864 016	36.04	1 326 135	283 794	8 572	245 515
成　都	1 216 436	65.63	895 376	153 700	17 815	149 545
昆　明	1 004 040	16.66	772 024	76 684	2 661	152 671
西　安	1 002 326	19.07	886 276	54 264	3 589	58 197

2012 年,杭州市接待海外游客 331.1 万人次,同比增长 8.1%,同期全国接待海外游客 6335.2 万人次,同比增长 6.2%,杭州市接待海外游客人数增幅略高于全国平均水平,但与 2011 年相比,杭州市接待海外游客增幅呈现回落趋势,从全国 28 个主要城市增幅情况来看,2012 年杭州市接待海外游客人数增幅落后于 17 个大中城市。从杭州市接待海外游客的绝对数量上看,杭州 2012 年接待海外游客 331.1 万人次,仍落后于北京(500.9 万人次)、上海(651.2 万人次)、广州(788.6 万人次)、深圳(1206.4 万人次),2012 年杭州接待海外游客人数相较于 2011 年反超了珠海(297.6 万人次)(详见表 8-6)。

表 8-6　2012 年 1—12 月主要城市接待入境游客情况[①]

城市	接待人数（人次）	同比增长（%）	接待人数构成（人次）			
			外国人	香港同胞	澳门同胞	台湾同胞
总　计	63 352 411	6.23	34 353 227	19 423 146	1 645 013	7 931 025
北　京	5 008 609	−3.76	4 344 002	375 801	14 421	274 385
天　津	737 481	0.94	637 106	46 254	2 698	51 423
沈　阳	750 011	23.99	587 028	80 881	5 248	76 854
大　连	1 284 176	9.76	1 125 216	74 088	2 156	82 716
长　春	356 627	18.23	286 961	35 337	1 491	32 838
哈尔滨	241 134	−13.02	183 840	20 165	599	36 530

---

① 国家旅游局政策法规司.2012 年 1—12 月主要城市接待情况 [EB/OL].[2013-2-17].http://www.cnta.gov.cn/html/2013-2/2013-2-17-10-24-22795.html.

（续表）

城市	接待人数（人次）	同比增长（%）	接待人数构成（人次）			
			外国人	香港同胞	澳门同胞	台湾同胞
上海	6 512 347	−2.60	5 396 384	450 548	18 176	647 239
南京	1 627 142	8.00	1 077 347	213 563	13 564	322 668
无锡	981 947	8.11	710 835	118 088	4 099	148 925
苏州	2 492 157	7.13	1 795 389	163 612	11 164	521 992
杭州	3 311 225	8.10	2 298 763	384 642	42 511	585 309
宁波	1 162 088	8.21	631 033	186 801	61 632	282 622
黄山	1 602 699	22.01	928 234	232 663	19 334	422 468
厦门	2 124 163	18.06	761 100	220 364	7 762	1 134 937
济南	315 926	8.98	205 561	60 287	1 214	48 864
青岛	1 270 076	9.83	877 774	194 059	46 045	152 198
武汉	1 508 852	30.17	1 141 667	181 378	2 669	183 138
广州	7 866 031	1.02	2 892 049	3 934 448	498 683	540 851
深圳	12 064 451	9.22	1 691 045	9 863 344	54 835	455 227
珠海	2 975 791	−7.25	538 282	1 130 728	712 063	594 718
中山	558 573	−8.15	115 830	314 067	70 470	58 206
桂林	1 824 141	10.96	1 092 967	247 825	12 002	471 347
海口	179 741	22.43	82 609	26 074	1 318	69 740
三亚	481 437	−8.98	367 819	53 377	3 413	56 828
重庆	2 242 834	20	1 526 320	444 367	10 969	261 178
成都	1 581 919	28.90	1 170 643	215 160	20 118	175 998
昆明	1 137 364	13.28	873 387	89 785	2 417	171 775
西安	1 153 469	15.08	1 014 036	65 440	3 942	70 051

对以上公报数据分析后可以发现，杭州城市形象国际传播中信息传达仍有较大提升空间。举例来说，"上有天堂，下有苏杭"自南宋时期便已国人皆知，生活在杭州也是很多国人的梦想，根据国内应届生求职网进行的"中国大学生求职状况及向往雇主调查"也显示，杭州位列大学生求职地域选择前六[1]，但在中国城市国际形象外籍人士调查中，杭州"工作生活向往度"连前十都未能进入。再比如说，杭州近年来在以经济为主题的各类城市排行中屡屡折桂，甚至连续五年夺得

---

[1] 中国教育新闻网.大学生求职地域前十城市出炉，半数求职首选京沪[EB/OL].[2010-04-07].http://super.jyb.cn/job/jysd/201004/t20100407_351747.html.

《福布斯》中文版中国最佳商业城市第一名[1]，世界五百强中也已有数十家企业在杭投资，在世界银行公布的中国城市投资环境排名上杭州也不止一次名列榜首，但在中国城市国际形象外籍人士调查中，"城市投资价值"杭州仅排第八。

通过上述分析后可以发现，杭州城市的国际形象处于城市形象象限图中的金牛城市形象，这说明杭州虽然拥有在国际上与其他城市一较高下的实力，但是由于城市形象国际传播中还存在一定问题，造成了国际公众对杭州的了解还不够，这在某种程度上也直接导致了杭州接待海外游客人数增幅落后于 17 个大中城市的后果。纵观 2011、2012 年的全国主要城市接待入境游客情况统计数据，成都、武汉、重庆等城市发展速度非常迅猛，杭州城市形象国际传播形势并不乐观，面临着后起之秀的严峻挑战。

第三节　杭州城市形象整合营销传播探索

江南忆，最忆是杭州。山寺月中寻桂子，郡亭枕上看潮头。何日更重游？

——白居易《忆江南》

2010 年，杭州荣获中国（大陆）国际形象最佳城市称号，评委会给杭州的颁奖词是：时代早已丰饶千年，而今迈步从头越，开放的西湖走进了钱塘江时代，这里正在成为一个面向世界的国际大都市，不变是三秋桂子、十里荷花的美景，是听箫鼓、赏烟霞的情调，是人们自有一番不疾不徐的气度，天堂硅谷、国际花园、精致和谐、大气开放，2010 中国国际形象最佳城市——浙江杭州。

钱塘自古繁华。杭州作为省会城市、长三角南翼中心城市和历史文化名城、国际风景旅游城市，历来十分重视城市形象的建设与传播，也是国内较早开始实施形象宣传的城市之一。近些年，杭州城市形象传播取得了丰硕的成果，一系列异彩纷呈的形象传播活动把杭州推到了全国城市的前沿，但不容回避的是，随着成都、武汉、重庆等城市在城市形象传播上的异军突起，杭州的这一地位正日渐受到挑战。如何进一步提升杭州城市形象，守住形象传播的高地，是杭州在未来一段时期内必须认真思考的问题。

一、进一步坚持和完善四位一体的整合组织构架

（一）城市形象整合营销传播四位一体的组织构架

城市形象的整合营销传播模式中提出了"市长挂帅，专门部门牵头，部门联

---

[1] 金融界《福布斯》杂志发布 2008 中国最佳商业城市[EB/OL]. [2008-09-02]. http://finance.jrj.com.cn/biz/2008/09/0215191836633.shtml.

动,全员参与"的组织整合体系,这是城市形象传播工作内在和必然的要求。杭州成立了专门的城市品牌工作指导委员会,作为政府的职能机构负责城市品牌工作的总体规划与指导,并以学术界、新闻界、企业界和党政界四界联动的形式,构建了"专门机构、各界联动"的组织体系保障,必须继续坚持这一组织模式。

1. 市长挂帅

顾海兵、王亚红等在《中山城市形象定位与提升对策研究》一书中提出了一种快速估算城市品牌价值的方法①,我们称之为城市品牌价值模糊算法。根据这一算法的操作要领,本书选取了浙江省内六个参照城市,利用统计局公布的官方数据测算了各城市调整后的GDP(杭州为目标测算城市,2011年全市实现生产总值7012亿元,人口874万),如表8-7所示。

表8-7　2011年各参照城市调整后的GDP

城市	2011年GDP(亿元)	2011年人口(万人)	调整后GDP(亿元)
宁波市	6010	576	9119
温州市	3351	798	3670
嘉兴市	2668	343	6798
绍兴市	3291	440	6537
金华市	2448	469	4562
台州市	2795	587	4162

结合表8-7数据,利用城市品牌价值模糊算法计算公式,可以测算出杭州城市品牌价值低位估值为12040亿元,高位估值为24080亿元。

"城市是最大的可资利用的国有资产。"②按照城市品牌价值模糊算法计算的结果,即便是采用城市品牌价值的低位估值,杭州城市形象的价值也将是超过任何一个企业、任何一个行业的价值。如果把城市形象经营看作是一个"产业",那么它将是一个产值数倍于城市GDP的庞大"产业",面对如此重要的"产业",城市的掌舵人无论怎么重视也不为过。因此,在城市形象整合营销传播组织构建中一定要明确市长的地位与职责,从制度上确定市长作为城市形象传播工作统帅的角色。

2. 城市形象工作专门部门牵头

整合营销传播就是识别计划和建立所有相关的营销传播的需要,使它们协

---

① 顾海兵,王亚红,胡鹏辉,等.中山城市形象定位与提升对策研究[M].北京:中国经济出版社,2009:245-246.

② 王秀云.现代城市经营模式:理论与实践[M].北京:社会科学文献出版社,2011:164.

调一致地发挥作用，以达到最好的效果和最优的效率。整合营销传播需要有计划、有步骤，包括全面协调一致的营销传播活动，需要对宣传推广活动及相关人员的有效管理整合，需要对信息、媒体、促销工具进行整合，需要对所有接触形式展开有效的管理。在城市形象的国际传播活动中，因为跨越了国界和文化边界，这种整合更为复杂和艰巨。

如此重要而且艰难的工作，如果没有一个常设的、权威的、协调的部门来执行，其结果是难以想象的。"城市形象推介是一项系统工程，应有一个专门的机构，并配备专门的工作人员负责实施和协调。有了专门的城市营销推介机构，城市形象推介就不只是一些独立的点、线，而是一个立体的整体。"[1]如果说城市形象是一艘航行在大海中的船，市长是舵，那么城市形象工作专门部门便是帆。帆是城市形象航行的动力，一定要学会借力，借领导之力，借专家之力，借部门之力，借全民之力。

3. 部门联动

城市形象塑造离不开各政府部门脚踏实地的工作，城市形象传播也离不开各部门的支持与配合。政府在城市形象的推广工作中可以是理想的协调者、投资者和服务者。在统一的城市推介工作中，政府是协调者的最佳当选人，是投资者中的先驱者，是服务中的领头人，而其他任何企业和团体都不具备此优越性[2]。因此，城市形象传播的组织整合中，必须让各部门的一把手充分认识到城市形象工作的重要性，并使其融入到城市形象工作专门部门中成为顾问委员，从而畅通城市形象传播工作中的信息传递，提高城市形象传播工作的执行效率。同时，要充分发挥旅游、宣传、外事、经贸、教育、文化等部门的积极性和能动性，使之在城市形象工作专门部门的指导下统一协调地开展城市形象传播活动。

4. 全员参与

专家、市民、企业、媒体都是城市形象工作专门部门不记名的成员。在公共关系领域，"全员公关指在社会组织中所有工作人员都参与公关活动，其意义是增强组织中全体人员的公关意识，促使他们更多地关心组织，不断提高自身的素质，从自己的本职工作入手，把公关工作贯穿于组织的各项工作中，为树立良好的组织形象奠定基础"[3]。基思·莱茵哈德在谈到如何改变美国在全球糟糕的国家形象时也说到，"借助一般的公关手段，哪怕使用强大的网络，也难以让美国形象光彩依旧。唯一可以指望和尝试的是美国人每年6000万人次旅行可能带来的

① 顾海兵，王亚红，胡鹏辉，等.中山城市形象定位与提升对策研究[M].北京：中国经济出版社，2009：26.

② 顾海兵，王亚红，胡鹏辉，等.中山城市形象定位与提升对策研究[M].北京：中国经济出版社，2009：25.

③ 张践.公共关系学[M].北京：中央广播电视大学出版社，2004：91.

6000 万次制造印象的机会"①。

城市形象是政府的,更是人民的,在城市形象传播中,应该充分利用城市形象工作专门部门中这些不记名的成员的力量,通过给予城市形象整合营销传播理念教育和行动指导,激发其主人翁意识,使城市形象传播显现无比强大的传播效力。"人是抵达更大规模人群唯一高效和节省成本的广告媒体。"②如果说传统的城市形象传播更多的是政府对个人(Government-to-People,简称 G2P),那么现代的城市形象传播则包容了更多的个人对个人的交流成分(People-to-People,简称 P2P)。当全体人民成为传达城市内涵和魅力的喉舌时,城市就得到了一个向世人传播城市形象的庞大"广告媒体"。

因此,城市形象整合营销传播过程中,要充分鼓励和引导行业协会、重点企业、全体市民参与城市形象的传播再造进程,培养他们的自豪感和动机,使之能够本能地在日常生活中扮演城市形象传播者的角色。水滴石穿,集腋成裘,当成千上万的个人、公司、产品、企业家、政治家、文化产品每日点点滴滴积累城市形象时,动人心弦的结果就会出现。

(二)杭州城市形象传播组织构架完善

杭州城市形象传播中已经建立了城市品牌网群,在理念设计上既有城市形象管理的领导机构,又有专职从事城市形象管理的职能机构,还有城市形象传播的部门协调机制以及辅助机构,此外还有市场化参与的企业机构。从构架上来说,杭州城市形象传播的组织构架非常丰富,形成了多中心治理的城市形象传播格局,但这一组织构架仍有几点值得思考和完善之处。

首先,领导机构与执行机构的完全分设,增加了沟通的层级,对实际工作开展效率也产生一定影响。杭州市城市品牌工作指导委员会办公室作为杭州城市形象传播的政府职能部门是设置在市委政策研究室,与其主要的两大执行机构完全分设,可以考虑将杭州市城市品牌工作指导委员会办公室与杭州生活品质研究与评价中心两个部门进行融合。

其次,组织制度设计上安排了专门的部门负责和执行城市形象推广工作,政府其他部门协同配合,但在实际操作中操作弹性过大。也就是说,旅游部门、经贸部门仍旧可能按照自己的工作条块单独开展城市形象传播活动。在人员、资金独立的情况下,这一现象可能难以避免。为了更好地发挥城市形象整合营销传播的效果,提高资金的利用效率,有必要对城市形象宣传所涉及的执行部门和协作部

---

① 居延安.公共关系学[M].上海:复旦大学出版社,2008:161.

② [美]西蒙·安浩.铸造国家、城市和地区的品牌:竞争优势识别系统[M].葛岩,卢佳杰,何俊涛,译.上海:上海交通大学出版社,2010:91.

门制定权责规范条款。

(三)加强整合营销传播理念教育与指导

城市形象整合营销传播组织要发挥强大的作用,离不开正确的理论指导。创新理念是组织成功的关键。对于大部分政府工作人员抑或市民而言,无论是城市形象理论还是整合营销传播理论都太过陌生,因此要加强教育和指导,让他们明白城市形象的构建和传播不仅仅是宣传部门、旅游部门、经贸部门的工作,同时更要让他们知道如何在自己的本职工作中抑或学习生活的一言一行中为这座城市的形象添彩。定期不定期的干部学习专题讲座、市民大学堂(讲座)、大众媒体宣传、城市形象传播市民读本等方式可以成为城市形象传播理念教育和指导的有效平台。

城市形象传播教育不仅仅要教会公民传播的技巧和方法,还有一点也非常重要,那就是要通过各种渠道和载体,增加他们对城市的了解,使之成为城市热忱而骄傲的拥护者。教育要让每位城市公民对城市有归属感和荣誉感,使其在心灵上不需"寄居"于其他"著名"的地方,从而推动其主动、自觉地抓住每个机会向世界宣传自己的城市,最终达到城市形象传播的无为而治。

二、突出重点,分类整合的受众策略

媒体环境和竞争环境的变化,使得城市形象传播中不可能采用地毯式、反复轰炸式的传播方法。退一步而言,即便是拥有足够的资源去对受众狂轰滥炸,也未必能够取得预期的效果。在受众接受心理和接受行为发生深刻变化的今天,开展城市形象的有效传播前提就是要明确核心受众所在,只有明确了传播中的重点受众,才能更好地把握传播的内容,对受众的接触管理也才能更加有的放矢。

受众有效整合的前提是建立城市营销数据库,通过数据库对城市形象传播受众进行细分,然后再进行必要的整合。根据城市形象的整合营销传播模式的受众整合的界定,可以将杭州城市形象传播的受众界定为决定型受众、预期型受众和潜在型受众三类,其中决定型受众、预期型受众是最为重要的两大受众群体。

(一)杭州城市形象传播中决定型受众的整合要点

对于大部分预期型受众和潜在型受众而言,决定型受众对城市的评价直接影响到他们对城市的评价。通俗地讲,别人怎么看待你这座城市,前提是你自己怎么看待自己这座城市,决定型受众对城市的评价对预期型受众和潜在型受众具有相当大的影响力。因此,做好决定型受众的传播工作至关重要。

具体而言,杭州城市形象决定型受众整合的核心是对政府、城市市民、企业和媒体的整合。城市政府的形象不仅是城市形象的重要体现,更是城市形象建设

的主导。"从某种意义上说,城市的代表就是城市政府,政府是否以民为本,政府组成人员是否勤政廉洁,政府结构设置是否合理,行政管理是否有效,具体规章制度的科学性和权威性如何,整个城市系统运转如何,政绩是否显著等,都将影响市民和外地民众对该城市的形象认知。"①

城市市民是城市形象的代言人。城市市民在言谈举止、衣食住行、精神面貌、道德素养、个人品质、知识结构、创造力、法律意识等各方面表现出来的水平直接构成了市民素质这一城市形象要素。城市市民不仅仅自身是城市形象的一部分,他们在与外界交流的过程中还会通过人际传播的方式给外部公众带来或多或少的印象,尤其是作为城市"窗口"的服务行业的市民作用更为显著,"因此可以说,在城市推介中,城市居民是最重要的推介主体,是城市推介工作真正的制定者和实行者"②。

企业是城市形象传播的富矿。企业中的城市市民作为个体首先是城市形象传播的重要载体,事实不仅如此,分散在社会各个角落的大中小企业,如果在其日常的生产经营中能主动为城市形象的传播与推广献力,那么汇聚起来的力量必定异常强大。区域品牌、知名企业、驰名商标、著名产品、上市品牌等对城市形象传播的促进作用则更为明显。

媒体是城市形象传播的永动机。媒体每天都在用文字、画面、声音记录着城市形象,建构着城市形象,传播着城市形象。在这个不出门便知天下事的时代里,对大多数人而言,对大多数领域而言,人们不可能再用"行万里路"的方式来认识世界,太多的认知和印象源自媒体。因此,日复一日不停运转的媒体就是城市形象建构和传播的永动机。

(二)杭州城市形象传播中预期型受众的整合要点

相较于潜在型的城市形象传播受众,预期型城市形象受众对于城市形象传播而言更为重要。预期型受众不仅仅通过媒体、口碑传播等间接渠道接触城市,而且通过旅游、考察、投资、学习等多种形式与城市有着直接的接触,他们对城市形象有自己体验性的评价。预期型受众大多是介质受众,他们对城市的评价往往会影响到潜在型受众的评价,从利益的关联度角度讲,城市形象的评价几乎都来自决定型受众和预期型受众,因为这两类受众群体对城市形象关注最多,影响最大。因此,在城市形象传播中把握好预期型受众的整合也同样重要。

具体而言,杭州城市形象预期型受众的整合核心应当是对观光休闲、会议 /

---

① 彭和平,侯书森.城市管理学[M].北京:高等教育出版社,2009:195-196.
② 顾海兵,王亚红,胡鹏辉,等.中山城市形象定位与提升对策研究[M].北京:中国经济出版社,2009:125.

商务人士的整合。以城市形象国际传播确定国外受众群体为例,理论来讲,具有特定意义的公众即利益相关者才是构成城市形象评价的主体,也就是说,一个对中国都不关心的人士,就不可能评价中国的城市。那么哪些人更有可能是城市形象评价的利益相关者?从按事由分外国入境旅游人数数据(详见表8-8)分析可知,我们可以将对到中国观光休闲、会议、商务有需求有兴趣的人士列为重点传播对象。"简单说来,城市品牌传播的目标受众是旅游者和商务人士。如何吸引他们到城市来,并为城市带来经济价值,是城市品牌形象传播工作的核心任务。"①这一结论对城市形象传播的国内预期型受众同样适用。

表8-8　2012年按事由分外国入境旅游人数(单位:万人次)②

国别	合计	目的				
		会议/商务	观光休闲	探亲访友	服务员工	其他
亚洲小计	1664.88	337.58	656.36	8.75	199.16	463.02
美洲小计	317.95	71.50	173.13	0.92	17.00	317.95
欧洲小计	592.16	179.77	262.38	0.72	61.12	88.18
大洋洲小计	91.49	15.54	51.47	0.32	3.87	20.29
非洲小计	52.49	23.60	19.49	0.05	4.83	4.53
其他国家	0.19	0.03	0.07	0.01	0.00	0.08
总计	2719.16	628.02	1162.90	10.77	286.47	630.99

对城市形象传播的受众进行整合是为了使传播目标重点更加突出,从而显著提高城市形象传播的效果。为了使城市形象传播工作更加富有针对性,我们可以对城市形象传播的对象进行更进一步的细分,例如在杭州城市形象国际传播目标对象上,不仅仅要确立以旅游和商务人士为主体的受众对策,还可以通过地域、年龄、性别等各种细分的方法,针对重点客源市场进行重点传播,如此成效更为显著。比如杭州在美国和欧洲开展了诸如"西湖宣传片在美国纽约时代广场播放"、"杭州旅游广告登上伦敦出租车"等等一系列重点国家、重点城市目标市场的形象推广活动,大大提升了杭州的国际形象,其直接效应是美国和欧洲入境游客的显著增长(见表8-9)。

---

① 范红.城市形象定位与传播[J].对外传播,2008(12):34.
② 国家旅游局政策法规司.2012年1-12月入境旅游外国人人数(按目的分)[EB/OL].[2013-1-17].http://www.cnta.gov.cn/html/2013-1/2013-1-17-17-13-54943.html.

表 8-9　杭州接待境外游客分国别(地区)情况①

国别(地区)	2011 年	2010 年	为上年(%)
合计	3063140	2757147	111.1
中国香港	360291	332626	108.3
中国澳门	30742	22095	139.1
中国台湾	563844	523898	107.6
日本	321892	334880	96.1
美国	190442	163485	116.5
新加坡	74363	62777	118.5
澳大利亚	38160	34189	111.6
泰国	69303	64023	108.2
意大利	27658	27690	99.9
荷兰	21454	15831	135.5
西班牙	26374	24271	108.7
马来西亚	99259	94393	105.2
韩国	507422	478999	105.9
法国	47290	41533	113.9
德国	60498	56168	107.7
加拿大	36993	33884	109.2
英国	46832	41898	111.8
印度尼西亚	29349	31633	92.8
印度	24057	20782	115.8
菲律宾	11701	11303	103.5

具体分析来看,横向上,根据 2011 年国别分外国入境旅游人数数据(见表8-10),外国人入境旅游前十位的国家是韩国、日本、俄罗斯、美国、马来西亚、新加坡、菲律宾、蒙古、澳大利亚和泰国。将其与可比的同年份杭州入境客源地旅游人数数据(见表8-9)对比分析后可以发现,杭州在欧洲对俄罗斯的传播最为欠缺,是杭州错过的最大机会市场;在亚洲对菲律宾和蒙古传播相对也较为薄弱,有待提升。此外,通过对国别分外国入境旅游人数数据分析,杭州也应加强对亚洲的印度、印度尼西亚和哈萨克斯坦这些国家的传播。从性别角度来看,主要目标市场均是男性人数远大于女性人数。从年龄角度来看,25~44 岁和 45~64 岁两个年龄段集中度最高。

---

① 杭州统计信息网.2012 年杭州统计年鉴　[EB/OL]. [2012-11-20].http://www.hzstats.gov.cn/web/tjnj/nj2012/09/nj_.htm.

表 8-10　2011 年按年龄性别分外国入境旅游人数情况(单位：万人次)①

国别	合计(万人)	年龄					性别	
		14岁以下	15~24岁	25~44岁	45~64岁	65岁以上	男	女
总计	2711.20	111.94	212.44	1227.62	992.28	166.92	1745.41	965.79
亚洲小计	1665.02	58.46	124.69	782.28	595.81	103.78	1107.44	557.58
日本	365.82	12.15	13.18	145.90	159.40	35.18	280.49	85.32
韩国	418.54	19.22	29.62	164.51	169.47	35.73	267.41	151.13
朝鲜	15.23	0.13	1.12	6.48	7.29	0.21	13.05	2.18
蒙古	99.42	3.01	12.10	59.65	23.79	0.87	52.53	46.89
菲律宾	89.43	1.59	5.90	56.39	24.05	1.50	68.48	20.95
泰国	60.80	1.83	4.76	28.09	22.16	3.97	29.29	31.51
新加坡	106.30	5.71	6.78	39.52	46.25	8.04	66.79	39.51
印度尼西亚	60.87	2.60	5.82	29.92	18.62	3.92	31.83	29.04
马来西亚	124.51	5.15	8.03	58.37	44.95	8.01	76.14	48.37
巴基斯坦	9.25	0.25	0.95	5.51	2.37	0.17	8.35	0.90
印度	60.65	1.94	4.87	36.91	15.26	1.67	50.90	9.75
尼泊尔	3.19	0.06	0.30	2.17	0.64	0.03	2.62	0.57
斯里兰卡	3.80	0.05	0.39	2.17	1.12	0.07	3.02	0.78
哈萨克斯坦	50.62	1.14	6.53	27.51	14.65	0.79	28.95	21.67
吉尔吉斯斯坦	4.76	0.09	0.56	2.62	1.44	0.06	3.21	1.56
其他	191.82	3.54	23.79	116.57	44.36	3.56	124.38	67.44
美洲小计	320.10	23.36	22.99	108.52	135.90	29.33	202.73	117.38
美国	211.61	14.26	14.32	66.30	95.66	21.07	137.69	73.92
加拿大	74.80	6.51	5.83	25.42	30.14	6.90	42.70	32.10
墨西哥	5.37	0.22	0.53	2.95	1.48	0.19	3.56	1.81
其他	28.32	2.38	2.30	13.84	8.63	1.17	18.77	9.55
欧洲小计	591.08	22.71	55.97	273.74	212.49	26.17	347.86	243.22

---

① 国家旅游局政策法规司.2012 年 1—12 月入境旅游外国人人数(按年龄、性别分)[EB/OL].[2012-2-21].
http://www.cnta.gov.cn/html/2012-2/2012-2-21-19-1-44143.html.

（续表）

国别	合计（万人）	年龄					性别	
		14岁以下	15~24岁	25~44岁	45~64岁	65岁以上	男	女
英国	59.57	2.54	3.79	23.71	25.38	4.15	42.15	17.42
德国	63.70	2.18	3.91	27.84	26.37	3.40	47.39	16.31
法国	49.31	2.67	4.19	22.89	16.63	2.93	32.70	16.61
意大利	23.50	0.53	1.14	11.44	9.00	1.39	18.17	5.34
俄罗斯	253.63	9.90	32.11	120.62	83.62	7.37	108.74	144.90
瑞士	7.53	0.27	0.46	3.08	3.13	0.59	5.41	2.12
瑞典	17.01	0.95	1.92	6.82	6.15	1.18	10.99	6.03
荷兰	19.75	0.88	1.52	8.25	7.92	1.17	13.48	6.27
挪威	5.14	0.26	0.58	1.91	2.03	0.37	3.49	1.65
奥地利	6.69	0.22	0.41	3.04	2.63	0.39	4.77	1.92
比利时	7.04	0.31	0.49	2.98	2.90	0.36	5.11	1.93
西班牙	13.99	0.40	0.70	7.95	4.33	0.61	9.31	4.68
葡萄牙	4.70	0.14	0.28	1.96	1.94	0.39	3.13	1.57
其他	59.49	1.47	4.47	31.24	20.46	1.86	43.02	16.47
大洋洲小计	85.93	6.53	6.10	31.52	34.79	6.99	52.33	33.60
澳大利亚	72.62	5.29	5.18	26.19	29.78	6.18	44.13	28.49
新西兰	12.09	1.19	0.81	4.68	4.61	0.79	7.29	4.80
其他	1.22	0.05	0.11	0.64	0.39	0.03	0.91	0.31
非洲小计	48.88	0.88	2.68	31.48	13.21	0.63	34.93	13.94
其他国家	0.19	0.01	0.01	0.08	0.09	0.01	0.12	0.07

　　纵向上，2011年杭州启动的北美和欧洲市场的整合营销传播活动成效还是比较显著的，一年的时间里荷兰、美国、法国、英国等国家入境人数增长率都达到10%以上，其中荷兰增长率最高，超过30%，欧美主要国家仍占据着杭州入境旅游人数国别十强（表8-11）。从全国层面来看，2012年与2011年入境人数国别十强中发生唯一较大变化的就是加拿大取代泰国成为十强（表8-12）。因此，杭州城市形象国际传播中应紧密跟踪这一变化，及时调整传播策略。

表 8-11　国别分外国入境旅游人数对比(杭州)

国家排名 (按入境人数)	1	2	3	4	5	6	7	8	9	10
杭州 2011 年	韩国	日本	美国	马来西亚	新加坡	泰国	德国	法国	英国	澳大利亚
杭州 2010 年	韩国	美国	日本	马来西亚	泰国	德国	新加坡	法国	英国	澳大利亚

表 8-12　国别分外国入境旅游人数对比(全国)

国家排名 (按入境人数)	1	2	3	4	5	6	7	8	9	10
全国 2012 年	韩国	日本	俄罗斯	美国	马来西亚	新加坡	蒙古	菲律宾	澳大利亚	加拿大
全国 2011 年	韩国	日本	俄罗斯	美国	马来西亚	新加坡	菲律宾	蒙古	澳大利亚	泰国

三、全方位立体化的接触点管理

　　接触是整合营销传播理论提出的一个全新的概念，它不仅超越了传统媒介的束缚，更颠覆了对传播中时空的传统看法。接触点概念的始作俑者是北欧航空公司前任总裁简·卡尔宗 (Jon Carlzon)，他将接触点形象地称为"关键时刻"(Moments of Truth)，认为只要在最能给顾客留下好印象的地方竭尽全力，就能成功。接触点是品牌与消费者产生信息接触的地方，即运送营销信息的载体，它不局限于广播、电视、报纸、杂志、户外、因特网等媒体，还包括直邮、产品本身、销售人员、店面布置、产品网站、交流产品使用体验的亲友等等，只要能成为传播营销信息的载体，就可以视为接触点。

　　在整合营销传播理论看来，如今创意或营销人员说了什么，还不如他们怎么说和在哪里说更加重要。管理品牌接触点的目的就是要减少不同传播系统间的信息冲突，并通过品牌接触来影响消费者大脑中的品牌网络。因此必须充分整合各类传播资源，对城市形象传播中的接触点进行全方位立体化的管理。审视城市与公众间的接触可以发现，城市形象传播存在一个庞大的接触清单，接触点无时无刻无所不在，接触形式也是形形色色。

　　顾客的每一次消费体验中，从开始到结束都包含了一系列与品牌的接触点，而每一个接触点所传达的品牌的信息，都有影响顾客购买决策的作用。找不到全面的接触点,企业就变成了半盲半聋的"弱智者"①。因此,对接触点进行有效管理的前提是全面、深入、细致地开展关于城市形象传播的接触点调查,列出详尽的接触点清单。但是,由于种种限制,同时对每一个接触点进行详尽的规划和妥当的管理几乎是不可能的,因此必须要找到关键性的接触点,并在关键性接触点上与顾客进行积极的具有实际意义的互动,这才是维系品牌与顾客关系,增进顾客对品牌的忠诚度的有效手段。

通过城市形象接触审核并借助城市形象传播关键接触点清单,我们对杭州城市形象传播中的接触点管理提出了分类对策。

(一)以杭州市民、企业和媒体为核心的决定型受众的接触管理

从消费者行为分析的角度,决定型受众的说服更加符合"高努力路径"的情况,因此应多加强"中心路径加工"②的接触点管理,以体验类接触管理为核心,辅以媒介类接触管理。

政府要采取有力措施,为市民的工作、学习和生活提供高质量的公共服务。根据《杭州城市形象建设和传播调查》的结果,政府应着力解决"交通出行"、"公务员素质"、"消费环境"三个方面存在的问题。同时,要进一步加强杭州城市形象传播的宣传引导工作,使市民公众明白自身素质是杭州城市形象的一面窗,会直接或间接地影响着外界对杭州城市形象的评价。市民的一言一行,在当地,会给外部公众留下印象;走出城市,个人言行对杭州整体形象的影响更加显著。因而,政府要通过媒体、市民学校、专题活动、课本、读本等方式不间断地开展市民素质教育和素质提升工程,推进城市形象的全员公关。特别要注重对外出旅游和商务人士的城市形象宣传教育,借助宣传教育资料、交通工具媒体等多种载体,提高市民维护杭州城市形象、宣传杭州城市形象的自觉性。

政府要进一步完善投资环境,继续大力扶植区域品牌、知名企业、上市企业,通过政策激励和教育引导的方式,鼓励企业在生产经营过程中树立城市形象意识,积极主动参与城市形象推广,最终达到城市与企业的双赢发展。同时,政府也应多创造条件支持地方性中小企业走出去,扩大"长尾效应"。

要充分利用媒体在城市形象塑造和传播上的巨大能量,充分发挥其对内教育引导和对外传播沟通的功能。大力支持杭州各类媒体做大做强,不断完善信息传媒网络,从而提高杭州地方媒体在全国乃至世界的话语权。

当然,在加强市民、企业和媒体的接触管理之外,还要充分动员专业人士、事

---

① 李海龙.与顾客无缝对接[J].经理人,2003(4):70—72.

② [美]韦恩·D.霍伊尔,黛博拉·J.麦金尼斯.消费者行为学[M].第5版.崔楠,徐岚,译.北京:北京大学出版社,2011:128.

业单位、非营利性组织、商会、协会等积极参与到城市形象传播工作中来,形成社会合力,推动城市形象传播向纵深发展。

(二)以游客、商务人士为主要对象的预期型受众的接触点管理

从消费者行为分析的角度,预期型受众与决定型受众不同,对他们的说服更加符合"低努力情境"的情况,因此应多加强"外周路径加工"①的接触点管理。相较于决定型受众,预期型受众对杭州城市形象的评价会更多地受到媒体、事件、活动和身边的人的影响,因此对其传播管理在体验类接触点管理之上,更需多关注媒介类接触点管理。

1. 预期型受众的体验类接触点管理

预期型受众与潜在型受众不同,除了通过媒介形式间接接触城市,他们还通过投资、旅游等方式亲身接触和体验城市,形成对城市形象的认知与评价。因此,对预期型受众的体验类接触管理同样不可小觑。

首先,针对预期型受众的体验类接触管理,必须着重做好其在旅游、投资、生活、学习上的服务管理,如对来杭旅游人士,可以在机场、车站、景点提供旅游咨询服务,提供免费旅游资料等服务,通过不断完善服务,提高其满意度。同时,也要做好相关的硬件建设,"就外来人口而言,城市'窗口'系统的硬件服务设施是他们对该城市的第一印象,这些硬件包括公交系统、车站、码头、机场、商店、宾馆、酒店、公园、文化娱乐场所等,它们本身就是城市形象的组成,它们的好坏直接影响城市的总体形象"②。

其次,要进一步推动杭城名企和名牌建设,更有创造性地使用"来源地效应"和"来源国效应"。与其他形象推广活动相比,知名企业和知名品牌更能有效传达城市形象,一是靠知名企业和知名品牌传达城市形象无需政府埋单,二是公众在接受产品中潜移默化地会产生对城市形象的认知甚至认同,避免了单纯形象广告带来的心理防御。

再次,应充分利用大型活动开展城市形象的传播。"大型活动汇集了城市生态、物质、精神、社会等层面的元素,是展示与传播城市形象的极好平台。"③杭州应积极主办或参加全球重要的科技、教育、文化、经贸等活动,加强相关交流活动的管理。要争取多举办国际性的展览、会议、节庆、赛事和演出活动,也要鼓励相关部门和企业积极参加国际国内会展活动,扩大城市的知名度和影响力。要继续

---

① [美]韦恩·D.霍伊尔,黛博拉·J.麦金尼斯.消费者行为学[M].第5版.崔楠,徐岚,译.北京:北京大学出版社,2011:155.

② 彭和平,侯书森.城市管理学[M].北京:高等教育出版社,2009:195.

③ 朱晋.大型活动与城市形象的塑造[G]//褚云茂,黄耀诚.城市的生态形象——大都市形象文集Ⅱ.上海:东华大学出版社,2006:54.

做好杭州友好城市的开发和维护工作,借助友好城市平台,策划开展友好城市周活动。

最后,广泛借助社会中介力量开展城市形象传播。杭州可以进一步与目标市场国(地区)重要的旅游公司建立战略合作,给予宣传补贴,有计划地对重点目标市场开展销售促进攻势;加强与目标市场国(地区)政府组织及商会、协会建立战略合作,有计划地召开投资说明会;建立杭州籍海内外人士数据库,借助同乡会加强联系,充分发挥此群体的沟通桥梁作用,建立信息收集、舆论监控与危机管理的当地队伍。

2. 预期型受众的媒介类接触点管理

一般而言,如果直接体验式接触缺位后,受众的心理图像就会被新闻媒体、文学作品、历史、人际交往和其他难以控制和预测的因素所主导。由于人际交往等接触形式信息具有较大不可控性,因此,对于预期型受众的间接接触点管理而言,做好预期性受众的媒介类接触点管理至关重要。

首先,针对日韩、欧美等重点目标市场利用大众传播媒体投放城市形象系列广告,统一广告主题,传递一致声音,形成全球传播合力。"一个好的形象广告,不仅能提高一个城市的知名度,带动该城市旅游产业的发展,还能让投资者更加了解该城市,起到促进招商引资的作用。另外,不仅能增加本地居民对所在城市的自豪感,促进城市精神文明的发展进步,还能促进城市定位的形成,使得城市的发展方向更加明确。"[1]

其次,杭州应建立海内外媒体联系,构建杭州新闻全球传播网络,传递杭州人文、旅游、投资信息;借助友好城市、国内外媒体以及协会、商会开展以杭州旅游、杭州投资为主题的公共关系活动,针对地区、全球性焦点事件开展事件营销;可以进一步完善杭州主要门户网站多语种建设,建立多语种的"杭州网站群",传播中国文化、杭州文化、杭州旅游、杭州投资等各种资讯,开设交流讨论平台,建立网站管理团队;进一步加强包括论坛、微博、博客、SNS 等在内的社会化媒体的利用效率。

再次,杭州应继续利用电影、音乐、艺术、文学等文化产品提升城市形象,城市的文化形象不会被替代和复制,它通常与城市独一无二的个性联结在一起,能够使人们心目中的城市形象色彩更鲜明,细节更丰富,内容更充实,让人产生身临其境的感觉。

最后,杭州可以充分利用一些中众、小众化媒体,如国际国内航班舱内媒体、

---

[1] 蔡亚林.城市形象广告的昨天、今天与明天[J].经济,2008(9):55.

候机厅内各种媒体、机场巴士、城市指南、宣传册、事件单等媒体对商务和旅游人士进行城市形象传播;同时可以设立"杭州免费咨询热线(800)",解答有关投资及旅游等方面的问询,储备各语种人才,建立一个城市与公众的 G2P 平台。

在新媒体环境下,可供城市形象传播之用的媒体形式多种多样,当下的问题不在于是否有足够多种类的媒体可供选择,而在于在选择的媒体中如何让他们产生协同和联动效应,提高传播效果,降低传播成本,这才是真正需要整合的地方。

无论是对决定型受众还是对预期型受众抑或是潜在型受众的接触而言,接触点都可以分为可控制的接触点和不可控制的接触点,对这些接触点进行管理可以依照如图 8-8 所示的方法进行。

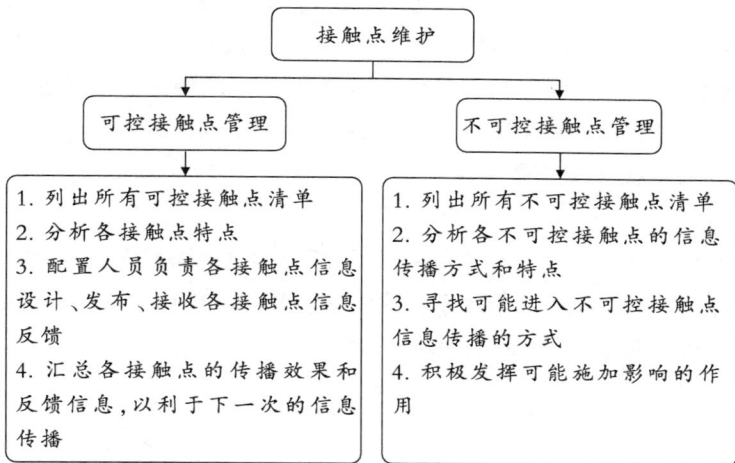

图 8-8　接触点管理方法①

四、基于受众感知的城市形象传播内容整合

整合营销传播理论揭示了消费者认知模式的转变,"随着消费者信息认知中自我因素的加强,选择性接受变得愈来愈突出,由此顾客主导性因素开始导致营销传播过程甚至传播流向的转变,一种新型的传播关系模式也随之产生"②。把营销者作为信息源的传播模式已经被摒弃,传播信息应符合受众的需求成为共识。

对于一个城市而言,能够传递其形象的要素实在太多,我们不得不按照整合营销传播理论的要求将信息进行整合,只有清楚、简洁、一致的信息才有可能被

① 黄迎新.整合营销传播理论批评与建构[M].北京:人民出版社,2012:171-173.
② 卫军英.整合营销传播观念的理论构建[D].杭州:浙江大学,2007:47.

消费者注意并接受。城市形象传播内容选择的前提是明确城市形象的定位。任何一则传播内容最终还是为构建和传播城市独特的定位服务，而任何一种城市形象定位的确定，也需要一定的内容作为感知载体。

2012年2月25日，杭州市委书记黄坤明代表中国共产党杭州市第十届委员会作报告，勾画了"打造东方品质之城、建设幸福和谐杭州"的宏伟蓝图。杭州开展城市形象整合营销传播，就是要在突出"东方品质之城"这一"同一个声音"主题下，强化"东方休闲之都，生活品质之城"宣传口号，整合传播内容。城市形象传播内容要充分考虑城市形象特色，要能够有效打动并说服目标受众。

由于国内外城市形象传播受众文化背景存在较大差异，这对我们整合传播内容提出了更高的要求。"同一个声音"的主题下整合传播内容并不意味着使用相同的内容，实际上，同样一个定位指导下的传播内容表达上可以有变通性。内容多样性和定位统一性并无本质冲突，东方品质之城本身内涵就非常丰富，如困囿在内容的同一性上则会使原本丰富多彩、空间广阔的传播面临绝境。美国一位世界知名的旅游营销教授也曾用"West Lake is just a lake"这样的话来评价西湖[1]，问题的根源在于城市传播中未能处理好统一形象定位和差异内容传播的问题。

以杭州城市形象的国内传播为例，参照城市形象传播的内容整合流程图（见图7-17），根据《杭州城市形象建设和传播调查》结果分析，可以清晰地把握杭州城市形象传播的内容选择对策，如图8-9所示。

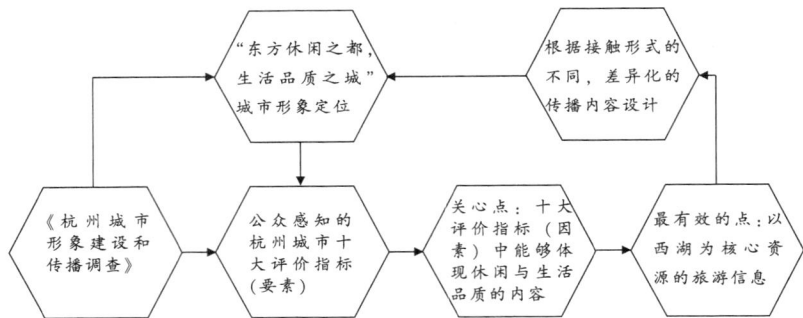

图8-9　杭州城市形象传播的内容整合流程图（国内传播）

总而言之，只要是能有助于传达城市形象鲜明定位的内容，只要是能被受众感知的内容，都可以成为我们整合的对象。"杭州不仅要宣传杭州是风景旅游城

---

[1] 虎符.阅读杭州：西湖·运河[J].对外大传播,2005(2):39.

市、历史文化名城,而且更要突出宣传杭州是宜居城市、活力城市、工业城市、创业城市,逐步树立人们对当代杭州的完整的、准确的社会认知。"①

五、建立高效的城市形象危机应对体系

处理和化解危机历来是形象管理的一项重要任务。美国学者的调查表明,只要有 1 名顾客不满意,就会在 327 人中产生不良影响的可能②。由于城市形象传播过程中不可控接触点的大量存在,因此危机产生几乎不可避免。"绝大部分人相信,我们无奈于世人对一个国家和人民的看法:你可以抱怨媒体,抱怨人们的无知,抱怨全球化或历史,显然,负面刻板印象一旦形成,甚至最富裕的地区也束手无策。"③危机处理不当将对城市形象产生不利影响,并将使城市品牌价值提升无以为继,甚至可能使城市管理者多年的努力化为泡影。因此,必须高度重视城市形象危机管理工作。

"不过,有些实例表明,一个地方的国际声誉能够改变,能够变得更为公正地反映它的现实、未来和抱负。这种变化甚至可以迅速发生,只要有推动变化的清晰战略,有眼界开阔的领导力量和政府、公众、私人企业和社区之间恰当的合作。"④在危机中,如城市管理者能正确面对、妥善处理,不仅能化解危机,甚至还能将其转化成形象宣传的良机,但前提是要建立起完善的危机管理制度与体系。

(一)城市形象危机管理的意识体系

市民如果缺乏形象传播意识,就会因缺乏敏感性而丧失快速反应的前提,就有可能对出现的危机隐患掉以轻心,对已经爆发的危机事件置之不理,使小隐患变成大灾难,小危机酿成大危机,造成不可挽回的损失⑤。

齐国扁鹊是当时最有名的医生,出生于医生世家。有人问,扁鹊,你在你家的医术排第几呢?扁鹊说,排最末。人们很奇怪,你名气这么大,怎么会排最末呢?扁鹊笑笑告诉人们,我家弟兄三个,老大医术最高,其在病还尚未发作时,就把病治了;老二次之,其在病刚开始发作时,就把病治了;我呢,在病人的病已经非常严重时才能看出问题所在,然后才出手,所以看起来名气很大,其实医术很低。

其实,城市也跟人一样,不可能没有病,没有危机。杭州在发展过程中也还会

① 石向实.杭州城市发展与社会认知[J].杭州研究,2009(4):139.

② 居延安.公共关系学[M].上海:复旦大学出版社,2008:304.

③ [美]西蒙·安浩.铸造国家、城市和地区的品牌:竞争优势识别系统[M].葛岩,卢佳杰,何俊涛,译.上海:
上海交通大学出版社,2010:26.

④ [美]西蒙·安浩.铸造国家、城市和地区的品牌:竞争优势识别系统[M].葛岩,卢佳杰,何俊涛,译.上海:
上海交通大学出版社,2010:27.

⑤ 孟建,何伟,张秉礼.城市形象与软实力:宁波市形象战略研究[M].上海:复旦大学出版社,2008:279.

不断遭遇"70码事件"、"地铁工地坍塌事件"、"两张冤案事件"等一系列严重影响城市形象的危机事件，而正视危机的最高境界，就当如扁鹊家中的老大一样，在危机还没发生前，在日常工作中警醒，提前化解危机，而这就需要以政府为主体的城市形象管理者树立起危机意识，时常审视城市发展状况，及时排除危机隐患。要对包括官员、市民、企业等城市形象传播的参与主体进行危机意识教育，让参与者明白自身时时刻刻代表着城市形象，明白城市形象事关人人、人人有责，提高城市形象传播参与者的形象危机防护意识及形象危机发生时"第一反应人"的能力，在危急关头占据主动，及时化解危机，避免和减轻危机对城市形象带来的不利影响。

（二）城市形象危机管理的组织体系

杭州城市品牌工作指导委员会办公室是城市形象传播工作的常设机构，承担城市形象危机管理的日常与专门事务的处理。杭州城市品牌工作指导委员会办公室内部应该成立专门部门或者指派专门人手，负责城市形象危机的日常监控、应急管理和事后评估工作。同时，还应牵头建立城市形象危机处理专家库，并制定城市形象危机处理的部门联动预案。未雨绸缪方可临危不乱，只有建立起有效的组织保障和制度保障，才能达成城市形象危机的及时有效管理。

与此同时，要建立有效的危机协调机制，调动城市利益相关者积极参与城市形象传播中的危机应对。"政府并非是万能的，存在着政府失灵的问题，而城市经营面对的是纷繁复杂的社会事务，同时，城市政府自身拥有的资源十分有限，因此，仅仅依靠政府是远远不够的，需要城市政府与民间建立广泛的合作伙伴关系，吸引利益相关者积极参与。"[①]

（三）城市形象危机处置体系

首先，在事前对可能发生的潜在城市形象危机进行研究讨论，出台应变的行动准则，制定危机管理计划。其次，要开展危机管理教育和培训，增强危机管理的意识和技能，增强相关人员应对危机的心理承受能力，提高管理小组的快速反应能力。然后，要建立高度灵敏、准确的信息检测系统，及时收集相关信息并加以分析、研究和处理，全面清晰地预测各种危机情况，捕捉危机征兆，为处理各项潜在危机制定对策方案，尽可能确保危机不发生。危机预警就是在危机意识基础上构建预警系统，危机预警可以采用美国学者史蒂文·芬克的晴雨表法。最后要制定危机发生后的处置原则、流程以及形象恢复的规划。

危机晴雨表是由美国学者史蒂文·芬克创立的分别以危机发生概率和危机

---

① 王秀云.现代城市经营模式:理论与实践[M].北京:社会科学文献出版社,2011:177.

影响值为横、纵坐标的一种定量分析方法(见图8-10)。

第Ⅰ象限:红色区域,危机发生率较高,危险程度较大,立即进行危机预报,采取危机预控措施。

第Ⅱ象限:灰色区域,危机的发生率较大,但影响值较小,程度处于中间状态,要小心提防,以免引起不必要的麻烦。

第Ⅲ象限:绿色区域,危机的发生概率和影响值都很小,相对较为安全。

第Ⅳ象限:黄色区域,虽然危机的发生率较小,但一旦发生却影响较大,社会组织要密切注意。

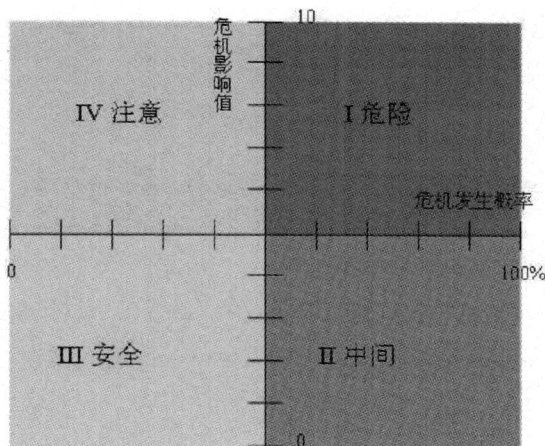

图8-10　史蒂文·芬克晴雨表法

城市形象危机总是依附于热点事件升温发酵,在新媒介环境下社会化媒体传播与口碑传播、手机媒体传播相结合,使得城市形象危机显现出病毒式传播和扩散的特性,在城市形象危机处置上的任何拖延都将带来几何式增长的难题和无法预料的后果。三亚城市形象危机就是惨痛的教训,及时处置是城市形象危机处置的第一准则。"舆论引导要取得更好的效果,其时机把握非常重要,通常是在舆论形成的过程中而不是舆论已经形成之后。"①

成功的城市形象危机处理前提是要了解受众的心理需求,危机处理应从受众的角度出发。要加强政府窗口部门、旅游部门、服务行业、城市市民的危机处置教育,尤其要让危机处理部门和人员学会用议程设置、沉默的螺旋等方法来处理大众媒体和新媒体上的城市形象传播危机。

就城市形象传播危机管理而言,防患于未然是城市形象危机管理的上上之

---

① 周爱群,胡翼青.受众研究的理论与实践[M].南京:江苏人民出版社,2005:115.

道,消除于萌芽则是城市形象危机管理的明智之举。

　　塑造和提升城市形象是一项长期的系统工程,不可能一蹴而就,必须在抓好城市形象内部规划建设的同时, 整合运用各种传播资源和手段积极开展城市形象的整合营销传播。杭州在城市形象的传播上,既有城市品牌工作指导委员会领导下的杭州城市品牌网群作为组织保障,又有已经存在的城市形象认同基础,加上得天独厚的景观、文化、商贸等资源,只要不断加强城市形象的内涵建设,做好城市形象危机的防范和应对,注重城市形象传播中的理念整合、组织整合、接触整合、受众整合、内容整合和关系整合,城市形象传播工作就一定能取得成效,杭州城市形象更加美好的乐章也必将在国内外城市舞台奏响。

杭州城市形象建设与传播调查问卷

尊敬的先生／女士：

　　这是一份学术性的调查问卷，目的是深入了解杭州城市形象建设与传播中公众的认知与评价状况，从而为杭州城市形象科学定位、有效传播提供决策依据。由于调查的结果将直接影响到该项研究的结论和质量，您的每个答案对我们的研究都有很大帮助，因此，恳请您细心地给予填写。若有不明事宜，请向调查员询问。感谢您的支持与协助！

2011 年度杭州市哲学社会科学规划

《城市形象的整合营销传播模式构建研究——以杭州为例》课题组

填写说明：

本问卷分为三个部分，分述如下：

序号	项目
第一部分	杭州城市形象认知评价
第二部分	杭州城市形象指标评价
第三部分	背景资料

填写时，请在您认同的选项编号或方框处划，例 √ 或 ☑

如无特别说明，每个问题只有一个答案。

注意事项：

　　1、课题组保证此项调查只用于研究目的，对被调查者的个人情况我们将严格保密，调查原始资料不会向任何单位和个人提供，请放心填写。

　　2、本问卷填写的时间大约需要 5 分钟，需要您的耐心填写，感谢您的热情协助！

一、杭州城市形象认知评价

1. 您对杭州的了解主要来自于

A. 生活在杭州　　B. 曾在杭州生活／工作／学习／旅游　　C. 通过媒体　　D. 亲友推荐

2. 提到杭州您首先想到什么[第一印象]

A. 南宋古都　B. 旅游圣地　C. 爱情传说　D. 西湖　E. 杭帮菜　F. 西湖龙井　G. 浙江大学

H. 娃哈哈　I. 阿里巴巴　J. 西湖博览会　K. 毗邻上海　L. 其他(请注明)_____

3. 您认为哪个称号更适合于杭州[可多选,不超过五项]

A. 电子商务之都　B. 最佳旅游城市　C. 东方休闲之都　D. 生活品质之城　E. 全国文明城市

F. 最具经济活力城市　G. 最具幸福感城市　　H. 最值得向世界介绍的中国名城　I. 国际形象

最佳城市　J. 最具安全感的城市　K. 最佳会展城市

4. 您认为杭州这座城市最适合于

A. 居住　B. 学习　C. 工作　D. 经商　E. 旅游　F. 不知道

5. 您认为杭州的整体形象如何

A. 非常差　B. 差　　C. 一般　D. 好　E. 非常好

二、杭州城市形象指标评价

6. 请您根据个人对杭州的真实感受给下列指标评分(5分最高,1分最低)

指标	1分(很不满意)	2分(不满意)	3分(一般)	4分(满意)	5分(很满意)	不清楚
基础设施						
城市规划						
市容卫生						
风景名胜						
经济发展水平						
投资环境						
产业优势						
知名企业						
科技实力						
教育水平						
历史文化						
民俗风情						
市民素质						
居住环境						
消费环境						
物产 / 美食						
社会治安						
交通出行						
社会保障						
公务员素质						
政府管理水平						
政府形象						

三、背景资料

7. 您来自哪个城市 _____

8. 您的性别

A. 男　B. 女

9. 您的年龄

A. 20 岁以下　B. 20–29 岁　C. 30–39 岁　D. 40–49 岁　E. 50–59 岁　F. 60 岁及以上

10. 您的文化程度

A. 初中及以下　B. 高中 / 中专　C. 大专 / 本科　D. 研究生及以上

11. 您的职业

A. 学生　B. 企业职工　C. 机关事业单位职工　D. 个体经营者　E. 军人　F. 离退休

G. 待岗或下岗　　H. 其他

12. 您的月收入

A. 2000 元以下　B. 2000–5000 元　C. 5001–8000 元　D. 8000 元以上

再次感谢您的支持与配合！

调研人员姓名：　　　　调研时间：2011 年　　月　　日　　　　调研地点：

参 考 文 献

一、国外译著

[1][美]特伦斯·A.辛普.整合营销沟通[M].熊英翔,译.北京:中信出版社,2003.

[2][美]舒尔茨,田纳本,劳特朋.整合营销传播[M].吴怡国,译.呼和浩特:内蒙古人民出版社,1998.

[3][美]沃纳·赛佛林,小詹姆斯·坦卡德.传播原理:起源、方法与应用[M].郭镇之,译.北京:中国传媒大学出版社,2006.

[4][美]唐·舒尔茨,[英]菲利普·J.凯奇.全球整合营销传播[M].何西军,黄鹂,张怡,等,译.北京:中国财政经济出版社,2004.

[5][美]里斯,特劳特.定位[M].王恩冕,于少蔚,译.北京:中国财政经济出版社,2002.

[6][美]威尔伯·施拉姆,威廉·波特.传播学概论[M].陈亮,周立方,李启,译.北京:新华出版社,1984.

[7][美]菲利普·科特勒,凯文·莱恩·凯勒.营销管理[M].梅清豪,译.上海:上海人民出版社,2006.

[8][美]汤姆·邓肯,桑德拉·莫里亚蒂.品牌至尊[M].廖宜怡,译.北京:华夏出版社,2000.

[9][美]汤姆·邓肯.整合营销传播:利用广告和促销建树品牌[M].周洁如,译.北京:中国财政经济出版社,2004.

[10][美]费斯克,奥沙利文,哈特利,等.关键概念——传播与文化研究词典[M].李彬,译.北京:新华出版社,2004.

[11][美]E·M·罗杰斯.传播学史:一种传记式的方法[M].殷晓蓉,译.上海:上海译文出版社,2002.

[12][美]保罗·萨谬尔森,威廉·诺德豪斯.经济学[M].萧琛,曹刚,卢莹,等,译.北京:华夏出版社,1999.

[13][美]艾克,乔瑟米赛勒.品牌领导[M].曾晶,译.北京:新华出版社,2001.

[14][美]大卫·艾克.品牌经营法则[M].沈云骢,汤宗勋,译.呼和浩特:内蒙古人民出版社,1999.

[15][美]迈克尔·波特.竞争战略[M].陈小悦,译.北京:华夏出版社,1997.

[16][英]M.艾克森.心理学:一条整合的途径[M].阎巩固,译.上海:华东师范大学出版社,2000.

[17]顾海兵,王亚红,胡鹏辉,等.中山城市形象定位与提升对策研究[M].北京:中国经济出版社,2009:7.

[18][美]莱斯特·瑟罗.资本主义的未来[M].周晓钟,译.北京:中国社会科学出版社,1998.

[19][英]C.W.沃特森.多元文化主义[M].叶兴艺,译.长春:吉林人民出版社,2005.

[20][英]格雷姆·伯顿.媒体与社会:批判的视觉[M].史安斌,译.北京:清华大学出版社,2007.

[21][美]乔纳森·H.特纳.社会学理论的结构[M].邱泽奇,张茂元,译.北京:华夏出版社,2006.

[22][美]赖瑞·佩斯.整合行销传播策略——从企划、广告、促销、通路到媒体整合[M].王镭,洪敏莉,译.台北:远流出版社,2000.

[23][美]克利福德·格尔茨.文化的解释[M].韩莉,译.南京:译林出版社,1999.

[24][美]罗兰·罗伯森.全球化:社会理论和全球文化[M].梁光严,译.上海:上海人民出版社,2000.

[25][美]弗雷德里克·詹姆逊.文化转向[M].胡亚敏,等,译.北京:中国社会科学出版社,2000.

[26][美]凯文·莱恩·凯勒.战略品牌管理[M].李乃和,李凌,沈维,等,译.北京:中国人民大学出版社,2006.

[27][美]F.约瑟夫·莱普勒,林恩·M.帕克.品牌整合战略[M].苏德华,译.成都:西南财经大学出版社,2003.

[28][美]阿尔·里斯,劳拉·里斯.公关第一,广告第二[M].罗汉,虞琦,译.上海:上海人民出版社,2004.

[29][美]戴维·阿克.管理品牌资产[M].奚美华,董春海,译.北京:机械工业出版社,2006.

[30][美]道恩·亚科布奇,博卡·卡尔德.凯洛格论整合营销[M].邱琼,王辉锋,译.海口:海南出版社,三环出版社,2007.

[31][美]里查德·L.达夫特.管理学[M].韩经纶,书福祥,杨睿凯,等,译.北京:机械工业出版社,2005.

[32][美]理查德·J.塞米尼克.促销与整合营销传播[M].徐惠忠,张洁,译.北京:电子工业出版社,2005.

[33][美]马克·布莱尔,理查德·阿姆斯特朗,迈克·墨菲.360度品牌传播与管理[M].胡波,译.北京:机械出版社,2004.

[34][美]乔治·贝尔齐，麦克尔·贝尔齐.广告与促销——整合营销传播展望[M].张红霞，李志宏，译.大连：东北财经大学出版社，2000.

[35][美]唐·舒尔茨，田纳本，劳特朋.新整合营销[M].吴磊，等，译.北京：中国水利水电出版社，2004.

[36][美]唐·舒尔茨，田纳本，劳特朋.整合行销传播：21世纪企业决胜关键[M].吴怡国，译.北京：中国物价出版社，2002.

[37][美]唐·舒尔茨，海蒂·舒尔茨.唐·舒尔茨论品牌[M].高增安，赵红，译.北京：人民邮电出版社，2005.

[38][美]汤姆·邓肯，桑德拉·莫里亚蒂.品牌至尊：利用整合营销创造终极价值[M].廖宜怡，译.北京：华夏出版社，2000.

[39][美]汤姆·邓肯.广告与整合营销传播原理[M].廖以臣，张广玲，译.北京：机械工业出版社，2006.

[40][美]特伦斯·A.辛普.整合营销传播：广告、促销与拓展[M].廉晓红，等，译.北京：北京大学出版社，2005.

[41][英]克里斯·费尔.整合市场传播[M].杨琳，译.北京：经济管理出版社，2005.

[42][美]菲利普·科特勒.国家营销[M].余利军，译.北京：华夏出版社，2003.

[43][美]芒福德.城市发展史[M].倪文彦，宋俊岭，译.北京：中国建筑工业出版社，1989.

[44][美]阿林·霍格.经济学导论[M].刘文忻，杜凤莲，陆云航，等，译.北京：华夏出版社，2004.

[45][美]沃尔特·D.斯科特.广告心理学[M].李旭大，译.北京：中国发展出版社，2007.

[46][美]戴维·阿克.创造强势品牌[M].吕一林，译.北京：中国劳动社会保障出版社，2004.

[47][德]哈贝马斯.公共领域的结构转型[M].曹卫东，王晓珏，刘北城，等，译.上海：学林出版社，1999.

[48][加]哈罗德·伊力斯.传播的偏向[M].何道宽，译.北京：中国人民大学出版社，2003.

[49][德]胡塞尔.现象学的观念[M].倪良康，译.上海：上海译文出版社，1986.

[50][美]凯瑟琳·米勒.组织传播[M].袁军，石丹，周积华，等，译.北京：华夏出版社，2000.

[51][德]库尔特·考夫卡.格式塔心理学原理[M].黎炜，译.杭州：浙江教育出版社，1997.

[52][美]利贝卡·鲁宾，艾伦·鲁宾，琳达·皮尔.传播研究方法[M].黄晓兰，肖明，丁迈，译.北京：华夏出版社，2000.

[53][美]理查德·伍尔曼.信息饥渴——信息的选取、表达与透析[M].李银胜，译.北京：电子工业出版社，2001.

[54][美]罗伯特·西斯.危机管理[M].王成，宋炳辉，金瑛，译.北京：中信出版社，2004.

[55][美]迈克尔·E.洛伊夫.人际传播与社会交换论[M].王江龙，译.上海：上海译文出版

社,1997.

[56][法]莫里斯·梅格·庞蒂.符号[M].姜志辉,译.北京:商务印书馆,2003.

[57][美]唐·舒尔茨,史丹立·田纳本,罗伯特·劳特朋.整合行销传播[M].吴怡国,钱大慧,林建宏,译.北京:中国物价出版社,2002.

[58][美]唐·E.舒尔茨,海蒂·舒尔茨.整合营销传播——创造企业价值的五大关键步骤[M].何西军,黄鹂,朱彩虹,等,译.北京:中国财政经济出版社,2005.

[59][美]迈克尔·波特.竞争优势[M].陈小悦,译.北京:华夏出版社,1997.

[60][美]欧文·拉兹诺.系统、结构和经验[M].李创同,译.上海:上海译文出版社,1997.

[61][英]特伦斯·霍克斯.结构主义和符号学[M].翟铁朋,译.上海:上海译文出版社,1997.

[62][美]特劳特,瑞维金.新定位[M].李正栓,贾纪芳,译.北京:中国财政经济出版社,2002.

[63][美]尼格洛庞帝.数字化生存[M].胡泳,范海燕,译.海口:海南出版社,1996.

[64][美]菲利普·科特勒,迈克尔·阿兰·哈米林,安温·雷恩,等.科特勒看中国与亚洲[M].罗汉,汪金玲,蔡皞琪,等,译.海口:海南出版社,2001.

[65][德]伊丽莎白·内尔—纽曼.民意——沉默螺旋的发现之旅[M].翁秀琪,等,译.台北:远流出版社,1994.

[66][美]刘易斯·芒福德.城市发展史:起源、演变与前景[M].宋俊玲,倪文彦,译.北京:中国建筑工业出版社,2004.

[67][美]古斯塔夫·卡尔森.曝光[M].楚风,楚明,译.上海:上海人民出版社,2001.

[68][美]凯文·林奇.城市意象[M].方益萍,何晓军,译.北京:华夏出版社,2001.

[69][芬]伊利尔·沙里宁.城市:它的发展、衰败与未来[M].顾启源,译.北京:中国建筑工业出版社,1986.

[70][日]池泽宽.城市风貌设计[M].郝慎均,译.天津:天津大学出版社,1989.

[71][美]马克·波斯特.信息方式——后结构主义与社会语境[M].范静哗,译.北京:商务印书馆,2000.

[72][德]斯宾格勒.西方的没落[M].齐世荣,译.北京:商务印书馆,1991.

[73][加]简·雅各布斯.美国大城市的生与死[M].金衡山,译.南京:译林出版社,2005.

[74][德]瓦尔特·本雅明.巴黎,19世纪的首都[M].刘北成,译.上海:上海人民出版社,2006.

[75][美]丹尼斯·麦奎尔.麦奎尔大众传播理论[M].崔保国,李琨,译.北京:清华大学出版社,2006.

二、国内著作

[1]卫军英.关系创造价值——整合营销传播理论向度[M].北京:中国传媒大学出版社,2006.

[2]卫军英.整合营销传播理论与实务[M].北京:首都经济贸易大学出版社,2006.

[3]卫军英.整合营销传播:观念与方法[M].杭州:浙江大学出版社,2005.

[4]卫军英.现代广告策划[M].北京:首都经济贸易大学出版社,2004.

[5]卫军英.广告经营与管理[M].杭州:浙江大学出版社,2001.

[6]蔡勇.简单:整合营销传播的一个关键词——理论模式及运用[M].北京:中国传媒大学出版社,2008.

[7]高萍.广告策划与整合传播[M].北京:中国传媒大学出版社,2007.

[8]黄鹂,何西军.整合营销传播:原理与实务[M].上海:复旦大学出版社,2012.

[9]黄迎新.整合营销传播理论批评与建构[M].北京:人民出版社,2012.

[10]竺培芬.整合营销传播学[M].上海:上海交通大学出版社,2000.

[11]李世丁.整合制胜:打造强势品牌的锐利武器[M].广州:广东经济出版社,2001.

[12]王方华,钟涛,何立珉,等.整合营销[M].太原:山西经济出版社,1998.

[13]张国良.新闻媒介与社会[M].上海:上海人民出版社,2001.

[14]王志欣.领跑——中国城市卖点圣经[M].北京:清华大学出版社,2004.

[15]冯志成.中国城市形象研究[M].昆明:云南人民出版社,2001.

[16]周文辉.城市营销[M].北京:清华大学出版社,2004.

[17]刘凤军.品牌运营论[M].北京:经济科学出版社,2000.

[18]王方华,洪祺琦.关系营销[M].太原:山西经济出版社,1998.

[19]王雷.品牌传播学[M].石家庄:河北人民出版社,1998.

[20]许基南.品牌竞争力研究[M].北京:经济管理出版社,2005.

[21]余明阳,朱纪达,肖俊崧.品牌传播学[M].上海:上海交通大学出版社,2005.

[22]张昆.国家形象传播[M].上海:复旦大学出版社,2005.

[23]刘湘萍.品牌城市[M].南京:东南大学出版社,2004.

[24]张鸿雁.城市形象与城市文化资本论——中外城市形象比较的社会学研究[M].南京:东南大学出版社,2002.

[25]景体华,陈孟平.2006-2007年:中国区域经济发展报告[M].北京:社会科学文献出版社,2007.

[26]聂华林,李泉,杨建国.发展区域经济学通论[M].北京:中国社会科学出版社,2006.

[27]张鹏.总部经济时代[M].北京:华夏出版社,2007.

[28]王旭.美国城市史[M].北京:中国社会科学出版社,2000.

[29]徐强.英国城市研究[M].上海:上海交通大学出版社,1996.

[30]杜建人.日本城市研究[M].上海:上海交通大学出版社,1996.

[31]李国振.新加坡城市研究[M].上海:上海交通大学出版社,1996.

[32]沈玉麟.外国城市建设史[M].北京:中国建筑工业出版社,1989.

[33]郝娟.西欧城市规划理论与实践[M].天津:天津大学出版社,1997.

[34]饶会林.城市经济学[M].大连:东北财经大学出版社,1999.

[35]王树湘.西方城市经济管理[M].大连:大连出版社,1997.

[36]纪晓岚.论城市本质[M].北京:中国社会科学出版社,2002.

[37]陆晓文,郁鸿胜.城市发展的理念——和谐与可持续[M].上海:上海三联书店,2008.

[38]伊艳华.现代城市政府与城市管理[M].上海:上海大学出版社,2003.

[39]轩明飞.经营城市[M].南京:东南大学出版社,2004.

[40]高珮义.中外城市化比较研究[M].天津:南开大学出版社,2004.

[41]向德平.城市社会学[M].北京:高等教育出版社,2005.

[42]陈力丹.精神交往论[M].北京:开明出版社,1993.

[43]郭庆光.传播学教程[M].北京:中国人民大学出版社,2001.

[44]居延安.公共关系[M].上海:复旦大学出版社,2001.

[45]李彬.符号透视:传播内容的本体诠释[M].上海:复旦大学出版社,2003.

[46]林之达.传播心理学新探[M].北京:北京大学出版社,2004.

[47]孙旭培.华夏传播论[M].北京:人民出版社,1997.

[48]张国良,郭庆光,李彬,等.20世纪传播学经典文本[M].上海:复旦大学出版社,2003.

[49]郑兴东.受众心理与传媒引导[M].北京:新华出版社,2004.

[50]刘继南,何辉,等.中国国家形象的国际传播现状与对策[M].北京:中国传媒大学出版社,2006.

[51]何辉,刘朋.新传媒环境中国家形象的构建与传播[M].北京:外文出版社,2008.

[52]李希光,周庆安.软力量与全球传播[M].北京:清华大学出版社,2005.

[53]明安香.美国:超级传媒帝国[M].北京:社会科学文献出版社,2005.

[54]胡正荣.传播学总论[M].北京:北京广播学院出版社,1998.

[55]陈朱元.大众传媒素养论[M].上海:上海交通大学出版社,2005.

[56]张巨岩.权力的声音——美国的媒体与战争[M].上海:上海三联书店,2004.

[57]舒咏平.品牌传播论[M].武汉:华中科技大学出版社,2010.

[58]张世贤.现代品牌战略[M].北京:经济管理出版社,2007.

[59]何佳讯.品牌形象策划[M].上海:复旦大学出版社,2000.

[60]郭鉴.营销传播学[M].杭州:浙江大学出版社,2004.

[61]罗岗.想象城市的方式[M].南京:江苏人民出版社,2006.

[62]唐恢一.城市学[M].哈尔滨:哈尔滨工业大学出版社,2000.

[63]高小康.时尚与形象文化[M].天津:百花文艺出版社,2003.

[64]庄晓东.文化传播:历史、理论与现实[M].北京:人民出版社,2003.

[65]邵培仁.传播学[M].北京:高等教育出版社,2004.

[66]王政挺.传播:文化与理解[M].北京:人民出版社,1998.

[67]蒋原伦.媒体文化与消费时代[M].北京:中央编译出版社,2004.

[68]潘知常,林玮.大众传媒与大众文化[M].上海:上海人民出版社,2002.

[69]倪鹏飞.中国城市竞争力报告No.10——竞争力:筚路十年铸一剑[M].北京:社会科学文献出版社,2012.

[70]彭和平,侯书森.城市管理学[M].北京:高等教育出版社,2009.

[71]卢世主.城市形象与城市特色研究[M].成都:西南交通大学出版社,2011.

[72]孟建,何伟,张秉礼.城市形象与软实力:宁波市形象战略研究[M].上海:复旦大学出版社,2008.

[73]顾海兵,王亚红,胡鹏辉,等.中山城市形象定位与提升对策研究[M].北京:中国经济出版社,2009.

[74]王豪.城市形象概论[M].长沙:湖南美术出版社,2008.

[75]秦启文,周永康.形象学导论[M].北京:社会科学文献出版社,2004.

[76]王建国.现代城市设计理论和方法[M].南京:东南大学出版社,1991.

[77]罗治英.地区形象理论与实践[M].广州:中山大学出版社,2000.

[78]李怀亮,任锦鸾,刘志强.城市传媒形象与营销策略[M].北京:中国传媒大学出版社,2009.

[79]刘朋.中国形象传播:历史与变革[M].北京:经济科学出版社,2012.

[80]沈铖,刘晓峰.品牌管理[M].北京:机械工业出版社,2009.

[81]吕尚彬,钱广贵,兰霞,等.中国城市形象定位与传播策略实战解析:策划大武汉[M].北京:红旗出版社,2012.

[82]范小军.城市品牌塑造机理——成就卓越城市品牌的原理和方法[M].成都:西南财经大学出版社,2008.

[83]马谋超.广告心理学理论与实务[M].北京:中央广播电视大学出版社,2003.

[84]戴元光,金冠军.传播学通论[M].上海:上海交通大学出版社,2007.

[85]郭国庆.市场营销学[M].武汉:武汉大学出版社,2004.

[86]王秀云.现代城市经营模式:理论与实践[M].北京:社会科学文献出版社,2011.

[87]张践.公关关系学[M].北京:中央广播电视大学出版社,2010.

[88]齐明山.公共行政学[M].北京:对外经济贸易大学出版社,2008.

[89]杨钢元.形象传播学[M].北京:中国人民大学出版社,2012.

[90]周朝霞.多维视角的城市形象定位、设计及传播[M].北京:经济科学出版社,2006.

[91]肖阳.品牌传播策划实验——策略、流程与工具运用[M].北京:经济科学出版社,2008.

[92][韩]申光龙.整合营销传播战略管理[M].北京:中国物资出版社,2001.

三、硕博论文

[1]卫军英.整合营销传播观念的理论构建[D].杭州:浙江大学,2007.

[2]叶晓滨.大众传媒与城市形象传播研究[D].武汉:武汉大学,2010.

[3]于宁.城市营销研究[D].大连:东北财经大学,2006.

[4]姜科.非常规突发事件背景下旅游城市形象及旅游者行为研究[D].成都:电子科技大学,2010.

[5]程金龙.城市旅游形象感知研究[D].郑州:河南大学,2011.

[6]张劲华.街道办事处职能发展趋势探讨[D].长春:东北师范大学,2008.

[7]郭青.济南城市形象视觉识别系统研究[D].济南:山东轻工业学院,2009.

[8]熊飞云.南昌城市形象传播研究——以"中国红歌会"为例[D].南昌:江西师范大学,2010.

[9]卢瑾.长株潭城市形象品牌效应研究[D].长沙:中南大学,2007.

[10]张小磊.基于整合营销传播视角的关系管理[D].杭州:浙江大学,2007.

[11]胡道宁.南京城市形象定位与传播策略研究[D].南京:南京理工大学,2012.

四、期刊论文

[1]赵莉,沈利.杭州城市形象国际传播的特色与启示[J].青年记者,2010(23):13-14.

[2]陈庆云,鄞益奋,曾军荣,等.公共管理理论研究:概念、视角与模式[J].中国行政管理,2005(3):15-18.

[3]武闽.应对西方涉华舆论巧传播策略研究[J].现代传播,2011(2):153.

[4]郝胜宇,白长虹.顾客视角城市品牌概念模型探析[J].城市问题,2008(5):16-22.

[5]叶南客.城市形象塑造战略新论[J].学术研究,2000(12):53-58.

[6]杨莹.基于层次分析法的城市形象评价研究[J].西安工业大学学报,2006(4):368-371.

[7]凌波,孙毅,陈志刚.城市形象竞争力的评估研究[J].城市发展研究,2008(1):13-15.

[8]李洋,王辉.利益相关者理论的动态发展与启示[J].现代财经,2004(7):32-35.

[9]黄迎新.理论建构与理论批评的互动——美国整合营销传播理论研究二十年综述[J].中国地质大学学报(社会科学版),2010(2):76-81.

[10]江岩.长尾媒体——一种媒体分类的全新视角[J].东京文学,2010(4):192.

[11]刘慧.新媒体环境下南京城市形象的媒介传播策略[J].今传媒,2012(7):23-25.

[12]李勇,徐建刚,王振波.城市形象研究进展及展望[J].云南地理环境研究,2009(2):20-26.

[13]王东强,田书芹.城市品牌形象塑造:经验、原则和启发[J].河北旅游职业学院学报,2008(4):36-39.

[14]李清华.定位理论在城市形象塑造中的运用[J].新闻爱好者,2009(2):39-40.

[15]孟凡荣,刘继生.CI战略与长春城市旅游形象塑造[J].人文地理,2003(2):60-64.

[16]胡晓芸,章喆,郑玲玲,等.城市品牌的界定探析[J].广告大观(理论版),2008(6):80-84.

五、英文著作

[1]Simonton,D.K..Scientific genius:A psychology of science [M].Cambridge:Cambridge University Press,1988.

[2]Joseph Alois Schumpeter. Theory of Economic Development [M]. Cambridge:Harvard University Press,1954.

[3]David A. Aaker. Managing Brand Equity：Capitalizing on the Value of a Brand Name[M]. New York:Free Press,1991.

[4]Don Schultz, Stanley Tannenbaum, Robert Lauterborn. Integrated Marketing Communications:Putting It Together and Making It Work[M].Lincolnwood:NTC Business Books,1993.

[5]Philip Kotler. Marketing Management [M]. London:Prentice-Hall international,1997.

[6]Caywood C.,ClarkeL. The Handbook of Strategies Public Relations & Integrated Communications[M]. New York:McGraw-Hill,1997.

[7]Delozier. The Marketing Communication Process[M]. London:McGraw-Hill,1976.

[8]Schultz don E.,Kitchen Philip J. Communicating Globally:An Integrated Marketinng Approach[M].New York:McGraw-Hill,2000.

[9]Schultz don E., Schultz Heidi. IMC,The Next Generation:Five Steps For Delivering Value and Measuring Financial Returns [M]. New York:McGraw-Hill,2003.

[10]Schultz don E.,Tannenbaum Stanley I.,Lauterborn Robet F. The New Marketing Paradigm:Integrated Marketing Communications [M].New York:McGraw-Hill Professional,1994.

[11]James A. Anderson,Timothy P. Meyer .Mediated Communication[M]. London:·Sage Publications,1988.

[12]J.Klapper. The Effects of Mass Communication[M]. New York:Free Press,1960.

[13]Denis McQuail.Mass Communication Theory [M]. London：Sage Publications,1996.

[14]S. Price. Communication Studies[M]. London:Longman,1996.

[15]Herbert Blumer. The Movies and Conduct[M]. New York:Macmillan,1993.

[16]Del I. Hawkins etc. Consumer Behavior: Building Marketing Strategy[M].

London：McGraw-Hill Companies，Inc.，2001.

[17]E. Raymond Corey. Industrial Marketing：Cases and Concepts [M].New Jersy：Prentice Hall，1991.

[18]Leon G. Schiffman etc. Consumer Behavior [M]. New Jersey：Prentice Hall，2000.

[19]M. Joseph sirgy. Integrated Marketing Communications System Approach [M]. New Jersey：Prentice Hall，2000.

[20]Philip Kotler etc. Marketing [M]. Sydney：Prentice Hall of Australia Pty Ltd，1998.

[21]Vern Terpetra.Internationl Marketing [M]. New York：The Dryden Press，1985.

[22]Wells etc. Advertising：Principles & Practice [M]. New Jersey：Prentice Hall，1998.

[23]Lynch，K. The Image of the City[M]. Cambridge：The MIT Press，1960.

[24]Hunt，J. D. Image——A Factor in Tourism [D]. unpublished doctoral dissertation.Fort Collins：Colorado State University，1971.

[25]Kotler，P.，Haider，D.，Rein. Marketing Places：Attracting Investment，Industry and Tourism to Cities，States and Nations[M]. New York：Free Press，1993.

[26]Kotler，P.，Hamlin，M.A.，Rein，I.，Haider，D. Marketing Asian Places [M]. Singapore：John Wiley & Sons(Asia)，2002.

[27]Julia Kristeva.Language the Unknown：An Initiation Into Ling uistics[M]. translated by Anne M.Menken.NewYork：Columbia University Press，1989.

[28]Gary Armstrong，Philip Kotler. Marketing：An Introduction [M].New Jersey：Pearson Education Inc.，2005.

[29]William F. Arens，Courtland Bovee. Contemporary Advertising [M]. Chicago：Irwin，1994.

[30]Donald Parente. Advertising Campaign Strategy：A Guide to Marketing Communication[M]. New York：The Dryden Press，1996.

[31]M.Joseph Sirgy. Integrated Marketing Communication：A Systems Ap proach[M]. New Jersy：Prentice Hall，1977.

[32]SHIN Kwang Yong. Integrated Marketing Communications Strategy Management[M]. London：The June Press，2001.

索 引

（以拼音为序）

后　记

　　关注城市形象的问题要追溯到八年前,那时城市形象传播日渐兴起,城市形象宣传片也开始逐渐抢占央视荧屏。刚刚开始的时候也找不到很好的切入点去深入地研究城市形象传播的问题,主要还是用品牌、定位之类的理论去作现象的分析抑或提点浅显的对策,还尚未触及城市现象传播多学科、深层次的营销传播肌理研究。

　　2006 年我进入浙江大学传播研究所学习,师从卫军英教授。导师有极为丰富的广告业经营管理背景,为上百个著名品牌提供了营销传播服务,因此与许多从事整合营销传播研究的传播学者不同,他的整合营销传播研究凸显出深厚的营销战略思想和分析,使营销学和传播学真正从理念到行动上完成了精彩的"整合",这也是许多传播学者研究营销传播中不具备的特质。卫军英教授的多本整合营销传播著作已成为许多知名大学经济管理学院或新闻传播学院的指定教材,其学术观点也在整合营销传播业内具有广泛影响力。可以说,在师从卫军英教授两年后,我才从一个整合营销传播的门外汉慢慢进入了"看门道"的行列。

　　经过两年对整合营销传播理论的系统学习,我对城市形象传播的问题有了更深更广的认识。2009 年,我借助入选浙江省高校优秀青年教师资助计划的机会,首次开展了城市形象传播研究方面的课题研究,当时的选题是《杭州城市形象的国际传播研究》,2011 年这个课题的研究成果在杂志上发表,算是学以致用的初步尝试。当年,为了把城市形象传播这个问题进一步深入研究,我与志同道合的中国计量学院传播学者王佳等数位一起将《城市形象的整合营销传播模式构建——以杭州为例》的选题上报杭州市哲学社会科学规划办公室,获得立项资助,2012 年这个课题顺利通过结题鉴定验收。本书大部分的内容正是这一课题的研究成果。

　　在本书即将完稿的时候看到爱德华·格莱泽教授的《城市的胜利》一书。他带领着自己的团队进行了强大的全球城市调研,最终得出了令人毋庸置疑的结论:城市是人类最伟大的发明与最美好的希望,城市的未来将决定人类的未来!可以预见,未来全球城市间的竞争将会越来越激烈,而形象力之争又将会是这场竞争的核心。

爱德华·格莱泽在书中提出一些独树一帜的观点,如贫民窟通常是城市胜利的一种标志,爱德华·格莱泽对这一观点的解释是:城市里充满了贫困人口,但城市并非贫困的根源,它只是利用美好的生活前景吸引来了贫困人口。评价一座城市成功与否的依据不是它存在的贫困现象,而是它在帮助比较贫困的人口提升自己的社会和经济地位方面所作出的成绩。如果一座城市正在吸引着比较贫穷的人口持续地流入、帮助他们取得成功、目送他们离开,然后再吸引新的贫困移民,恰恰证明这座城市为人们提供了更多的经济机遇、公共服务和生活乐趣。

爱德华·格莱泽的著作给城市形象传播研究带来了许多有益的启示。城市形象传播不仅仅是理论、方法、技巧的问题,城市形象传播与整个社会和人类思想的发展与变化也息息相关。一旦你用新的视角、新的观点来关照城市形象传播问题,它也很可能就会展现出你意想不到的新的广阔研究空间。所以说,城市形象传播问题的研究永无止境。

在我研究城市形象传播这一问题的道路上,除了要感谢卫军英导师外,还要感谢浙江大学传播研究所的李杰教授和李岩教授,他们开设的《广告符号学》、《媒介批评》课程使我对城市形象传播研究的视角再度拓展。虽然本书中关于符号学与城市形象传播方面的研究仍较粗浅,有进一步深入研究的空间,但其代表了我对城市形象传播研究符号学视角的一种探索。本书能够顺利完成并且出版,还要感谢杭州市人民政府西湖博览会组织委员会办公室会展管理处的王炳文处长、浙江大学城市学院的张健康教授和杭州科技职业技术学院科技处的肖芳老师,他们在课题研究和本书出版过程中给予了很多无私的指导和支持。最后要感谢我的夫人王美云,感谢她一直以来的支持、鼓励和默默奉献。

苏永华

2013 年 5 月于富阳鹳山

图书在版编目（CIP）数据

城市形象传播理论与实践/苏永华著.—杭州：
浙江大学出版社,2013.6
ISBN 978-7-308-11719-7

Ⅰ.①城… Ⅱ.①苏… Ⅲ.①城市建设-研究 Ⅳ.
①F292

中国版本图书馆 CIP 数据核字（2013）第 135233 号

城市形象传播理论与实践

苏永华　著

责任编辑　　阮海潮（ruanhc@zju.edu.cn）
封面设计　　正阳图文设计工作室
出版发行　　浙江大学出版社
　　　　　　（杭州市天目山路 148 号　邮政编码:310007）
　　　　　　（网址:http://www.zjupress.com）
排　　版　　正阳图文设计工作室
印　　刷　　浙江省邮电印刷股份有限公司
开　　本　　710mm×1000mm　1/16
印　　张　　15.25
字　　数　　291 千
版 印 次　　2013 年 6 月第 1 版　2013 年 6 月第 1 次印刷
书　　号　　ISBN 978-7-308-11719-7
定　　价：45.00 元

浙江大学出版社发行部邮购电话　（0571)88925591　http://zjdxcbs.tmall.com